中小学心理健康教育书系

顾问 ◎ 林崇德　　主编 ◎ 俞国良

班级心理辅导

理论与方法

王鉴 ◎ 著

开明出版社

图书在版编目(CIP)数据

班级心理辅导理论与方法/王鉴著. --北京：开明出版社，2021.9
(中小学心理健康教育书系)
ISBN 978-7-5131-4962-4

Ⅰ.①班… Ⅱ.①王… Ⅲ.①班级-教育心理学 Ⅳ.①G444

中国版本图书馆 CIP 数据核字(2019)第 070691 号

出　版　人：陈滨滨　　**项目组组长**：沈　伟
项目组副组长：范　英　　**项目执行人**：王　桢

责 任 编 辑：卓　玥　张慧明

BANJI XINLI FUDAO LILUNYUFANGFA
班级心理辅导理论与方法

作　　者：王鉴
出　　版：开明出版社（北京海淀区西三环北路 25 号　邮编：100089）
印　　刷：保定凯圣堡包装装潢彩印有限公司
开　　本：710×1000　1/16
印　　张：20
字　　数：297 千字
版　　次：2021 年 9 月第 1 版
印　　次：2021 年 9 月第 1 次印刷
定　　价：62.80 元
联系电话：010-88569135
网　　址：www.kaimingpress.com

寄语

亲爱的朋友们：

心理健康，特别是中小学教师和学生的心理健康，看似是只和个体相关的私事，实则是关乎家庭幸福、社会和谐，乃至国家和民族安定繁荣的大事。我们衷心地希望，每一个参与中小学教育事业的教师和家长，都积极主动地关注自我和孩子们的心理健康，树立科学的心理健康教育理念，掌握有效的心理健康教育方法，培养德智体美劳全面发展的社会主义建设者和接班人。

林崇德

总 序

这是一个新时代，也是一个复杂多变的时代，中小学生在见证世界缤纷色彩的同时，也在承受巨大的心理压力。显然，我们正处在社会转型与社会心理变迁不断加速的特殊历史时期。时代发展变化，要求中小学心理健康教育不断进行自我更新。自教育部颁布《中小学心理健康教育指导纲要(2012 年修订)》(以下简称《纲要》)以来，各地中小学在制度、课程、师资队伍和心理辅导室建设等方面的成就有目共睹，已成为全面推进素质教育新的突破点和着力点，为加强和完善中小学德育工作做出了独特贡献。这里，我们着重讨论新时代我国中小学心理健康教育的现状和特点、立场与方法，以及所关注的问题、趋势与对策。旨在优化和创新中小学心理健康教育理念、思路、方法和措施，使之能更好地为中小学生乃至社会经济的可持续发展服务。

现状——据原卫生部、世界卫生组织估计，我国 17 岁以下未成年人中有各类学习、情绪、行为障碍者 3000 多万人，而且人数在不断增加。我们编制的《中小学生心理健康量表》测查也表明，小学生有心理行为问题的占 10% 左右，初中生占 15% 左右，高中生约为 20%。可见，中小学生心理健康状况不容乐观。

为了有效把握现状，我们以中部地区两个地级市的城市和农村 11027 名中小学生为研究对象，发放调查问卷。结果表明，我国中部地区中小学心理健康教育的普及率和教育效果有较大改善。但整体来看，农村中小学心理健康教育相对落后；中学生心理健康教育滞后于小学生，初中阶段尤甚。与五年前相比，中小学心理健康教育的发展和进步主要表现在以下几个方面：第一，教育对象开始面向全体学生，教育内容符合《纲要》的基本要求；第二，随着教育行政部门、学校领导和教师对心理健康教育的重视，家长和学生的态度也发生了积极改变，无论在城市还是农村中小学，都取得了良好的教育成效；第三，随着《纲要》的颁布和中小学校的重视，心理健康教育专职和兼职教师开始增加，心理健康教育已得到广泛普及，正在逐步走向深化和进一步规范发展。虽然发展势头很好，但还存在一些问题亟待解决：首先，城市与农村心理健康教育发展不平衡，农村中小学心理健康教育相对落后，而农村高中又是“重灾区”；其次，有的农村中小学心理健康教育内容不符合实际需要，缺乏针对性和实效性；再次，初中、高中阶段的心理健康教育相对薄弱，从调查数据看，城市中学心理健康教育与小学存在差距，农村更甚；最后，中小学心理健康教师专业化程度有待提高。

为了有效掌握中小学心理健康教育师资队伍的现状，我们课题组也进行了专题调研。我们采取分层随机抽样的方法，选取了山西、河南两省某地级市发放中小学心理健康教育专兼职教师有效问卷584份，学校管理者有效问卷209份，结果如下。第一，心理健康教育已得到大多数中小学校的重视。90%以上学校开展了卓有成效的心理健康教育工作，大多数中小学心理健康教育专兼职教师，都能感受到学校领导对他们工作的支持。第二，中小学心理健康教育师资队伍的人员构成复杂，专业化水平有待提高。大部分专职教师有担任其他课程的经历，兼职教师中德育课教师和班主任居多。教师们对自己的工作效果感到满意的同时，也表现出强烈的求知欲，希望参加专业培训、提高专业技能。第三，学校管理者在选择心理健康教育教师时非常重视他们的专业背景、学历学位、相关资格认证、授课技能、从业时间与经验及人格等因素，他们对本校心理健康教育专兼职教师和心理健康教育工作表示满意。

特点——中小学心理健康教育的特点可以从不同角度进行梳理，仁者见仁、智者见智。

从心理健康教育的目标与主要内容看，已明确把目标定位在提高全体学生的心理健康水平，促进他们的积极心理品质等方面，内容重点包括认识自我、学会学习、人际交往、情绪调适、生活和社会适应等。同时，根据不同年龄阶段学生的身心发展特点，设置了小学、初中和高中分阶段的具体教育内容。这样的设置操作性强，不仅符合中小学生的成长与发展实际，同时也体现了从心理健康教育向心理健康服务转变，从问题导向向积极心理促进的世界心理健康发展潮流。从心理健康教育的途径和方法看，各地中小学正在将心理健康教育贯穿于教育教学全过程、开展多种形式的专题教育、建立心理辅导室、密切联系家长共同实施心理健康教育，以及充分利用校外资源等。目前，在中小学具体教育实践中，心理健康课程与专题讲座是心理健康教育最常用的方式；心理辅导室作为心理健康教育的重要环节，承载着开展心理辅导、筛查与转介、课程咨询、家校整合等功能；在日常教育教学与班主任工作、社会实践活动以及家庭教育中，开始全面渗透心理健康教育。从心理健康教育的组织实施看，从管理、教师、教材、研究几个层面，已构建了我国中小学心理健康教育的组织实施体系；从目前学校教育管理和实践效果看，政策与立法已成为我国政府推动和规范中小学心理健康教育发展的主要手段，而心理健康教育教师队伍建设，则成为中小学心理健康教育有效实施的重要保障。

立场——新时代中小学心理健康教育一定要提高站位，即站在时代的制高点上。社会转型，即经由传统型社会向现代型社会快速转变就是新时代的重要特征，就是时代的制高点。目前，人们快节奏的生活方式，大强度的竞争压力，高目标的成就动机，使个体心理健康问题及其引发的社会矛盾、冲突日益突显，导致个体心理、社会心理处于一种无序状态。当下人民的需要从物质文化转变为美好生活，而美好生活需要自尊自信、理性平和、积极向上的社会心态。社会心态成为社会矛盾的“晴雨表和指示器”，而心理健康则是人民“美好生活”的社会心理面向。因此，在社会心理服务大框架下讨论与实践心理健康教育、心理健康服务，这是中小学心理健康教育应持的基本立场；心理健康教育是心理健康服务的基础，心理健康服务是社会心理服务的核心，这是中小学心理健康教育的方法论基础。

从中小学心理健康教育与服务的对象看，其重点是个体与群体，与社会心理服务的对象重合；从中小学心理健康教育与服务的目标看，旨在提高全体中小学生的心理素质与心理健康水平，与社会心理服务的目标有异曲同工之妙。即根据中小学生身心特点开展心理健康教育活动，关注和满足他们的心理发展需要，提升其心理调适能力和社会适应能力，培养其积极乐观、健康向上的心理品质和自尊、自信、自强、自立的个性特征，尤其关注留守、流动儿童心理健康，为经受校园欺凌和校园暴力、家庭暴力和性侵犯的中小学生提供及时的心理创伤干预，促进其身心可持续发展。这充分体现了由心理健康服务向社会心理服务延伸，使心理健康服务成为为社会心理服务打基础、夯地基的“基础工程”。

方法与措施——新时代以社会心理服务建设为背景，中小学心理健康教育工作在组织实施、机制建设、领导管理等方面必须进行调整和改变。

从心理健康教育的类型与途径看，心理健康服务是社会心理服务的具体化，这决定了中小学心理健康教育工作在组织实施中要有全局观、整体观。无论是全面开展心理健康促进与教育，还是积极推动心理辅导和心理咨询服务，重视心理危机干预和心理援助工作，都可以视为社会心理服务的组成部分，都是为了在中小学生中倡导健康生活方式，使他们有意识地培养积极心态、学会调适心理困扰和心理压力、提升心理健康素养，进而培育良好社会心态，营造健康向上的社会心理氛围。

从心理健康教育的方式、方法看，心理健康服务是社会心理服务的“压舱石”，这决定了中小学心理健康教育工作在机制建设中要有体系观、系统观。各地中小学要建立健全地区、学校、年级、班级、小组等各级心理健康服务体系，加强心理健康师资队伍建设，拓展心理健康服务领域和范围，为社会心理危机干预和疏导机制“劈山开路”，为进一步开展社会心理服务工作奠定基础。

从社会心理服务的途径、方法看，社会心理服务包括微环境、中环境和宏环境系统，对应着个体、人际、群体层面的社会心理服务，这决定了中小学心理健康教育工作在领导管理中要有生活观、生态观。教育即生活，生活即环境。微环境是学生直接接触到的生活环境，健全的社会心理服务能够帮助学生在面临这些微环境系统中出现的问题时，舒缓负性情绪发展积极情绪，并提供专业的帮助与辅导；中环境系统是两个或多个环境之间的相互作用与联系，它对学生来说，就是家校互动，为人际层面的社会心态培育扫清障碍；宏环境系统包括特定的文化、亚文化或其他更广泛的社会背景，社会心理服务体现在扶助和引导处境不良学生、低社会经济地位学生群体，对不良生活事件进行预警、疏导等。这些都能够有效调整相应学生群体的社会心态，为培养目标群体的良好社会心理打下坚实基础。

一句话，全面推进和深化中小学心理健康教育工作，必须树立“大心理健康教育观”。其实质就是新时代中国特色的心理健康教育体制观，即对符合中国国情与富有中国特色的心理健康教育体制的认识、理解和判断。其方向是坚持心理健康教育是德育与思想政治教育工作的重要组成部分，任务是提高全体师生的心理健康意识，理念是全面强化心理健康教育向心理健康服务的转变、问题导向向积极心理品质促进的转变，方法是大胆探索心理健康教育的新路径和新方式。

趋势与对策——我国中小学心理健康教育的未来发展应重点关注以下问题：第一，从心理健康教育向心理健康教育与服务并重，着力提供优质心理健康服务；第二，由侧重于中小学生心理行为问题的矫正，向重视全体学生心理健康的促进与心理行为问题的预防转变；第三，着力构建中小学生健康成长的生态系统；第四，加强中小学心理健康教育教师队伍的建设，强调以实证为基础的教育干预，重视教育效果的评估与反馈。

目前，中小学心理健康正从教育模式向服务模式转变，这种转变是历史的必然，也是学校心理健康教育发展的必然。近年来，随着积极心理学的悄然兴起和蓬勃发展，学校心理服务的对象逐渐扩展到全体学生，强调面向健康的大多数学生进行心理健康教育，提高全体学生的心理健康素质，以预防和促进发展为导向。服务模式相对于教育模式，主要强调的是视角不同。教育模式有一个内隐假设，即教育者根据预设的内容和目标，有计划有步骤地对教育对象实施影响，有“强人所难”“居高临下”之嫌；服务模式则重视以学生自身的发展性需要为出发点，充分发挥学生的主动性和积极性，根据他们的心理发展规律和成长需要，提供相应的心理健康服务，即强调提供适合学生发展需要的心理健康教育。目前，我国学校心理健康教育正处在从教育模式逐渐向服务模式转变的过程中。

特别需要指出的是，中小学心理健康教育工作开展得如何，很大程度上取决于是否拥有一支素质精良的教师队伍。一方面，在今后的工作中，教育行政部门应规范心理健康教育教师的职称评聘、岗位设置、工作量计算等相关制度，制定有针对性的绩效考核方案，并明确薪酬与绩效考核的关系以及职称晋升的途径，激发心理健康教育专兼职教师的工作热情。另一方面，国家教师教育政策应向心理健康教育专业倾斜，通过诸如减免学费、提供奖学金等手段，鼓励青年才俊投身该专业。为此，我们郑重呼吁：有关部门应确定中小学心理健康教育教师的职责，以及从事该项工作的基本条件和资质；

确定专兼职教师的能力标准，包括教师心理健康的标准和教师心理健康的教育能力标准；确定专兼职教师的工作标准，包括工作内容、工作流程和工作途径方法等；对资格认证进行试点工作，确定认证标准、认证机构和认证方式；编制中小学心理健康教育基础培训和提高培训方案，对无专业背景的心理健康教育教师进行基础培训，对有专业背景的心理健康教育教师进行提高培训；定期对培训效果进行质量评估；定期开展对心理健康教育师资队伍建设的调查。

对于未来中小学心理健康教育而言，加强现代学校心理辅导制度建设是核心，编制具有中国本土特色的中小学生心理健康素质指标是基础，从实施心理健康教育走向心理健康服务并建立服务体系是途径，提供适合中小学生发展需要的心理辅导与心理健康服务是关键。

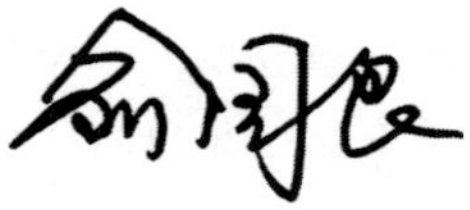

前 言

我对班级心理教育的探索源于心理健康教育的工作与研究。在深圳市学校心理健康教育领域中工作的十余年时间里，我主持了全国教育科学“十五”规划课题《深圳特区中小学班主任实施心理健康教育理论与实践研究》，以三十余所学校为实验基地扎根于班级开展多项研究，取得了关于班级心理教育的理论成果，建立了重实效的工作模式。而后，我又主持了全国教育科学“十一五”规划课题《学校积极心理辅导的理论与实践研究》，继续扎根于中小学班级开展深入研究，探索了班级积极心理辅导的有效模式，给班级心理教育实践注入了正能量。在两个课题研究的基础上，完成了专著《班级心理学》。本书是在《班级心理学》一书基础上的进一步细耕和务实。

著书不仅是一个创作的过程，而且是一个在实践中探索的过程，更是一个在探索中学习的过程。时代在发展，问题在演变，认识在深化。又是几年积淀，文句锤锻处，正如步步行关。

班级是一个有探索价值的系统。人的成长是一个令人着迷的课题。班级心理仍是一个正在不断开垦的领域。

耕耘在心理健康教育的田野中，伴随着时光悠悠过去。从事这种乐在其中的工作，是一种幸运；在深圳教育界从事这种乐在其中的工作，是一种幸福；退休之后仍然乐此不疲，那便算是一种享受。

我信奉积极向善的人性假设，因为我感受过很多善人、达人的帮助。我怀着感恩的心态感谢很多人。

感谢带我走进心理学殿堂的北京师范大学心理学院教授郑日昌，他给予我的教诲与指导让我受用终生。感谢广东现代教育研究院院长张彦玲，她给予我的信任与支持始终让我在工作中乐于追求。感谢给予我有力支持的深圳市教育局前局长张宝泉，领导的厚爱是我投身工作与研究的强大保障。

感谢华南师范大学心理学院教授莫雷、何先友、郑希付、田丽丽，各位担任广东省中小学心理健康教育指导中心领导工作的专家是支持我科学地开展工作与研究的导师。同时还要感谢给予我许多专业指导与帮助的深圳大学师范学院的王晓钧教授和深圳市沙井职业高级中学的杨海燕博士。

感谢北大未名书生教育书院执行院长齐宝海，他是我在推进班级心理教育事业中的新伙伴。

感谢多年来一路相伴的许多同事和老师，他们给予我很多智慧的启迪和丰富的素材。

感谢生活相依、事业相伴的妻子王光晨女士，她善于把生活和事业都安排得很清爽。

由于水平所限，书中不足及至谬误难以避免，恳请同行与读者批评指正。

目　录

第 1 章　走进班级　/001
了解班级　/001
认识班级　/009

第 2 章　班级中的师生关系　/018
师生关系的内涵　/018
师生关系的类型与特点　/020
师生关系对学生发展的影响　/022
师生冲突问题　/025

第 3 章　班级中的同伴关系　/036
同伴关系的概念与意义　/036
同伴关系的特点与类型　/039
同伴关系的影响因素　/042
同学之间的友谊关系　/048
关系不良儿童的同伴关系及友谊关系　/051
班级中非正式群体　/059

第 4 章　班级心理辅导的理论问题　/065
几个基本概念辨析　/065
班级心理辅导模式引发的问题　/070

发展性心理辅导的理论分析 /072
班级心理辅导的角色分析 /075

第 5 章 班级团体心理辅导概论 /078
班级团体心理辅导的基本内涵 /078
班级团体心理辅导的内容依据 /080
班级团体心理辅导的基本主题 /087

第 6 章 班级积极团体辅导 /090
积极团体辅导的价值内涵 /090
积极团体辅导理论框架 /093
积极团体辅导的整体模式 /096
积极团体辅导的设计 /104
积极团体辅导的操作与评价 /111
积极团体辅导的操作实例 /118

第 7 章 班级积极心理辅导探究 /141
积极心理治疗概述 /141
心理咨询基本理论流派中的积极因素 /144
积极心理辅导的基本探究 /152

第 8 章 积极心理辅导方法 /159
希望心理辅导 /159
叙事心理辅导 /167
焦点解决心理辅导 /174
积极信条辅导 /181

第 9 章 中小学生几种心理问题的专题分析 /193
人际关系问题的辅导 /193
网络成瘾问题的辅导 /198

关联家庭问题的辅导 /203
非自杀性自伤问题的辅导 /209
抑郁情绪问题的辅导 /213

第 10 章 班级管理中心理辅导的应用 /220
班级管理思想的演变 /220
班级管理模式的变革 /223
以人为本班级管理的心理策略 /226
班级管理中常用的心理效应 /232
班级管理中以人为本理念的体现 /238
班级管理中的棘手问题处理案例 /246
渗透班级生活的心理辅导案例 /252

第 11 章 关联家庭的孩子成长 /268
学前阶段的早期成长 /268
小学阶段的向外成长 /280
初中阶段的青涩成长 /287
高中阶段的自我初成 /294

第 1 章

走进班级

人的成长有两个小环境特别重要，一个是家庭，另一个就是班级。每天的上学时间，孩子们走出了家庭，走进了班级。很多成长的故事发生在家庭里，也发生在班级里。在了解班级心理辅导之前，首先需要走进班级、了解和认识班级。人类教育有了长足的发展，学校中的班级也有了长足的发展。班级已经从一个约定俗成的名词，衍变成一个内涵丰富的概念。我们需要用陌生的眼光重新审视和理解面前熟悉的班级。

了解班级

一、班级的产生和发展

班级是学校开展教育教学活动的基本单位。班级有一个充满生机的现在，还有一个充满岁月的历史。

学校班级的产生源于班级授课制的出现，而班级授课制是在一定历史条件下萌发的。

（一）夸美纽斯提出了班级授课制

在奴隶社会和封建社会，人类社会的生产基本上处在小农经济和手工业的生产方式之下，人们对于教学的需求并不迫切，教育仅限于满足那些掌握一定政治权势的统治阶层的子女的需要。这一时期，教学都是私塾式的个别教学。

班级教学最早产生于16世纪的西欧。这一时期，西欧的一些教会学校、古典中学开始尝试进行年级的划分和学制的规定，出现了班级授课制的萌芽。文艺复兴时期，著名的荷兰教育家埃拉斯莫斯（D. Erasmus，1467—1536）率先使用“班级”一词。不过，人们比较一致地认为夸美纽斯是“班级授课制”的真正奠基者。捷克教育家夸美纽斯（J.A.Comenius，1592—1670）于1632年发表了《大教育论》一书。书中首次阐述了“班级授课制”的教学形式，对班级教育的实践做了总结和归纳，并对班级教学的特点、功能、应用等问题，第一次从理论上进行了概括性的阐述和论证，从而奠定了班级教学的理论基础。

（二）贝尔—兰卡斯特的导生制及班级组织的出现

19世纪初在英国出现的贝尔—兰卡斯特的导生制对班级组织的发展产生了重要影响。它是由贝尔（A. Bell，1753—1832）和兰卡斯特（J. Lancaster，1778—1838）倡导的。教师选择一些年龄较大和成绩较好的学生作为导生。教师上课时先教这些导生，然后让导生将刚学的内容教给自己组的学生。导生不但负责教学，还负责检查和考试，完全是教师的助手。有了导生的帮助，教师的教学工作量大大减轻了。导生制作为班级组织的雏形，对于解决在工业革命背景下，尽快普及初等教育带来的教师不足问题提供了有益的探索。

贝尔—兰卡斯特的导生制在当时并未普及。19世纪初期，各国的小学依然普遍采用个别教学的方法，并未实行班级制。班级组织的实施依赖于国民教育制度相关内容的制定。19世纪前半叶，普鲁士实施了以6—14岁儿童为对象的义务教育国民教育制度。当时普鲁士推崇裴斯泰洛齐的教育思想，以他主张的同步教学法为基础的班级组织开始在普鲁士的小学中实施。1872年《小学及教员养成一般规程》公布，对班级组织的相关内容做了规定。这个规程将历来被视为标准的单级小学合并，鼓励多级小学。小学课程为上中下三阶段；而且规定，80名儿童以上的应设两个班级，120名以上的应设三个班级。这种三阶段的划分促进了六年制城市小学的发展，后来逐步出现了七年制及八年制的小学。

（三）圣路易编制法和巴达维亚法

班级教学逐渐替代了个别教学方式，在学校管理方面把班级教学与班级编制也逐渐被视为规划教育的重心。到了19世纪70年代，人们开始关注同步的班级教学与根据个别要求实施教学的矛盾，班级授课制的弊端受到挑剔。于是，适应个别差异的班级教学组织的改造运动开始在美国活跃起来。这个运动形成两个改革方向：一是编制上的改革方案；二是教学上的改革方案。

根据儿童能力的个别差异改革班级编制的代表方案叫作“圣路易编制法”。这个方案的思路是根据儿童能力来编制班级，视儿童能力情况予以升级。其方法是，将小学八个年级的学科内容分配在几个学期之内，一个学期以5周或10周计。学期结束时，通过考试编制新的班级，能力达标的予以升级。从教学法角度改造班级教学组织的代表方案叫作“巴达维亚法”。这个方案的思路是在同步教学的过程中，增加个别教学的时间，重在提高个别教学的效果。其做法是：一个班级有50名学生以下的设一名教师；一个班级有50名学生以上的要设两名教师。只设一名教师的班级，教师每天必须有一段时间用于个别教学；设两名教师的班级，其中一名专门从事个别教学，另一名负责同步教学。

（四）道尔顿制

道尔顿制是班级发展历程中的一项意在创立个别教学制度的重要改革。道尔顿制由美国帕克赫斯特（H.H.Parkhurst，1887—1973）于1920年在马萨诸塞州道尔顿中学所创始，因此得名。帕克赫斯特认为班级授课制不能照顾到学生的个别差异。她提出以自由与合作为基本原则，给学生充分的自由和满足兴趣的机会，在自主学习活动中学习知识和提高能力。道尔顿制的教学场所是在实验室或活动室进行教学活动，实验室分学科设置。各科实验室备有该学科所需的教具和参考书，并设教师1—2人指导学生学习。教师根据学生各自的学习能力和水平，把教学内容按月份进行安排，并与每个学生协商确定本月份学习的主要内容，订立学习公约。学生根据相关的作业指令进入各自的实验室，学习过程主要由学生自主完成。学习结束须考试及格后才能开始下一个月的学习。学习过程中老师则是督促者、指导者。道尔顿制只是针对主要学科的教学采用，而次要学科仍然以班级为单位进行。主要学科指数学、语文等；次要学科指音乐、美术等。道尔顿制实施的重要意义在于强调学生的个别差异和学习的自主意识。但是在实施中对教师要求很高，而且易导致学生的放任自流。

（五）作业共同体与生活共同体

对于班级本身的积极认识，可以追溯到20世纪初的德国。在德国，班级主要是基于教学效率的需要而产生的组织。长期以来，人们认为个别教学优于班级教学。而从根本上改变传统班级观念的，是劳作学校的思想与教育社会学的理念。德国教育家凯兴斯泰纳（G. Kerschensteiner，1854—1932）倡导以“作业共同体”作为学校教育改革的核心。他提出公民教育的指导思想，劳作学校则是实施公民教育的机构。他认为教育的目的在于培养有用的国家公民，学校教育的重点在于进行公民知识教育、职业道德的培养和技能的训练。他主张，学校应该以自由作业为中心，构成活动的共同体。就班级而言，由此形成了“作业共同体”的班级思想，形成了新的班级观。作为“作业共同体”的班级，实行的是人类多方面教育的社会场所，学生作为班级组织的一名成员从事作业活动。学生的个体生活与团体生活是相辅相成的，每个学生既要发展独立的个人生活，又要与其他同学一起经营团体生活。班级则是陶冶学生个性化发展和社会化发展的场所。

以“生活共同体”为基础的班级观，强调从学生的共同生活出发，使班级组织成为一个学生成长训练和培育的场所。“生活共同体”的思想最早体现于“乡村教育之家”和“自由学校共同体”之中。利茨（H. Lietz）所创设的乡村教育之家，把学校当作一种家的形式的“生活共同体”，借此进行教学活动。自由学校共同体是温纳肯（G. Wyneken）创设的。它以自治原理为教育之本，师生处于平等地位，共同商讨学校的事情。

（六）中国的班主任制

1862年，清政府在北京开办的京师同文馆中开始采用了班级授课制。1901年，清政府废科举兴学堂，班级授课制在我国学校里开始普遍推行。1932年，国民政府规定在中学实行级任制。1938年，国民政府又将级任制改为导师制，每个班级或每个年级设一名班导师或级导师。与此同时，在苏区和解放区的学校，实行了级任制或班主任制。

新中国成立之后，我国在教育上主要学习苏联的理论，将原来的级任制或导师制一律改成了班主任制。1952 年，教育部颁布了《小学暂行规程（草案）》和《中学暂行规程（草案）》，其中分别规定："小学各班采取教师责任制，各设班主任一人"，"中学每班设班主任一人，由校长在各班教师中选聘，在教导主任和副教导主任领导下，负责联系各科教员，指导学生生活和学习"。从这时候开始，"班主任制"正式确立。

改革开放以来，班主任的地位不断得到提高。1963 年和 1978 年的《全日制中学暂行工作条例（试行草案）》中都指出，"学校应当加强对班主任工作的领导，选派政治觉悟较高和较有教学经验的教师担任班主任"；1988 年，国家教委颁布了《小学班主任工作暂行规定》和《中学班主任工作暂行规定》，对班主任的职责做了更为具体、明确的规定，并重申了班主任在学校教育中的重要作用；2006 年，教育部颁发《教育部关于进一步加强中小学班主任工作的意见》，特别提出了班主任角色的新时代定位：中小学班主任是班级工作的组织者、班集体建设的指导者、中小学生健康成长的引领者，是中小学思想道德教育的骨干，是沟通家长和社区的桥梁，是实施素质教育的重要力量。2009 年，教育部印发了《中小学班主任工作规定》，对班主任的重要作用进一步阐明：班主任是中小学日常思想道德教育和学生管理工作的主要实施者，是中小学生健康成长的引领者，班主任要努力成为中小学生的人生导师。班主任地位的提高和角色的深化包含了班级内涵的新发展。

（七）现代班级内涵的发展

在现代教育的发展中，人本主义思潮成为改革进程的主流，教育比以往任何时候都更关注学生作为人的发展。

教育的价值取向一直在两个方面寻求着均衡：促进社会的发展和促进人的发展。然而在历史上，教育促进社会发展的价值总是被放在第一位，人的发展是服从社会发展的。新中国成立后教育经历了这样四个阶段：第一阶段是新中国成立初期，强调"教育要为工农服务，为生产建设服务"；第二阶段是自 1958 年到改革开放前夕，强调"教育要为无产阶级政治服务”；第三阶段始于 20 世纪 80 年代中期，强调“教育要为社会主义建设服务”；第四阶段是在 21 世纪初，强调“教育要为现代化建设服务，为人民服务”。教育是社会系统的一个子系统，它必然要服从社会整体发展的需要。我国教育的发展从服务工农到服务政治、到服务建设再到服务人民，这不是简单的历史轮回，而是体现了一个循环递升的思想发展过程，体现了社会长足进步的坚实力量。

20 世纪 80 年代以来，全世界经济发展的速度明显加快，引发社会运行的体制、机制发生着日新月异的变化，人们似乎感觉社会进程的走向隐含越来越多的变数。经济发展，科技为先，人才为本。随着社会的发展，人才的价值逐渐显露出来，教育的地位也日益突出。我国的教育理论界开始关注教育与人的发展的问题。于是，教育郑重地把促进人的发展置于案头，人本主义思想涌动着聚成大潮。

人们终于关注，且有能力关注人类自身的发展，这并非是把教育价值的筹码简单地从促进社会发展挪向促进人的发展一端。社会发展本身包含着人的发展，两者是相辅相成的，而社会发展的终极目标是人的发展。社会发展完善着满足人的发展的条件，人的价值从社会价值中凸显出来。

正是人本主义的教育观念丰富了班级工作的内涵，导引了班级理念的升华，我们今天已经感受到了班级里发生的变化：“一日班长”让每个学生体验做“领导”的感受；“班级日志”记下每一天班级成长的故事；“竞争上岗”让每个学生感受现代社会的人事机制；“自主管理”让每个学生学习人的独立性成长……班级不仅是一个学习组织，而且是一个社会组织；班级的任务不仅是让学生获得知识性成长，更主要的还是获得社会性成长。我们重新对班级充满好奇和希冀，不仅是从教育学的视角，更是从心理学的视角，以新的心态、新的理念体察班级，品味班级的心理世界。

二、班级的构成和特点

班级作为学校组织的一个基本单位，是由组织的机构、成员、目标、制度、活动等要素构成的。我国大陆地区的学校班级尤其具有组织的稳定性和相对长期性的特点。

班级的组织机构由班主任领导下的班委会、学习小组组成，以及由学校少先大队领导下的少先队中队委员会、少先队小队和由学校团委领导下的团支部、团小组等组成。班委会是班级组织机构的核心组织，由班长、班委等组成，负责全班的班务工作。班主任是班级教育的主导者，班级学生是班级施教的对象。成员中存在隶属关系，分工负责。组织目标是班级工作的导向，它通常是学校培养目标的实施细化。

班级的组织类似于成人社会的团体机构。这一点，使得教育工作者对基于班级的教育改革跃跃欲试，对于班级社会教育功能的探索兴致盎然。而且，教育工作者对于班级还有梦想，希望通过教育的过滤和干预手段，在班级里营造一种理想社会的机制，培养建设理想社会的人才。教育的理想总是充满圣洁的光辉。

班级作为学校的基本学习组织，又有着与成人社会组织不同的特点。

首先，它有明确的学习目的。班级里的学生为着一个共同的学习目标，走到了一起，在学习生活中健康成长是每个学生的期望。

第二，班级成员之间的关系是平等的。同学是一种单纯的关系，不管班级的同学来自哪个家庭，作为同学，就一般意义来说，不存在利益冲突，也不存在权势之争，完全可以在平等互助的基础上建立关系。

第三，班级成员的生理、心理水平是相近的。这一点，主要是教育教学活动的需要。学校为着完成教育教学任务的目的组成班级，保持学生心理成长的基本一致是十分必要的。

第四，班级人数有一定限制。为了提高学校教育教学的效率，人们总是希望班级人数尽可能多，但人数太多又影响教育教学的效果和个性化教育。一般来说，50人的班级已经负载较重了。

第五，班级成员有组织纪律的要求。学校班级以教育教学活动为主，学习的提高要求循序渐进、日积月累、持之以恒，而且要求班级全体成员同步性发展，这就一定要有组织纪律作为教育活动的保障。

第六，班级成员受班主任和其他任课教师持久而深远的影响。教育本身就是施加影响，而且这种影响主要来源于教育教学活动中教师的言行举止。对于中小学生来说，班主任和其他任课教师的影响比其他人物的影响都要大，有些影响甚至是终身的。

班级就是这样一个学习型组织，如同生长中的一池秧苗，扎根泥土，吸取养分，沐浴阳光，相互影响着、牵连着长大。当教育擎起“以人为本”旗帜的时候，班级心理也正在成为焦点话题。其实，不管我们是否关注这一话题，班级心理氛围都一直在真实地影响着学生的发展。

三、班级的矛盾因素和动力机制

鲜活的生命是在适应与发展的矛盾历程中成长的。人的生活状态是一种与社会环境的适应，而人的生命生长又是一种突破原有适应的发展。人总是在追求新的境界，体验新的适应。对于中小学生来说，成长、发展是硬道理，能不能发展比会不会适应更重要。班级成员的心理成长的历程就是不断突破旧我、形成新我的过程，这一过程伴随着烦恼，也充满着快乐。每一天，要让学生体验学习生活的愉快，又要让学生感受尚须努力的困扰，去追求明天更高的目标。

班级里存在着团体共性要求与个人发展需要的矛盾因素。对于每个人来说，存在着个人成长的个性化与社会化的整合任务。班级需要制定人人遵守的行为规范来保障完成学校教育任务；同时，每一个个性不同的学生也希望按照自我的方式成长。每个学生的成长要考虑自身的因素和社会的因素，既是“这一个”学生的自我充分发展，又是“每一个”学生适应社会的发展。

班级因为学生而存在，因为学生的学习活动而存在，也因为保障学校的教育功能而存在。班级的内在动力机制来源于班级成员的成长需要，外在促进机制则是学校教育的目标要求。每个学生调节自身，以适应班级集体环境；同时，班级也在营造自身，使其能够促进学生的良好发展。

人的心理成长是一个社会化的过程。社会化是指使人们形成个性并学习所在社会的生活方式的过程。社会化是在人与人的相互影响中发生的，是通过人类文化的传承活动进行的。班级是学生社会化发展过程的微缩环境。作为学生，首先要适应班级这样一个集体学习环境，然后在这样的环境中发展自己。

认识班级

一、班级的性质

班级是什么？这似乎不算是一个问题。上课时，当一位老师走进了教室，也就走进了班级。然而，当我们对熟悉的班级发出“班级到底是什么”的询问，班级就陌生起来。对班级心理现象进行学理性考察时，需要回答一个关于班级的基本问题：班级的性质是什么？

班级的性质是指班级本身所具有的质的规定。班级的性质应该是班级的群体属性、组织属性和其核心价值的统一。学术领域和实践领域都认同一个基本说法：班级是一个“小社会”。我国学者谢维和先生和吴康宁先生对这一说法进行了深入的探讨。谢维和先生论证了班级是特殊的社会初级群体，吴康宁先生则进一步论证了班级是特殊的社会组织。① 这是我们认识班级的基本出发点。另外，中小学班级的成员是由中小学生组成的，作为未成年人，学习与成长是这一群体的基本任务。

推论下来，我们可以形成关于班级性质的完整理解：班级是一种社会群体，这是对班级群体属性的基本认同；班级是一种社会组织，这是对于班级组织属性的共同认识；从班级的核心价值方面考察，班级是一种成长共同体。班级的性质应该是班级的群体属性、组织属性和其核心价值的统一，它们共同界定了作为一种社会体系的班级②。

（一）班级团体是一种社会群体

班级团体作为一类人的集合，首先是一种社会群体，这是对于班级群体属性的基本认同。一个社会群体至少具有以下几个特征：共同的全体活动；一定的成员关系；持续的相互交往；共知的整体规范；明确的群体意识。

作为社会群体，班级成员有以学习为主的共同活动，有同学之间的成

---

① 谢维和. 班级：社会组织还是初级群体［J］. 教育研究，1998，（11）；吴康宁. 教育社会学视野中的班级：事实分析及其价值选择. 教育研究，1999，（7）.

② 王鉴. 也论班级的性质［J］. 天津市教科院学报，2014（6）.

员关系，有长达3年或6年的持续交往，有学生共知的班级规范，有学生共识的班级文化和班级氛围。不过，班级团体是一种特殊的社会群体。不同于成人的社会群体，构成班级团体的成员是一群未成年人，为着学习和成长的目的组合在了一起。

意识到班级团体是一种社会群体，其教育活动就有了社会的意义。学生的活动不仅是个人的行为，还是反映班级群体环境的行为；学生的表现不一定是个人意愿的真实反映，还可能是受班级其他成员意愿影响的表现。换言之，在班级中一个学生的行为，是其个性特征与班级环境共同作用的结果。学校的教育活动促进学生的社会性成长，是通过教师的教学活动、学校环境和班级环境的影响多方面进行的。

班级中的成员交往有着十分重要的教育意义。交往实质上相当于广义的教育，从某种意义上可以说，教育就是一种交往的实践活动。人们在交往的过程中会追求一种平等而真诚的人际关系，同学间彼此保持着相互理解与内心沟通，共同分享意义，不断达成共识，相互印证自我的存在与成长。个体正是在这种交往中不断进行着社会化。

（二）班级机构是一种社会组织

班级机构是一种社会组织，这是对于班级组织属性的共同认识。社会群体有松散团体的意味，作为一个人群的集合来说，社会组织比社会群体更体现出团体的整体性和人际关系的密切性，其成员间存在更深程度的相互交往。社会组织有三个要素：明确的组织目标、正式的组织机构、清楚的组织规范。显然，班级有学校教育指向学生发展的目标，有维持班级活动而建立的组织机构，有校规班规等组织规范。

实际上，现代教育把班级作为社会组织是人所共识的。但是班级的社会组织有其特殊性，与成人的社会组织有质的不同。成人社会组织的功能主要是为社会提供需要的服务，强调组织的管理性质；班级社会组织的功能是提供学生自身社会化发展的条件，首先强调的是组织的教育性质。班级的管理还需要教师的引导和辅助。

认识到班级机构是一种社会组织，更应发挥其社会性的教育价值。班级中有组织分工，学生的行为具有了社会角色的意义；班级中有组织规范，学生的行为具有了社会意识的引导和约束。在班级这样一个相对稳定的组织中，个性不同的一群同学需要建立相互之间的信任、平等与宽容，从而达成和谐开展班级活动的共识。这对于学生的社会性成长是有利的。

（三）班级成员是一种成长共同体

从班级成员的因素加以考察，进一步揭示班级的特质。中小学校的班级成员是中小学生，中小学生处在一个身心未成熟的成长阶段，他们在班级里共同生活，结合成一个成长共同体。他们主要从事以学习为主的活动，在成长的过程中获得身心发展。班级团体的目标是儿童自身的发展①，这一点不同于以服务于社会为目的的成人团体。班级存在的意义就是维护并促进学生身心的健康发展。

现代教育提出以学生发展为本的理念，学校教育努力让每一个学生都获得最佳的发展。教育部自 1999 年以来提出加强中小学心理健康教育，其核心价值是关注每一个学生的人格成长，这与现代教育理念不谋而合。心理健康教育的普及性操作主要落在了班级团体层面。

在班级中关注每一个学生，让每一个学生个性化和社会化都能够顺利进行，这是班级成员作为成长共同体的基本任务。

班级既要有很好的稳定性，又要有充沛的活力；既要满足学生的社会化发展，又要满足学生的个性化发展。作为成长共同体，班级中有三个要素形成互相依存、互相促进的关系。即：个性化要素，着重满足“这一个”学生的个性化发展；社会化要素，着重促进每一个学生的社会化成长；稳定性要素，营造班级组织稳定的小社会环境。

用一个简图表示就是：

图 1-1　班级三要素

① 钟启泉. 班级管理论［M］. 上海：上海教育出版社，2001.

四、班级心理环境

两位老师在办公室聊天。一位说：一班比二班好。另一位没听懂：你说一班比二班什么好？这位说：哦，一班比二班组织纪律好。另一位说：其实我觉得一班的同学关系也不错。这就带出来一个问题，两个平行班做整体比较，要比较什么呢？或者说，比较班级整体环境，要看哪些因素呢？这是另一个关于班级的基本问题：班级心理环境是什么。关于这个话题的讨论既有理论价值又有实践意义。

（一）班级心理环境的概念

班级心理环境的核心词是心理环境。心理环境的概念可追溯到勒温关于心理场论的研究。勒温认为人的行为可表示为人和环境的函数，行为是随人和环境的变化而变化的。对于人的行为的理解和预测，既要考虑行为的主体个人，也要考虑行为所发生的环境。同样的客观事物，对于不同的人，会有不同的心理意义。人和环境构成所谓生活空间，生活空间可以包容物理的、社会的，以及思想上的等诸多方面的事实和因素。生活空间以对人的行为发生影响为存在标准，将主体与客体融为一个共同的整体，并表现着整体具有格式塔性，即其中任何一部分的变化，都必将引起其他部分的变化，都必然与整体有关。

与心理环境相近的一个概念叫作团体气氛。台湾心理学家吴武典认为：所谓团体气氛，是透过团体内的互动与期待产生的团体特质。通俗的说法是：这个团体是温暖的还是冷酷的？是接纳的还是敌意的？是紧张的还是轻松的？是团结的还是散漫的？等等。

江光荣从班级社会生态环境的角度对班级进行了研究。社会生态学从社会认知论出发来看问题，比较重视当事人的主观知觉。班级社会生态环境是把班级看作一个社会生态系统，构成这个系统有一些基本要素，班级中的学生对这些要素形成了各自的知觉，并由此对他们的心理成长产生影响。江光荣还编制出了中小学班级环境问卷。

勒温的心理场论揭示了心理环境的主观性质；吴武典的团体氛围强调了心理环境主要指人的环境；江光荣的班级社会生态环境则特别体现了班

级作为社会组织的特质。

本文班级心理环境的概念相当于班级社会生态环境，是指对学生个体行为和心理发展发生影响的班级生活空间。学校心理健康教育正在形成班级为本的学校辅导模式，班级心理教育重在建设促进学生心理成长的班级心理环境。

（二）班级心理环境的维度

对于课堂环境或班级环境的基本结构，大家一致认为是多维度的，但由于对环境内涵的理解不同，对其维度的分解亦说法不一。

莫斯（Moos）曾对各种组织的社会环境进行研究，认为有三个基本方面：一是人际关系，主要描述环境中个人关系的性质和强度；二是个人发展方面，指环境中具有的让个人自我增强和发展的方向和方式；三是系统保持和系统改变方面，指环境的结构、秩序等。吴武典认为团体气氛包含三个实质性条件：共识，即团体的共同目标、理念、意识；互动，即团体成员的互相依存和影响；规范，即团体成员共同遵守的公约、规定。江光荣的班级社会生态环境的实证研究得到一个五维度的结构：师生关系、同学关系、秩序纪律、竞争以及学习负担①。

班级心理环境的概念近似于班级社会生态环境，但是，班级心理环境的维度设计要充分体现出心理内涵，其问卷具体项目的界定要能够表达出对学生相关心理因素的关联。这是班级心理环境的研究期望解决的。

根据文献进行初步分析。依据莫斯（Moos）提出的环境三维度结构：人际关系、个人发展、环境秩序，将其作为班级心理环境维度研究的逻辑起点；参照江光荣关于班级环境的五维度结构，其中的师生关系、同学关系、秩序纪律维度得到广泛认同；依据对班级基本性质的认识：班级是一种社会群体、一种社会组织、一种成长共同体，将其作为班级心理环境研究的特定背景。综合以上三方面进行分析。从人际关系方面和班级是一种社会群体考察，应有师生关系和同学关系因素；从个人发展方面和班级是一种成长共同体考察，应有关于个人成长的因素和与学习有关的因素；从

---

① 江光荣. 中小学班级环境：结构与测量［J］. 心理科学，2004，27（4）：839—843.

环境秩序方面和班级是一种社会组织考察，应有关于组织秩序的因素。

我们对班级心理环境进行了实证研究，得到结果为，班级心理环境包括4个维度：师生关系、同学关系，学习成长、管理秩序①。与学习有关的因素包含在学习成长维度中。这4个维度有不同的评估指向：师生关系指向班主任、同学关系指向同学群体，制度秩序指向班级管理，学习成长指向被试自身。这样调整之后的理论架构与莫斯提出的环境结构十分契合：其人际关系分解为师生关系和同学关系；个人发展方面成为个人的学习成长；环境的结构秩序成为班级的管理秩序。

（三）班级心理环境的类型分析

班级心理环境是对班级团体状态的描述，而班级团体状态主要反映为不同的领导方式。这又把班级团体的核心引向了班主任。勒温提出了三类领导方式：民主型、专制型和放任型，钟启泉也归纳了同样的三种类型的教师。勒温的三类领导方式并不是同一层面的，而是包含了对领导方式优劣的评价。班级心理环境的类型分析也期望能够表达一定的区分度，由此把三类领导方式作为班级心理环境类型的分析依据。这也说明，师生关系应该成为班级心理环境的主导角色。

民主型班级：领导方式是将权力定位于班级群体，班主任与学生平等相待，学生可以参与管理。班主任和学生都可以提出管理问题，或者提出管理建议供选择，班主任和学生共同协商决策和执行。民主型班级有融洽的师生关系和同学关系，也有很高的团体认同，班级的各项活动能够良好开展。民主型班级体现了以人为本的教育理念，也体现了心理辅导真诚、通情、积极关注的基本原则。

专制型班级：领导方式是将权力定位于班主任，体现出一种班主任的权威性。班主任自己决定管理规章，并安排执行，对执行中的学生进行表扬和批评。班主任和学生保持一定的距离，缺乏人情味。专制型班级的师生关系低于民主型班级，并影响学生关系和团体认同。班级活动氛围受到一定削弱。专制型班级仍然是传统的师道尊严教育观念的体现，是一种管

① 王鉴，杨海燕. 中小学班级心理环境量表的编制［J］. 中国临床心理学杂志，2014（6）.

理主义的领导倾向。

放任型班级：领导方式分散定位于每个学生，班主任基本上是放弃管理，对班级事务不管理、不评价、不引导，只是当学生提出要求或提出问题时才介入处理，否则就放任自流。放任型班级的各项要素都将较低。表面上看班主任与学生关系较好，而从心理成长层面来说，学生不会喜欢这类班主任，同学关系也较松散，团体氛围必然涣散。

我们对班级心理环境进一步开展描述性的实证分析，认为班级心理环境可以分成三种类型：民主型、一般型、问题型。这三种类型中四个维度的基本特点是：师生关系和管理秩序的较大差异成为类型间的主要区别。师生关系和管理秩序的数据显示为民主型最高、问题型最低。这两个维度都与班主任的带班方式有关。这表明，师生关系是班级心理环境的核心维度。见图 1–2。

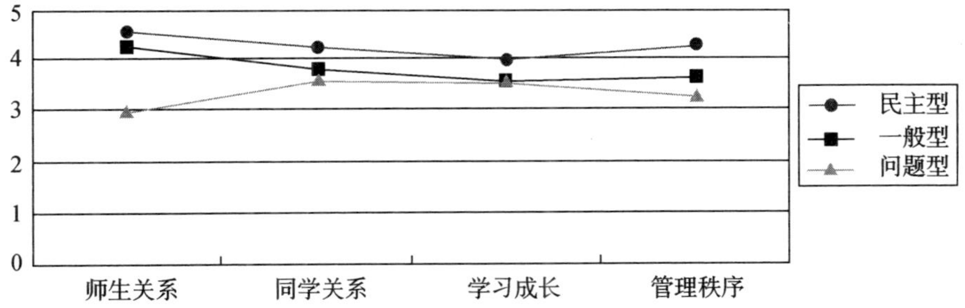

图 1–2　班级心理环境类型（班级单位）

（四）班级心理环境对学生心理成长的影响

我们进行了一项以 2520 个测试样本为分析对象的实证研究。以年级和学习成绩为研究变量，以班级心理环境的 4 个维度为观测变量，进行两因素方差分析，主要数据见表 1. 1。

表 1.1 不同年级、成绩群体的学生对班级心理环境各维度的方差分析

		师生关系		同学关系		学习成长		管理秩序	
		M	SD	M	SD	M	SD	M	SD
全体		4. 22	0. 93	3. 96	0. 84	3. 74	0. 76	3. 90	0. 81
年级	小五	4. 29	0. 90	3. 74	0. 88	3. 88	0. 73	3. 87	0. 77
	小六	4. 22	0. 99	3. 81	0. 94	3. 88	0. 70	3. 78	0. 85
	初一	4. 12	1. 05	3. 95	0. 84	3. 78	0. 74	3. 96	0. 79
	初二	4. 19	0. 94	3. 98	0. 83	3. 81	0. 74	3. 84	0. 85
	初三	4. 33	0. 77	4. 17	0. 82	3. 78	0. 76	4. 01	0. 83
	高一	4. 18	0. 91	4. 05	0. 71	3. 45	0. 79	3. 88	0. 76
成绩	上游	4. 22	0. 96	4. 01	0. 79	4. 18	0. 66	3. 88	0. 81
	中上	4. 31	0. 88	4. 01	0. 83	3. 95	0. 64	3. 94	0. 77
	中游	4. 20	0. 92	3. 96	0. 84	3. 70	0. 70	3. 92	0. 81
	中下	4. 16	0. 96	3. 90	0. 86	3. 40	0. 71	3. 84	0. 81
	下游	4. 01	1. 03	3. 85	0. 90	3. 04	0. 87	3. 78	0. 90
年级 *F* 值		2. 36*		11. 96***		6. 11***		2. 69*	
成绩 *F* 值		2. 48*		5. 70***		87. 49***		2. 96*	
成绩年级 *F* 值		1. 34		0. 87		2. 09*		1. 28	

注：* $P<0.05$，** $P<0.01$，*** $P<0.001$。

从整体上看，不同年级和不同成绩的学生在班级心理环境各维度上都有显著差异，而成绩、年级对班级心理环境的交互作用只是学习成长维度显示为显著。具体表现为：对于不同年级的学生，师生关系随年级上升呈波段下降趋势，同学关系随年级上升呈上升趋势。这说明随着年龄增长和心理成熟，学生逐渐从看重师生关系转向看重同学关系。对于不同成绩的群体来说，班级心理环境各维度随着成绩的上升而上升，说明班级心理环境对学习成绩有重要影响，也说明学习成绩影响个人对于班级心理环境的适应。

成绩、年级对班级心理环境的交互作用在学习成长维度上显著，说明随着年龄增长，学生越来越看重学习成绩和重视个人成长。这一方面反映了学生伴随年龄增长而趋向心理成熟，另一方面也反映了随着年级升高其学业竞争愈加激烈的现实。

总体上看，班级心理环境对学生心理成长有影响。个人学习成绩与班级环境适应之间存在重要的相互影响关系。另外，同伴关系是伴随学生年龄增长而对其心理成长影响加大的重要社会人际关系。人的成长、独立的过程是在与同伴的相互交流与认同中进行的。深圳市的一项德育及心理问题调查印证了相似的看法：中学生把友谊视为人生的第一追求，占53.1%；中学生把影响最大的人认同为朋友，占21.7%，而教师居于第二位，占14.4%。

班级心理环境建设应作为班级心理辅导的一项基本内容，渗透在班级生活的整体过程中。师生关系、同学关系是需要认真实践、不断改善的重要方面。

第 2 章

班级中的师生关系

人们在一些小环境中维持着长期的密切关系。对于未成年人来说，这些环境中的重要他人构成了他们成长过程的核心影响关系。在家里，重要他人主要是家长；在班级里，重要他人主要是老师。在第 1 章里，我们知道了班级心理环境的营造和评价主要考虑四个方面：师生关系、同学关系、学习成长、管理秩序。其中，师生关系是班级心理环境的核心维度。教育是在人际关系的互动中完成的。好的教育是在好的师生关系基础上进行的。而且，关系大于教育，建立好的师生关系本身就是一种教育。好的班级生活也首先体现在好的师生关系上。

师生关系的内涵

首先，人际关系是人的基本要素。

生命体必然是这样一个系统，不断地与外界进行着能量交换和信息交流。它是开放的、生长的。而人的心理也同样是这样一个系统。它置身于自己同类的心理环境之中，每一个个体心理都在与同类进行着信息交流，同时进行着自身的成长建构。

人是一种社会性动物，我们是在社会意义上讨论人的。马克思有一句话其实已经说得很透彻：人的本质是一切社会关系的总和。崇尚客体关系理论的心理咨询学者对于心理问题的认识有一句归纳：一切心理问题都可以说是关系出了问题。

人的社会生命源于与他人的交流。婴儿出生后的头两个月，生活在母亲温暖的爱抚之中，母亲的躯体抚慰和精神关爱，促进孩子与母亲形成信任、安全的关系，这样的依恋关系有利于孩子变得活泼、开朗和自信。孩子心理开放、信任他人并乐于交流，这是长大以后学会与他人建立良好人际关系的基础。

从人际关系出发，我们自然可以认为师生关系是人际关系中的一种特殊关系。不过关于师生关系，基于不同的视角有不同的观点。主要有以下几种：

1. 社会学角度。一般将师生关系理解为一种社会性的交往形式。“师生关系是一种特殊的社会关系，它反映和包含了社会、政治、经济、道德、文化等关系，是教师在教育活动中与其他有关人员发生关系的一种最基本、最主要的关系。”①

2. 心理学角度。“师生关系从根本上讲，是教师和学生在共同的教育和教学活动中，通过相互的认知、情感和交往而形成的人际关系。”②

3. 哲学角度。着眼于学生的成长，有学者将师生关系界定为“学生人生初期的人际交流的一部分，也就是从属于学生的‘生活世界’的一种‘生活关系’”。③

从共性上说，上述观点基本上把师生关系看作一种人际关系。不过，师生关系是体现教育内涵和社会性成长的特殊人际关系。正是因为师生关系内涵的特殊性，有学者认为单一角度不足以反映师生关系的内涵。李瑾瑜提出师生关系体系应当由教学关系、心理关系、个人关系和道德关系四个层面的关系构成。叶澜也认为师生关系是一种事际关系和人际关系的整合。

我们是在班级的系统里讨论师生关系问题的。这是社会心理学角度的师生关系概念。可以达成基本的理解共识：师生关系是一种特殊的人际关

---

① 李以庄. 论新型师生关系［J］. 西南民族学院学报（哲学社会科学版），2002，(9).

② 李瑾瑜. 关于师生关系本质的认识［J］. 教育评论，1998，(4).

③ 金生鈜. 相互理解与师生关系的新建构［J］. 高等师范教育研究，1994，(4).

系；其特殊性表现在限定双方在教育活动背景中形成社会性交往；这种交往包含着教育的和心理成长的内涵。

从社会关系的观点来认识师生关系，我们可以达成进一步的理解：成长在关系中发生，教育在关系中发生；关系是教育内容的一部分；师生关系是教育活动的基础。

师生关系的类型与特点

从师生关系的具体内容来说，师生关系是师生之间建立的认知、情感、行为等方面的联系。教师作为学生在学校生活中的重要他人，对中小学生的心理发展有着重要的影响。

一、师生关系的类型

以往关于师生关系的研究多是从教师的行为特点出发进行分类。如李皮特和怀特（Lippitt & White）从教师使用权威的程度将师生关系分成权威型、放任型和民主型。希尔伯曼（Silberman）从课堂教育行为的角度将教学情境中的师生关系分为依恋型、冷漠型、关怀型和拒绝型。盖特泽尔斯和塞伦（Getzels & Thelen）从教师个人管理特点方面将师生关系分为团体规范型、个人情意型和动态平衡型。

近年来，许多研究者借鉴亲子依恋理论和同伴关系研究成果来探讨师生关系。

西方有学者（Pianta R C，Steinberg M，Rolins K）认为：小学低年级阶段的师生关系结构有 3 个维度：冲突性、亲密性和过度依赖性。不同年龄、种族和经济地位的学生与教师的关系都表现出这 3 个方面的特征。我国有学者认为，小学 3—6 年级学生的师生关系可分为 3 个类型：亲密型、冲突型和冷漠型。其中亲密型属于积极的师生关系，冲突型和冷漠型属于消极的师生关系①。中学阶段的学生正处在由儿童向成人过渡的青春期，其师

---

① 王耘等. 3—6 年级小学生师生关系：结构、类型及其发展[J]. 心理发展与教育. 2001，(3).

生关系具有一定的独特性。有研究认为，中学生师生关系结构具有四个维度：亲密、依恋、冲突和回避①。

总体上看，中小学生的师生关系可以归纳为 3 种基本类型：具有亲密和谐意义的关系、具有冲突矛盾意义的关系、具有回避疏远意义的关系。

二、师生关系的特点

不同阶段师生关系的特点有所不同。

低年级小学生的师生关系亲密型比例较大。儿童进入小学后，逐渐把亲子依恋转向教师的关爱，而且家长也格外关注子女与教师的关系。对于刚跨入学校校门的低年级学生来说，学校的一切都是陌生的、新鲜的，他们对新环境和新同伴有一个熟悉适应的过程，期望从老师那里得到更多关爱和肯定，因而对成人管理者比较依赖。

随着年级的升高，小学生师生关系的亲密性总体上呈现下降趋势。小学中、高年级学生认知能力、自我意识发展较快，自主性有所增强，社会交往方式出现较大变化，同伴关系逐渐成为儿童人际交往的重要组成部分。同时，高年级小学生正处于青春前期，逐渐表现出不同的个性，追求得到尊重和平等的人际关系，对成年人的批判心理加强。另外，对于日常的人际关系冲突，高年级小学生已经学会一些应对方式，不再更多地寻求老师的帮助。这些原因都逐渐增加了中、高年级小学生与老师之间的关系距离。

中学生师生关系具有显著的年级特点。随着年级的升高，亲密型师生关系总体上仍然呈现下降趋势。冲突型学生中，初二和高二明显多于其他年级。有研究者把这种现象称为“初二、高二”现象②。初二学生正处于青春期的敏感阶段，认识事物易于偏激；情绪表现易于波动；行为表达易于叛逆。而且，初二年级也是心理问题的多发阶段。高二年级是心理发展

---

① 姚计海，唐丹. 中学生师生关系的结构、类型及其发展特点［J］. 心理与行为研究. 2005，3（4）.

② 阴山燕，张大均，余林. 我国中学师生关系研究述评［J］. 宁波大学学报（教育科学版），2008，（4）.

的另一个转折期。高二学生的形式逻辑思维基本成熟、辩证逻辑思维正在发展，正在多元的人生选择中朦胧地寻求自我。因而高二学生出现成熟与幼稚两极并存的矛盾特征，易于导致师生关系的冲突与疏远。

中小学生师生关系的性别特点也很突出。女生与教师的关系明显好于男生，特别是小学女生与教师有更积极的师生关系。多数心理学家研究认为，男女儿童在言语表达上存在差异，女生在言语表达的清晰性、流畅性和情感性方面都优于男生。在人际交往过程中，女生有较强的交往倾向和较高的宜人性特点，因此与教师有更多的亲密关系。而男生表现出较高水平的独立倾向和叛逆特点，与教师的交往表现出更多的冲突性。

师生关系对学生发展的影响

老师是学生在学校度过学习生活的重要他人。师生关系是影响学生发展的重要因素。师生关系作为儿童人际关系的一部分，是儿童社会化的重要内容。

一、师生关系对学生发展的影响方面

师生关系对中小学生的学校适应、学业成绩、自我概念等方面均有重要影响。

师生关系对学生学校生活的适应有重要影响。学校适应主要包括学生在学校环境中的情感生活、班级适应、同伴交往、学业行为及对新环境的适应等。师生关系与中小学生学校适应性之间存在显著相关。亲密型师生关系的儿童能够积极适应学校生活，努力发展亲社会行为，同伴交往倾向于同伴接纳；冲突型师生关系的儿童则在学校生活中表现消极，与反社会行为有较强联系，同伴交往倾向于同伴拒绝。很多研究和实践都表明，亲密型的师生关系有利于学生形成对学校的积极情感、积极参与班级和学校活动、与同学形成良好的情感关系、发展出良好的个性品质和良好的社会适应能力。

师生关系与学生的学业成绩有直接关联。大量研究表明，师生关系对

学生的学业兴趣、课堂参与和学业成绩等都有很大影响。师生关系良好的学生学业表现更好。师生关系不同水平的学生在学习兴趣、学习热情、学习毅力方面，存在非常显著的差异。究其原因，一方面，绝大多数学业表现良好的学生都有符合自身特点、也适应教学活动的学习方式，易于赢得教师的关注和赞许；另一方面，学业表现好的学生更为自省、自信，在师生交往中表现更为积极、主动。学生喜欢某教师与喜欢该教师所教学科密切相关。这一点不仅是研究结论，更是经验共识。中小学生需要完成两项学习任务：学本领和社会化。而他们的自我意识尚不成熟，缺乏独立学习的能力，比较依赖为人师表的教师。中小学生不仅把教师作为自己学习的引领者，也把教师作为自己成长的示范者，自然会把教师本人与教师所教学科相关联地接受。学科教师必须能够把这两项任务统合在自己的教育教学活动中。

师生关系与中小学生自我概念的发展关系密切。自我概念是一个人把自己作为客观对象的知觉，是关于自身特点、能力、态度、情感和价值观等方面的整体认识。自我概念作为自我的主要成分，在人格结构中处于核心地位，它反映着自我意识发展水平的高低。中小学生的自我概念正在构建中。教师对学生的评价具有权威性和导向性，因此师生关系包含的评价意义对于学生的发展具有特别重要的价值。小学阶段，儿童自我概念的发展较大程度上依赖于教师的评价；师生交往在一定程度上影响着儿童的亲子关系和同伴关系①。在自我概念发展方面，亲密型师生关系的学生要好于冲突型、回避型师生关系的学生。亲密型的师生关系反映出师生之间的相互信任和尊重，是师生情感联系的体现。学生可以从作为“重要他人”的老师那里得到积极、赞许的评价，并将其转化成自我概念的成分。很多关于师生关系与中学生自我概念的研究认为，师生关系与中学生自我概念存在普遍的相关，亲密型师生关系对学生自我概念的发展具有更积极的意义；高中生的师生关系对学业自我和总体自我概念具有首要预测效果；良好的师生关系，教师对学生的支持、关心、鼓励、期望都有助于青少年自尊的发展②。

---

① 林崇德，王耘，姚计海. 师生关系与小学生自我概念的关系研究[J]. 心理发展与教育. 2001，(4).

② 姜兆萍，俞国良. 高中生自我概念特点及与社会关系的相关研究［J］. 中国临床心理学杂志，2006，(5)；张磊. 中学生师生关系的特点及其与学校适应的关系研究[J]. 北京师范大学硕士论文. 2003.

二、学生对教师个人特点的喜好

师生关系对学生可能的影响与教师个人特征有很大关系。什么特征的教师容易得到学生的喜欢？教师该从哪些方面加强个人修养？这些也是比较重要的问题。李琼的研究较有代表性。李琼调查了中学生心目中的好教师特征①，按相应人数百分比排列，结果如表 2.1 所示。

表 2.1　学生心目中的教师特征

	顺序	喜欢的教师特征(%)	顺序	不喜欢的教师特征(%)
初中生	1	和蔼可亲，有亲和力，脾气好(49.1)	1	脾气大，随便发火(31.3)
	2	听取学生意见，关心鼓励学生(22.5)	2	批评、讽刺挖苦学生(20.9)
	3	幽默风趣，有人格魅力(20.2)	3	整天板着脸，严肃不幽默(16.8)
	4	讲课好，如清晰、生动、有激情(14.6)	4	偏心，根据学生成绩评价学生(13.5)
	5	理解学生(14.5)	5	不愿意与学生沟通交流(12.7)
	6	要求严格又不苛刻(11.3)	6	上课没有激情、沉闷(8.7)
	7	认真、负责(8.7)	7	没有责任心(8.1)
	8	知识丰富广博，有涵养(8.3)	8	不信任，怀疑学生(6.5)
	9	外貌形象好，如有气质(7.7)	9	不关心学生(6.2)
	10	信任学生，不猜疑(3.6)	10	上课放任学生不守纪律(5.6)
高中生	1	和蔼可亲，有亲和力，脾气好(35.3)	1	脾气大，随便发火(21.2)
	2	听取学生意见，关心鼓励学生(19.6)	2	批评、讽刺挖苦学生(20.9)
	3	讲课好，如清晰、生动、有激情(17.7)	3	偏心，根据学生成绩评价学生(11.2)
	4	幽默风趣，有人格魅力(17.3)	4	没有责任心(10.9)
	5	理解学生(14.6)	5	整天板着脸，严肃不幽默(9.0)
	6	知识丰富广博，有涵养(11.5)	6	不愿意与学生沟通交流(8.0)
	7	认真、负责(10.1)	7	知识水平差，没有见解(6.2)
	8	要求严格又不苛刻(6.7)	8	上课没有激情、沉闷(5.9)
	9	外貌形象好，如有气质(6.2)	9	不关心学生(5.7)
	10	信任学生，不猜疑(4.2)	10	没有耐心(4.2)

① 李琼. 谁是学生心目中的好教师 [J]. 中国教师，2008 年 9 月.

可以看出，中学生喜欢的教师特征主要表现在教师的职业道德、人格特征和教学能力方面。他们都很强调教师的人格魅力，如喜欢和蔼可亲、幽默风趣、有涵养等，不喜欢整天板着脸、随便发火、没有耐心等；他们都很看重教师的师德，如喜欢得到尊重与理解、有责任心等，不喜欢偏心、不信任、缺乏责任心等；他们还很重视教师的教学能力，如喜欢知识丰富、上课有激情等，不喜欢知识水平差、讲课乏味等。

很多学者对教师的个性特征问题进行了研究。有研究者在总结国内外研究结果的基础上，归纳出优秀教师应具有以下优秀个性品质：（1）热忱关怀；（2）真诚坦率；（3）胸怀广阔；（4）作风民主；（5）客观公正；（6）自信自强；（7）耐心自制；（8）坚韧果断；（9）热爱教育事业。①

师生冲突问题

人际冲突是人际关系中的精彩部分，师生冲突也是如此。如果仅看到师生关系中的和谐成分，而看不到师生冲突其实也是师生关系的必然成分，那就感受不到师生关系的深刻和丰富。班级心理环境中的人际活动表明，教师和学生之间，和谐与冲突是并存的。师生冲突是师生关系中基本矛盾的生动体现。

一、师生冲突的基本概念

常识性的理解中，冲突是一个负面词语，它包含分歧、对立、对抗、敌意、伤害、破坏的含义。但是，作为师生关系中的必然成分，师生冲突还包含着促进独立、促进改善、促进成长、促进发展的积极含义。

冲突是社会生活中普遍存在的现象，是人们交往的基本形式之一。不同的学者从不同的角度来研究冲突，产生以下几个颇有代表性的观点。

第一种观点认为冲突是对有关价值、稀有地位、权力和资源的要求和斗争，在这种斗争中，对立双方的目的是要破坏以至伤害对方。这是一种

---

① 韩进之主编. 教育心理学纲要［M］. 北京：人民教育出版社，1989.

强调严重对立性质的冲突。第二种观点认为冲突是双方之间公开与直接的互动，在冲突中各方的行动都是为了力图阻止对方达到目标。这是一种强调外显行为性质的冲突。还有一种观点对冲突的概念做了进一步的展开：冲突是指不一致的目标、各自专有的利益、感情上的敌意、观点上的异议以及有节制的相互干涉。这是一种强调常态意义上的人际互动的冲突。

第三种冲突的含义比较符合我们日常对于冲突的理解。比较通俗的表达，即冲突是当人们面对互不相容的目标、利益或需要时，在互动过程中发生的竞争、干涉或敌对的现象。

同样，师生冲突可以说是指师生间由于目标、利益、观点等方面的差异而导致的旨在遏止对方并满足自己目的的互动过程。这个过程可以是外显的攻击性冲突，也可以是潜在的冷战性冲突。

师生冲突是一种社会意义上的冲突，这可以让我们比较理性地看待学校中的师生冲突现象。在共同的班级生活中，由于师生的社会积累、社会阅历、社会地位，及至个体之间目标、需求的差异，必然出现不同程度的师生冲突。作为教师，必须正视这种师生冲突对于学生的学习和成长可能造成的影响。

但我们完全可以从积极方面看待师生冲突。师生冲突是师生之间的一种相互克制和相互促动的力量；师生冲突反映了教师与学生自我肯定和自身需求的因素；师生冲突表现了学生的“批判精神”和“自主精神”；师生冲突还有利于师生之间改变互动方式，改善师生关系。

因此，师生冲突可以分成良性冲突与恶性冲突，建设性冲突与破坏性冲突。良性冲突是指冲突双方存在矛盾，但没有根本性对立，其基本利益是一致的；恶性冲突则是在核心价值、基本利益方面存在矛盾，其冲突的结果常常造成对冲突双方的伤害。师生冲突的基本性质属于良性冲突，不过恶性冲突并非不可能发生。比如，过于强调分数评价，其极端情况会导致对学生身心的伤害，导致师生基本利益的对立，从而引发恶性冲突。建设性冲突是对组织、人文环境和群体发展有促进作用的冲突；反之是破坏性冲突。如果基于共同利益背景下的师生冲突只出现在适当程度，同时冲突双方对之做出及时反应和改善性应对，师生冲突就能够起到利于班级组织发展和班级环境和谐的建设性作用。

二、师生冲突的原因分析

一般来说，可以从两个范畴对师生冲突的原因进行分析。

一是问题性质归属学科的范畴，即从教育学、心理学、社会学视角进行分析。从教育学视角上，师生冲突是因为教与学的过程进行得不够和谐、教育目标达成不够一致而造成的。从心理学视角上，师生冲突是因为师生间个性、认知、情感、行为方式等方面的差异没有得到很好的协调。从社会学视角上，可以认为师生冲突实质就是一种社会冲突。师生两个群体权利的不对称性、角色规定的对立性、群体文化的差异性，都将导致双方出现冲突。

二是问题产生归属群体的范畴，即从教师、学生的视角进行分析。从教师群体的视角，教师的教育观念、教育行为、教学能力、班级管理等因素是造成师生冲突的主要原因。从学生群体的视角，学生发展的差异和主观的诉求，与教师的规范性要求之间存在矛盾而导致冲突。

这里分别从教师、学生两个群体展开讨论，并着重心理学、社会学视角进行分析。

（一）教师群体的原因

1. 教师对师生群体间的文化差异和社会差异理解不够。教师是教育者和管理者，承担着社会、学校和家庭赋予自己的教育责任。学生是受教育者。相对于闻道在先、阅历在先的教师而言，学生群体处于心理下位。如果教师以“师道尊严”自居，教育作风专制，不尊重学生的主体地位，就会对学生的心理感受、成长需求关注不够，容易疏离师生关系，及至出现师生冲突。

2. 教师对不同学生的评价存在偏向。在学校教育活动中，学生的成绩仍是许多学校衡量教师业绩的主要依据。这种学业成绩的导向易于使得教师对学生的评价出现偏向。学业成绩好的学生什么都好，学业成绩差的学生什么都不好。如果犯了同样的错误，成绩好的学生会被认为是瑕不掩瑜，而成绩差的学生会被认为是恶习难改。相比较而言，学业落后的学生更容易和教师发生冲突。

3. 教师职业情感的枯竭。中小学教师群体中一定程度上存在职业倦怠的现象。职业倦怠是指在长期工作压力下的一种身心疲惫的状态。主要表现为身体疲劳、情绪低落、对人冷漠、价值感降低等。教师的职业倦怠对学生的成长和发展有消极影响。工作到一定年限后，有些教师会出现“干到顶”“突不破”的“天花板”效应。他们开始停滞不前，凭老本吃饭；追求欲望降低，工作热情下降，而工作负担并未减少。这时侯教师会减弱关注学生的热情，希望减轻工作的压力，容易出现攻击性行为。这些情况易于导致发生师生冲突。

4. 教师对师生冲突处理失当。在班级环境中，师生冲突是不可避免的事。有一些教师对师生冲突的发生估计不足，对于处理冲突事件缺乏经验。出现师生冲突时，他们往往从教师自身的角度看待问题，不能很好地控制自己的情绪，处理事件采取简单、强硬的方式，这就使得本可化解的日常矛盾进一步激化为激烈的冲突。

（二）学生群体的原因

1. 学生的个性化发展与教师整体性要求之间的差异导致冲突。学生成长的个性化与社会化是一对矛盾体。学生成长的不同阶段，这对矛盾的表现特点有所不同。小学阶段，学生的依从性表现比较明显；初中阶段，学生的逆反性表现比较突出；高中阶段，学生开始把个性化和社会化进行自我整合。就师生关系来说，这对矛盾是导致部分学生出现师生冲突的基本原因。随着时代的多元化和教育的现代化发展，当代学生的个性发展更加突出和迫切，他们小时候就在家长的关注下参加各种特长班，为自己的个性化成长夯实基础。虽然现代教育也鼓励学生成为最好的自己，但是在现实的教育环境中，教师仍然会倾向于对学生提出整体性要求。学生在生理和心理方面处于成长的阶段，其中一些学生追求个性独立，会呈现出求异心理倾向和逆反心理倾向。他们会以反抗成人社会的主流价值观而沾沾自喜，这常常造成更多的行为失范和师生冲突。

2. 学生的情绪和思维发展不成熟导致师生冲突。现在的中小学生绝大多数得到家长更多的关照，因此有着共同的弱点：以自我为中心，不善于换位思考。在遇到问题时，首先想到的是教师应该负什么责任，而不是自己应该负什么责任。这就导致师生之间的情感沟通不顺，进而发生师生冲突。一些学生对老师有意见，但没有采取恰当的方式及时与老师沟通，化解误会，而是以一种报复心理、对抗心理针对教师，这就容易激化矛盾，使师生冲突升级。另外，进入青春期的中学生往往情绪易于冲动，行为易于叛逆，不能有效控制自己。当教师对其不当行为进行教育时，也会导致师生的对抗性冲突。

三、师生冲突的管理与应对

（一）师生冲突的管理通识

师生冲突是师生关系的组成部分，因此，应该把师生冲突纳入师生关系的日常管理之中，并掌握一些基本原理。

1. 了解学生的心理特点

了解学生的心理特点是管理好师生冲突的基本前提。

小学生阶段重要的是了解他们的行为特点和情感特点。

儿童入学以后，学习成为他们的主导活动。小学生对学校生活有新鲜感，但有一个适应过程。小学低年级学生的无意注意仍然占据主导地位。他们对学习有好奇感，却往往不能专心听讲。另外，小学低年级学生的注意力分配与转移也不够灵活。他们在认真写字的时候，常常忘了姿势要端正；他们看完一场喜欢的电视节目后，往往很难马上集中精力做作业。四、五年级的小学生才能够较长时间地把注意力集中在当前的学习活动上，有的学生还可以边听课边记笔记。实验表明，7—10 岁儿童可以连续集中注意 20 分钟，10—12 岁儿童可以连续集中注意力 25 分钟，12 岁以上的儿童能够连续集中注意力 30 分钟。低年级学生的老师要充分了解这些特点，上课时，努力使用生动形象的教学手段和富于变化的教学方式，而不要急于纠正小学生的上课说话、走神等所谓“不良”习惯。

小学生的情感体验向着丰富的社会性方面发展。他们的情感更多地与社会利益或人际关系相关联，更多地与学校的学习生活相关联。如他们的快乐大多源于自身的成长进步而受到老师的肯定或同学的称赞，他们的焦虑大多与成长中受到挫折或与同伴发生矛盾等有关。教师要善于观察学生的情感表现，要善于引导他们体验快乐、积极的情感，注意不要简单地用消极负面的评价刺激学生。

小学生的意志品质对于其学习和成长具有重要的意义。低年级小学生意志的自觉性初步有所发展，他们还不善于自己提出学习和生活的目标。表现在行为上，他们的学习活动通常要教师和家长的提醒与督促。到中高年级，小学生的主动性、独立性逐渐发展起来。互联网时代，社会上、网络上各种诱惑很多，这对于小学生的意志品质培养是一个挑战。教师要做学生意志品质的引导者，注重养护学生的成长动力，注重促进学生主动性、独立性的发展。

中学生阶段重要的是了解他们青春期发育的特点和社会性发展的特点。

男女学生到 11—12 岁时将先后进入青春发育期。女生比男生早 1—2 年。女生初经来潮，胸部隆起逐渐变得丰满。男生逐渐开始变声继而出现遗精。性器官和性功能的发育成熟，刺激了中学生成熟意识的觉醒，同时也带来了心理适应的问题。特别是初中阶段。他们的身体开始第二次快速生长，心理处于半幼稚半成熟的状态，表现出独立性与依赖性、自律性与冲动性并存的矛盾特点。他们的意志表现出一定的脆弱与任性；情绪表现出某种烦恼与躁动；思维逐渐显现出批判与逆反。在交往中，需要教师更多的鼓励与肯定，保护学生的自尊心，避免简单地批评与指责，给予学生足够的成长支持和成长空间。

中学生的自我意识趋于成熟，开始注重从行为的社会意义方面来评价他人。学生对于人生意义的理解，初中阶段还比较模糊，到了高中阶段其理解程度有所增加。中学生的群体意识不断增强，人际关系趋于复杂。他们有意识地介入某些非正式群体，满足自己多方面建立人际关系的需要。作为教师，要更关心学生如何建立人际关系和拓展人生体验，要了解他们的群体文化，并给予必要的指导和指引。同时也要尊重他们必要的人生探索，不要武断地做出干预行为。

2. 关注学生的个性特征

关注学生的个性特征是管理好师生冲突的科学保障。

对于学生的个性特征，应该考察哪几个方面？理论上可以依据“小五”人格理论的五个维度。它们是：外向性，其含义是活跃、合群和积极情感；宜人性，其含义是利他、诚实和恃强；情绪性，其含义是紧张焦虑、自我体验和依赖；谨慎性，其含义是谨慎、有序和努力；开放性，其含义是创新、聪慧、想象力和洞察力。

关注学生的个性特征，主要是重视两个方面。其一是重视个体差异性。人如其面，各不相同，中小学生也是这样。一个班级的学生中，有的活泼，有的沉静；有的理性，有的任性；有的迟缓，有的敏感。特别是到了初中阶段，个体性格特征逐步发展，不同性别的学生、不同班级角色的学生，其特点各异，个体间的差异性表现得更为明显。教师与学生沟通交流时，不仅要依照尊重、通情、平等的原则，更重要的是与不同的学生要用不同的方式交流。特别是要把握批评的艺术，“跟什么人说什么话”，才能有效地预防冲突的发生。其二是重视个体自身的发展性。从小一到小六，从初一到初三，从高一到高三，学生的个性特征在持续地形成发展中，会有较大变化，这其中一方面有良性的变化，具有越来越好的主动适应性；另一方面，还要注意会有不良的变化。有的学生可能因为某些事情的发生，在较短的时间里表现出前后不同的态度和行为。例如有的学生初一表现活跃，经常与教师互动，到了初二，就变得沉默寡言了。教师要特别关注这种情况，注意可能有潜在的冲突隐患和不良的影响因素。

3. 掌握学生的家庭背景

掌握学生的家庭背景是管理好师生冲突的重要因素。

作为教师，不仅要看到个性不同的学生，还要看到来自不同家庭的孩子。因此师生冲突不仅是教师与学生之间的冲突，还是教师与家庭之间的冲突。这样理解，正是师生冲突的社会意义所在。

掌握学生的家庭教育方式。在溺爱型家庭里，孩子倍受关注和宠爱，养成了他们以自我为中心的生活方式。这种自我中心的生活方式使学生不善于换位思考，容易引发冲突。在专制型家庭里，孩子经常受到父母的管教式教育，他们在学校会有意无意地将这种受到压抑的情绪及其行为转嫁到同学和教师身上，导致师生关系的不和谐。在放任型家庭里，孩子生活散漫无序、行为随意，没有很好的生活和学习习惯。他们在学校里会不喜欢学校的纪律约束，不愿意按学校规范做事，这些都为形成师生冲突埋下隐患。

掌握学生的特殊家庭结构。在破裂型家庭里，如果孩子经历了从父母感情不和到感情破裂而离婚的整个过程，他们的心灵会很受伤。如果这种事情发生在孩子的青春期，导致的心理创伤往往更大。对于承受能力差的孩子来说，他们对父母的不信任，会扩展到对他人、对社会的不信任。这种孩子非常容易对教师产生对抗情绪。在缺损型家庭里，孩子往往由于缺少关怀、照顾和家庭的温暖，内心趋向闭锁、孤僻、冷漠，不能顺利地和外界交流，有时思想复杂，过于敏感，容易导致师生冲突。

（二）师生冲突的应对策略

教师要坚持建设性冲突的引导，善于将师生冲突转化成学生成长的因素。教师要做好对破坏性冲突的预防，增强对破坏性冲突的敏锐意识，做到遇事不惊、处事不乱。

肯尼斯·托马斯提出的冲突管理模式可以为教师应对师生冲突提供理论上的支持。（见图 2-1）

图 2-1　托马斯冲突管理模式①

托马斯的冲突管理模式提供了两个维度，一个是从不合作到合作，另

① 马克·汉森著，冯大鸣译. 教育管理与组织行为（第五版）[M]. 上海：上海教育出版社，2005.

一个是从不专断到专断，由此而引出五种不同的冲突处理方式，即回避、让步、妥协、强制（支配）与合作。

1. 适当的回避

适当的回避是避免冲突升级、暂时缓和的策略，其模式特点是不专断、不合作。如果引发冲突的问题并不严重，处理冲突需要较长时间，当时有更重要的事情在进行，而造成冲突的情况需要进一步了解，教师就可以使用这种策略。比如，上课时突然有一个学生把作业本扔到台前，似乎表达对作业量过大的不满。教师难以马上了解到学生不满的更多原因，而且课堂上处理这类事情可能占用较多时间。这时教师就可以采取缓和的态度，不妨神态自然地主动拾起作业本，适当地做出回应，然后解释下课后再做进一步交流。

回避策略并不能真正解决问题，所以事后一定要对冲突事件做出处理。事后处理冲突双方就可以冷静面对和讨论，有利于事件的合理解决和师生关系的建设性发展。

2. 必要的让步

必要的让步是让学生进一步、自己退一步的策略，其模式特点是不专断、求合作。如果教师发现自己的意见不妥，希望接受学生的意见，可以采用让步策略。如果考虑长远利益而换取对方的合作，不计较眼前谁强谁弱，可以采用让步策略。比如，临近考试了学生们提出要去郊游一天。教师表达反对的意见后发现学生仍然坚持。教师感到如果自己反对下去可能造成学生的对立情绪，反而对应考不利。这时就不妨改为顺水推舟，采用让步策略。同时做一种建设性引导，把郊游作为一种团队激励和凝聚的手段。

让步策略有时会给对方软弱、屈服的感觉。但是从另一方面说，也会显示教师的大度和宽容。

3. 明智的妥协

明智的妥协是双方各退一步的策略，其模式是半合作和半专断，处于中间状态。妥协策略是达成部分满足各自的利益。妥协策略适用于下面一些情况：师生双方各有道理而目标不同；学生的要求有充分理由且符合社会发展方向；教师坚持己见有可能造成更大冲突；专制与合作都不能有效解决问题；无法满足其中一方要求。比如，某寄宿制学校处理部分男女学生交往过密的问题，教师感到学校没有规范有所不妥，但过于专断达不到效果。于是通过讨论做出妥协，教师不反对异性之间的交往，但要把握好底线。这样既维护了学校的教育教学活动秩序，也保护了学生适度开放的交往方式，总体上兼顾了双方各自的利益。

妥协策略是一种很实际、也容易达成的解决方案，因为双方的基本立场仍然是合作，有利于维持双方关系的良性循环。

4. 果断的强制

果断的强制是马上采取强制措施控制对方，解决冲突局面的策略，其模式是高度专断且不合作。教师面对师生冲突时，若出现以下情况则适合使用强制策略：面对紧急事件，必须采取果断性行动；面对无理取闹、扰乱全局的学生；教师确信自己是正确的，考虑到维护多数学生的利益；继续允许冲突发展将带来较大损失，需要首先控制住局面。比如，教室里老师上课时，两学生不明原因地突然举拳相互攻击，老师则宜马上强行制止两学生的行为，并视情况可要求班长将其带到办公室处理。这样做，能够避免事态的进一步恶化。

强制策略特别适用于控制学生的情绪性行为和无理性行为。等冲突平息下来之后，教师可以与学生作心平气和的沟通和调解，使其认识到自己行为的危害性。

5. 坦诚的合作

坦诚的合作是尽可能满足双方利益的策略，其模式是高度合作而又坚持自己的观点。这种策略尽可能满足双方的利益，达到“双赢”的结果。适于使用合作策略，主要是这样一些问题：双方认为各方的目标是一致的，属于建设性冲突；双方尊重对方的看法，愿意探讨相互都满意的解决方案；双方能够以沟通、对话的方式解决冲突。比如，学生对要求天天穿校服有意见，教师与学生沟通达成初步共识，穿校服主要是为了养成行为规范和学习礼仪行为。于是双方协商，因为周一有升旗仪式，只要求周一穿校服，其他时间学生可以穿自己的服装。这样既满足了学生个性化表现的诉求，又满足了学校在正式场合统一着装的要求。

教师应尽可能充分利用合作策略，来化解师生间的冲突。合作策略的运用要求师生双方共同努力。在利用这一策略时，教师应当首先让双方平静下来，努力通过商谈的方式解决问题；其次，师生双方要把冲突问题的解决达成为一个共同目标；最后，师生之间要换位思考解决问题的出路，从而找到满足双方共同利益的解决方法。

第3章 班级中的同伴关系

在同辈关系中，同伴关系是比同学关系更亲密的关系，因此形成的影响也更加久远。随着年龄的增长，师生关系的影响会逐渐减弱，班级中的同伴关系会逐渐增强。有些同伴关系会对人形成深远的影响，甚至会成为自身人格印迹的一部分。作为班主任老师，要特别关注班级同学中的同伴关系。

同伴关系的概念与意义

一、同伴关系的概念

同伴关系主要是指年龄相同及相近，或心理发展水平相当的个体在交往过程中建立和发展起来的一种人际关系。实际上，同伴关系并不限定在同学之间。同伴关系主要表示的是同龄、近龄人间的亲密关系；而同学关系主要表示的是同班学生的共度关系。

如果把师生关系看作是成人对学生的垂直关系，则同伴关系可以看作是学生对学生的水平关系。同伴关系在儿童青少年发展中具有成人无法取代的独特作用和重要意义。

学生与成人之间建立的垂直关系，其相互身份是互补的，既成人控制、学生服从；成人给予教育，学生接受教育。建立垂直关系主要是成人对学生形成影响。学生与学生之间建立的水平关系，其相互身份是平等的。建立同伴关系的学生在交往上是互惠的，在心理上是互相影响的。

基于班级心理辅导的主题范畴，这里的同伴关系指的是班级中的同伴关系。班级中的同伴关系相比于一般同伴关系，其共同交往的内容会多一些。当然，其内涵并无本质区别。讨论中会适当泛化一些，并较多使用“儿童”的指称，以取得对于同伴关系的更多了解。

同伴接纳和友谊是同伴关系的两个重要层面。同伴接纳是单向性的，指的是群体成员对个体接纳或是排斥的态度。同伴接纳水平是个体在同伴群体中声望和社交地位的反映；友谊关系则是双向性的，指的是两个个体间的情感联系。同伴关系还涉及非正式群体的话题。

二、同伴关系的意义

同伴关系的重要意义体现在儿童的个性发展和社会性成长方面，主要有三点①：

（一）同伴关系是发展社会能力的重要背景

皮亚杰（Piaget）在他的早期著作中论述了同伴关系在社会能力发展中的作用。他认为，正是产生于同伴关系中的合作与感情共鸣使得儿童获得了关于社会的更广阔的认知视野。在儿童与同伴交往中出现的冲突将导致社会观点采择能力的发展，同时也促进社会交流所需技能的获得。他指出，非常年幼的儿童是自我中心的，既不愿也不能意识到同伴的观点、意图、感情。然而随着逐渐参与游戏活动，开始建立平等互惠的同伴关系，同时也体验其中的冲突、谈判或协商的情境。这种冲突和协商不论是指向物体或不同的社会观点，在引发折中主义和平等互惠的观念中都起着重要作用。和同伴的交往使儿童意识到积极的、富有成效的社会交往是可能通过与伙伴的合作而获得的。皮亚杰特别强调了同伴间的讨论和争论是道德判断能力发展所必需的。沙利文（Sullivan）在阐述友谊的功能时，也认为友谊促进了人际敏感性的发展，并为以后恋爱、婚姻和亲子关系的建立提供了初始模式。哈吐普（Hartup）表达了类似的观点。他指出，没有与同

① 邹泓. 同伴关系的发展功能及影响因素［J］. 心理发展与教育，1998，（2）.

伴平等交往的机会，儿童将不能学习有效的交往技能，不能获得控制攻击行为所需要的能力，也不利于性别社会化和道德价值的形成。

中小学生在学校里要完成两件任务：学知识和社会化。同伴关系主要在社会化方面扮演重要角色。在校园生活中，几乎每一个学生都在积极结识同伴。与一般同学之间的关系相比，班级中同伴之间的关系更加紧密。对于许多学生来说，与朋友交流比完成课堂任务更重要。他们在同伴交流与互动活动中，学习沟通与合作的技巧，得到相互的接纳与评价，因而更易形成社会行为和态度。不良的同伴关系有可能导致学生出现学校适应困难，甚至会影响他们成年以后的社会适应。

（二）同伴关系是满足社交需要、获得社会支持和安全感的重要源泉

归属和爱以及尊重的需要是人类的基本需要。韦斯（Weiss）提出社会需求理论假设，个体在与他人不同的关系中寻求特殊的社会支持，不同类型的关系提供不同的社会支持功能，满足不同的社会需求。他列举了爱、亲密、增进自我价值等 6 种功能。弗曼（Furman）等人进一步指出，儿童在亲密的友谊关系中和一般同伴群体中所寻求的社会需要是不同的。爱、亲密和可靠的同盟更多是从亲密朋友关系中获得；工具性或指导性帮助、抚慰、陪伴和增进自我价值既可以从朋友关系中，也可以从同伴群体中获得；而归属感或包容感主要从一般的同伴群体中获得。都文和艾德森（Douvan & Adelson）特别指出了在青少年期同伴关系中友谊的功能。他们认为，前青年期和青年早期的友谊是社会支持的重要源泉，它能减少青少年对在这一特殊时期出现的急剧变化的焦虑和恐惧。

良好的同伴关系能使学生形成安全感和归属感，有利于情绪的社会化。当某个学生受到团体中其他成员的肯定时，他会感受到接纳和尊重，从而愿意自觉与他们共享群体的规范，取得群体的认同。

（三）同伴交往经验有利于自我概念和人格的发展

早在 19 世纪末，詹姆斯（James）在关于成人的自我的论著中，就特别强调了社会关系的重要性。他认为，我们具有被我们自己所关注、被我们的同类所赞赏的本能倾向。当自己没有受到自己或太多他人关注时，可能会对自身价值产生疑问。类似的观点也可以在符号互动理论的论著中读到。库利（Cooley）曾指出，在所有发展水平上，人们都是按照自己在社会情境中的经验来定义自己的。家庭、邻居和同伴群体是基本的社会活动场所。在社会互动中，人们获得了关于自己怎样被他人所知觉的信息，这种信息被用以形成自我的基础。沙利文（Sullivan）的精神病学人际理论的主要思想之一，就是个体的人格是由个体的社会关系塑造的。他尤其重视同伴关系在前青年期和青年初期的重要作用。他认为，同伴为个体逐渐理解合作与竞争的社会规则构建了基本框架，也为逐渐形成服从与支配的社会角色奠定了初步基础。这一时期良好的同伴关系也是形成健康的自我概念所必需的。他区别了两种经验：同伴接纳和友谊。他认为在少年期被群体孤立的体验将导致自卑感。他把朋友定义为同性别同伴的亲密的相互关系。作为一种平等关系，它不同于其他社会经验，这是个体第一次“通过他人的眼睛看自己”并体验到与另一个人真正的亲密。

系列研究结果表明，同伴关系的好坏与儿童的自我概念有着一定的联系。受同伴欢迎的儿童其自我评价更为积极，而遭同伴拒绝的儿童却因其行为模式不同而有着不同的自我认知水平；亲社会行为有助于儿童形成良好的同伴关系，并提升儿童对自我的正面评价；受欺负行为会增加儿童被同伴拒绝的几率，会对儿童的自我认识产生负面作用，使其自我评价更为消极，自我概念水平降低。

同伴关系的特点与类型

一、同伴关系的特点

儿童的同伴关系是通过共同活动的相互作用发展起来的。同伴相互作用的基本趋势是：从最初简单的相互动作、到复杂的相互作用、逐步到互惠性的深度影响。在不同的年龄阶段，儿童同伴关系表现出不同的发展特征。

中小学整个阶段的同伴关系在不断发展，但是同伴关系的发展从婴儿期就开始了。儿童很小就对同伴关系发生兴趣。1 岁时，开始出现较多的同伴交流行为，如微笑、打手势、模仿性游戏等。2 岁左右，幼儿开始使用言语来谈论和影响同伴的行为。2—5 岁的学前期，随着幼儿运动能力和交流技能的发展，儿童的社会行为的复杂性逐渐增加，同伴逐渐成为幼儿生活中继家庭关系之外的第二重要的社会关系。游戏是幼儿与同伴互动的主要方式。儿童能够在游戏中互相交流想法、分享有关活动的知识，能够与同伴商议游戏规则以决定游戏的建构。

儿童进入小学，他们开始广泛地接触同伴，特别是交流方便的同班同伴。同伴对儿童的影响越来越突出。小学生的同伴关系有两个重要特点：

一是小学生的同伴关系促进“去自我中心”的发展。根据皮亚杰的观点，小学生正处在“去自我中心”阶段。小学生对他人、对友谊和人际期望逐渐有了较为深刻的理解。他们通过与同伴的接触，逐渐认识到他人与自己思想的不同。同伴互动的增加，促使了小学生观点采择或角色采择能力的发展。所谓观点采择，指的是个体把自己的观点与他人的观点加以区分并综合起来。它要求个人在形成看法或决策行动时不再以自我为中心，而要把他人的观点或角度考虑在内。与观点采择能力发展相一致的是，8—9 岁的小学生特别偏爱规则性、合作性游戏。作为一种特殊的同伴互动形式，小学校园中经常见到打闹类游戏，这是一种社会性很强的活动。通过这种类型的游戏，小学生学会在互动关系中展示自己的力量和智慧。

二是小学生的同伴关系开始具有选择性。在性别选择方面，小学生同伴交往表现出同性交往的趋势。7 岁以前，小学生对同性和异性伙伴的选择并无差异。但 7 岁以后，小学生对同性伙伴的选择占了多数。在心理特征方面，小学生更多地以相似心理基础为依据来选择同伴，如具有相似学习成绩和学习动机者常常结成同伴。小学阶段的同伴友谊变得更加有意义和持久，对于小学生的发展也起到越来越重要的作用。

青少年阶段的中学生，正处于向成人的过渡时期，同伴关系变得更为关键。中学生的同伴关系也有两个重要特点：

一是出现同伴间的异性交往。随着生理和心理的不断成熟，中学生逐渐对异性产生了好奇和交往欲望。异性交往是青少年身心发展到一定程度的必然表现。有研究表明①：40.1%的中学生曾经对异性产生过强烈的爱

① 赵双玲，高尔生，楼超华. 上海市高中生异性交往状况及影响因素分析［J］. 中国心理卫生，2001，(10).

慕之情，首次有这种感觉的平均年龄是 15 岁。42.8%的中学生有异性朋友，其中有些还有与对方成为恋人的想法。高中生与初中生的异性交往有些不同。初中阶段的异性吸引多是由于外表的吸引，高中阶段的异性交往多是由于性情相投。高中生异性之间的爱慕之情比初中生要深沉一些。

二是作为参照群体的同伴交往。青少年是一个相当不确定的时期，他们对自己和社会都有一种不确定感。他们对成人既反抗又依赖，在成长的困惑中寻找和确定自我。正因为这样，同伴群体对于青少年具有了相互参照确认的作用，在青少年角色和自我价值确定方面提供支持和引导。而且，同伴交往中建立的关系类型有可能对青少年以后的人际关系起着定型和预告的作用。还有，青少年对同伴文化的遵从明显增加①。他们花更多的时间和同伴、朋友交往，与父母的接触逐渐减少。从这个意义上说，中学生的同伴选择显得尤其重要。实际上，中学生对朋友的要求越来越高，交友范围逐渐缩小。他们希望朋友和自己有共同的志趣和爱好，希望自己能从朋友那里得到精神上的交流。

二、同伴关系的类型

在同伴关系的研究中，很多学者采用同伴提名法来研究儿童的社会接纳性。同伴提名法是指在一个社会群体中，比如在一个班级中，让每个儿童根据所给定的同学名单或照片进行限定提名，让每个儿童说出他们最喜欢和最不喜欢的同伴。根据从每个儿童那里获得的提名情况，对儿童进行分类。

根据考依等人（Coie et al）的研究，一般把儿童分为 5 类：受欢迎的儿童、被拒斥的儿童、矛盾的儿童、被忽视的儿童、一般的儿童。这五类的划分可以通过同伴提名法得到。受欢迎的儿童是指被多数同伴喜欢的儿童；被拒斥的儿童是指不被多数儿童喜欢的儿童；矛盾的儿童是指那些被某些同伴喜欢的儿童，同时又被其他一些同伴不喜欢的儿童；被忽视的儿童是指那些很少被提名的儿童；一般的儿童是指那些被同伴接纳的程度处

---

① 陈会昌，辛浩力，叶子. 青少年对家庭影响和同伴群体影响的接受性［J］. 心理科学，1998，(21).

于一般情况的儿童。

在以上5类儿童中，受欢迎的儿童、被忽视的儿童、被拒绝的儿童被研究得最多。

受欢迎的儿童具有外向、轻松、友好的人格特征，倾向于更多的亲社会性。他们有积极的生活态度和较高的社会技能，是被人们赞许的群体。

被忽视的儿童在各方面都没有突出的表现，积极性较差，特别反映出在同伴交往中的不自如。

被拒绝的儿童对同伴表现出更多的不明智或攻击性，容易出现活动过度和过分离群，且容易产生破坏性行为。他们在今后的生活中将会遇到社会适应问题。

同伴关系的影响因素

儿童在同伴中的地位一旦确定，在整个儿童期这种地位往往难以改变。即早年受欢迎的儿童往往会一直受欢迎，而受拒斥和被忽视的儿童往往仍会不受欢迎。前述已经表明，一个儿童是被同伴接纳还是被同伴拒斥，对儿童将来的社会性发展和心理健康状况具有重要的意义。为什么有的儿童会普遍受到喜欢，而有的儿童却遭到拒斥和被忽视呢？这是一个有价值的探讨。虽然在班级环境的背景下讨论同伴关系的影响因素，我们仍然需要对其有一个全面的了解。

对于儿童而言，家庭与学校是两大社会系统。儿童的父母和教师是儿童的两类重要他人。另外，儿童自身的行为特征和社会认知也是影响同伴关系的主要因素。

一、家庭因素

家庭是儿童最初的社会场所，它对儿童的社会性发展有着十分重要的影响。同伴关系和家庭关系是两个独立的系统，但对于儿童的社会性成长来说，两者是相互联系、相互影响的。亲子关系在一定上程度上预示着儿童日后的同伴关系，而同伴关系在一定程度上又反映了亲子关系的某些特点。

家庭因素对同伴关系的影响主要有直接和间接两方面。

直接因素主要是父母对于儿童在同伴中如何交往给予明确的指导，并且为孩子与其他儿童接触提供机会，支持和维护着孩子与其他同伴形成人际关系。这有助于儿童提高同伴交往的能力。例如，那些父母主动促进孩子与同伴交往的学前儿童倾向于结交更多的朋友。而且，这些儿童在与父母的观点等方面表现出更多的一致性。

然而，父母对儿童同伴关系的影响更多的是在潜移默化中间接发生的。间接因素主要是父母本身的人格特征、抚养方式等。

具有开放、热情人格特征的父母，其社会化策略往往比较成熟，而父母的社会化策略会影响到儿童在同伴关系中的地位。母亲的社会关系显著影响儿童在同伴中的社交地位。母亲的不同人格特征在一定程度上影响儿童的言谈举止。比较不喜欢与人交往的母亲抚养的儿童容易形成不善于与人交际的行为特征，社会化策略较低，从而形成儿童较低的同伴地位；而乐于与人交往的母亲抚养的儿童一般也喜欢与人交往，社会化策略较高，在同伴中可能有较高的地位。

父母抚养、教养方式与儿童处理同伴关系的能力有一定联系。

父母抚养方式的一个主要联系表现在：儿童与母亲的不同依恋类型影响儿童同伴关系的性质。安斯沃斯（M. D. Ainsworth）将儿童依恋分为安全型与焦虑型两大类，又将焦虑型分成焦虑—回避型与焦虑—矛盾型两小类。安全型儿童情绪健康、稳定、自信、友善，乐于探索。他们不仅能与抚养者建立起信任的关系，而且与陌生人也能友好相处，主动交往。具有安全依恋经历的儿童长大后会将这种安全感带到他们的同伴关系中。相反，焦虑型的儿童情绪不稳定、依附性强、缺乏自信，难以与抚养人建立起和谐的互动关系，与陌生人交往时往往表现出回避、不安或攻击。这在很大程度上阻碍了他们探索外界事物。具有不安全依恋经历的儿童长大后也会将这种不安全感带到他们的同伴关系中。

父母教养方式包括父母风格、父母对子女使用的管教方式、父母对子女行为指导的次数、父母对子女游戏活动的支持等。具有以下特征的家庭有助于培养儿童与同伴交往的能力：

1. 父母温暖。父母温暖为儿童提供了榜样，有助于提高儿童与其他儿童交往的能力。

2. 父母控制。比较适当的父母控制应该是中等程度的控制。过分的或不足的控制会导致儿童的攻击行为并使儿童在同伴群体中受到排斥。

3. 父母参与。父母要对孩子的活动或兴趣的东西做出反应，这样儿童能够形成安全感和认同感，有助于儿童被同伴接纳。

4. 民主的态度。比较尊重儿童意愿和需要的民主家庭，儿童更容易发展他们在交往中的技能，而这些技能正是儿童在同伴群体交往中所需要的。

下图说明了家庭系统与儿童同伴系统之间的影响关系：

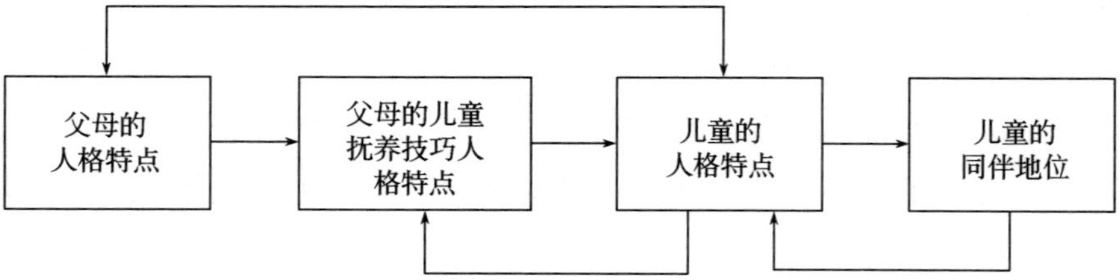

图 3-1　家庭对同伴关系的影响①

二、教师因素

教师与儿童之间建立的是垂直关系。师生关系对儿童亲子关系、同伴关系有很大的影响，对儿童不良的亲子关系有一定的弥补作用，并影响其同伴交往的主动性、交往能力及社交地位等，是儿童发展与适应中的关键因素②。一个儿童在教师心目中的地位如何，会间接地影响到同伴对这个儿童的评价。班级多数同学不愿意与某个同学交往，可能是因为老师不经意间评价其为“是我们班最笨的”。教师对一个儿童的个性和价值的认可

① Schaffer. *Social Development*. 1997, 335.

② 叶子，庞丽娟. 论儿童亲子关系、同伴关系和师生关系的相互关系 [J]. 心理发展与教育，1999，(4).

会通过一种复杂的方式影响着其他学生对这个儿童的接纳程度。这种复杂的方式包括：教师对该儿童评价影响同伴对该儿童的评价；教师对儿童同伴交往的直接指导影响同伴交往的技能等。

就班级整体的同伴关系方面，班主任的领导行为是一个重要的影响因素。按民主型、权威型、放任型三种教师领导行为考察，有研究发现①，知觉到的放任型领导行为不利于儿童个体的同伴关系发展，而知觉到的民主与权威型领导行为则对儿童个体的同伴关系发展影响不大；知觉到的权威型领导行为有利于形成一个有凝聚力的班级团体，而知觉到的民主型领导行为有利于班级团体顺利地调和；学生期望教师有更多的民主和放任，更少的权威。

其实，儿童的同伴关系与师生关系及亲子关系是彼此联系、互相影响的。不少研究发现，儿童与家长、同伴和教师之间的关系在很大程度上存在一致性。究其原因，主要是在早期的交往经历中，逐渐形成了一种比较稳定的交往方式，并进而影响其随后的各种人际关系的形成。在理解亲子关系、同伴关系和师生关系的相互关系时，要考虑两个因素。一是三者关系特点不同。亲子关系是家长与孩子间的代际血缘关系，影响较为深远；师生关系由于社会角色的规定，带有明显的教育性质；而同伴关系具有明显的平等性，儿童更容易和乐于接受其影响。二是三者关系因年龄阶段不同而有所不同。2 岁以前，儿童的人际关系主要是亲子关系；3 岁以后，同伴关系和师生关系渐渐增多；进入小学后期，特别是进入中学以后，同伴关系的影响逐渐增大。不过此阶段的亲子关系和师生关系仍具有相当的影响力。

三、儿童自身因素

一般认为，儿童的社会行为和社会认知是影响其同伴关系的主要因素。另外，身体特征也成为影响同伴关系的重要因素。

(一) 社会行为

社会行为特征是儿童社会能力的重要体现。儿童之所以具有不同的同

① 刘长江，郑日昌. 教师领导行为与儿童同伴关系的研究 [J]. 心理发展与教育，2002，(3).

伴地位，主要是因为他们具有不同的社会行为特征。研究得出了一致的结论：亲社会行为与同伴接纳有关，攻击或破坏行为与同伴拒绝有关。以受欢迎、被拒斥和被忽视这3类儿童为例，他们在同伴交往中有不同的行为表现（见表3.1）

表3.1 受欢迎儿童、被拒绝儿童和被忽视儿童的特征①

受欢迎的儿童	被拒斥的儿童	被忽视的儿童
外表吸引人	许多破坏行为	害羞
积极快乐的性情	好争论、反社会	表现退缩
许多双向交往	说话过多	不敢表现自我
愿意分享	极度活跃	过于循规蹈矩
高水平的合作游戏	不愿分享	许多单独活动
有领导才能	许多单独活动	逃避双向交往
缺乏攻击性		

受欢迎的儿童通常好交际、友好对待同伴，能够主动交往和维持相互交往，表现出许多亲社会行为而较少攻击行为。

被拒斥的儿童通常表现为不善合作、不合时宜。他们常批评同伴群体的活动，极少表现出亲社会行为。他们倾向于将他人行为作敌意的解释，经常表现出攻击性及至反社会行为。被拒斥儿童到了青春期后期以及成人以后有可能表现更多暴力行为。

被忽视儿童通常比较消极、害羞、不善交谈。他们虽然花较多时间和群体在一起，但他们往往逃避双向交往，在群体中自己活动，极少引起他人的注意。他们的攻击性行为少，对他人的攻击表现退缩。

儿童的行为特征与儿童的同伴地位之间孰因孰果是存在争议的。比较适当的解释是，两者之间存在着互为因果的循环关系。如果一个儿童被看作是一个破坏行为和麻烦的制造者的话，他的同伴将会拒绝他，那么这个儿童便不能形成正常交往的社会技能。为了引起别人的注意或满足自己的

① 桑标. 当代儿童发展心理学［M］. 上海教育出版社，2003年版，第387页.

行动需要，这个儿童会做出一些更具破坏性、更讨人厌烦的行为，如不愿分享与合作、活动过度、说话过多等，以此作为加入群体活动的方式。

（二）**社会认知**

近年来研究者开始关注儿童的社会认知在同伴关系中的作用。儿童解决社交问题的策略是儿童社会认知能力的一个综合反映。社会交往策略是指在社会交往过程中，个体为达到特定的目标，对自己的情感、思想、意图和行为进行整合而表现出的交往方式。儿童的社会认知与儿童的社交地位有密切联系。理查德和道奇（Richard & Dodge）等主张以儿童社会认知能力的不同来解释儿童社会地位的差异。有研究发现，受欢迎的儿童比不受欢迎的儿童对社交问题提出了更好的解决办法，不同社交地位的儿童在人际问题解决策略上的确存在差异①。受欢迎的儿童提出的社交策略较不受欢迎的儿童提出的社交策略更有效、更恰当，其策略类型也会有所不同。被拒斥的儿童更多地借助第三方的力量来发动交往，表现出较高的依赖性。被忽视的儿童发动交往的有效性最低。

在儿童的同伴交往中，不同社交地位的儿童在交往中显示了不同的社会技能。受欢迎的儿童大都倾向于成为优秀的社会问题的处理者、有效的协调者和对他人的支持者；被拒斥的儿童对同伴表现出更多的敌意、批评，更容易活动过度和过分离群，而且有强烈的孤独感；被忽视的儿童更多地参与一些认知不成熟的游戏，表现出更多以自我为中心的言语行为。

（三）**身体特征**

在婴儿期，儿童就开始显现出对身体外貌特征的偏好。童年阶段儿童对相貌有吸引力的个体更显示出偏好。外貌有吸引力的儿童更容易取得同伴的好感和亲近。

儿童对身体吸引力的偏好可能与性别有一定关系。例如，外貌有吸引力的男孩不一定会得到同伴的肯定和接纳，而有吸引力的女孩则容易得到同伴的肯定。这可能是由于“漂亮”一词往往用来作为肯定和赞赏女性的价值评价，而“漂亮”不一定是男性同伴文化中的价值元素。另外，那些

---

① 周宗奎，林崇德. 小学儿童社交问题解决策略的发展研究［J］. 心理学报，1998，（3）.

外貌奇特，如身体有缺陷、过于肥胖、衣着邋遢不讲卫生、发音特殊（操异地口音）、动作技能不佳的儿童在同伴交往中容易遭到同伴的忽视。

随着儿童的成长，儿童在同伴关系的选择上关注更多的不是个体的外貌因素，而是个体的修养和品质。但是不可否认，身体有吸引力是被同伴接纳的有利因素，儿童总是对那些看起来身体相貌好的儿童赋予积极的内在品质。

同学之间的友谊关系

在班级中，友谊是一种特殊的同伴关系和依恋关系，它在儿童社会化的过程中起着非常重要的作用。心理学家对友谊有如下界定[①]：（1）友谊是两个个体之间的一种相互作用的双向关系，而非简单的喜爱或依恋的关系；（2）友谊是一种较为持久的稳定性关系；（3）友谊是以信任为基础，以亲密性支持为情感特征的关系。

一、儿童友谊的发展阶段

儿童对“朋友”的理解随着年龄的增长而变化。

塞尔曼（Selman）采用两难故事法，从观点采择能力的角度进行研究，将儿童友谊发展划分为五个阶段：

1. 约3到7岁，称为零阶段。儿童之间的关系为短暂的游戏伙伴关系。这时的友谊只是玩耍同伴关系。

2. 约4到9岁，称为单向帮助阶段。儿童之间的友谊关系建立在单向帮助的基础上。

3. 约6到12岁，称为顺境合作阶段。儿童之间的友谊关系形成相互往来，但若发生争执就会破坏双方的关系。

4. 约9到15岁，称为亲密、彼此分担的阶段。儿童意识到亲密朋友间存在一种关系的连续性和情感的纽带，友谊被看作发展双方亲密关系和相

① 张文新. 儿童社会性发展［M］. 北京师范大学出版社，1999，159.

互支持的一种基本方法，朋友分享对方的感受也分担对方的问题。这一阶段的友谊具有独占性和排他性。

5. 约从12岁开始，称为自主、相互依赖的阶段。这时，儿童已认识到友谊应该相互信任和尊重。它既是一种需要又是一种义务，可以通过每个同伴相互独立与相互依赖的情感继续发展。朋友应该在心理上相互支持，彼此从对方处汲取力量。

在此基础上，我国有研究者对这个问题继续进行了研究，提出将儿童友谊认知划分为四个发展阶段①：

1. 4至6岁是儿童友谊认知的自然发展阶段。这时儿童的典型观点是："谁和我玩谁就好""因为他有劲儿所以我就和他做朋友""我和他一块玩就是友谊"。

2. 7至11岁是儿童友谊认知发展的主观阶段。这一阶段儿童的友谊认知较上一个阶段更有社会性，但是这种认知还是显得片面和简单。如他们认为："谁要是没有朋友就会被人瞧不起""一个真正的朋友是诚实的、是特别够意思的（讲义气）"。

3. 12至16岁是儿童友谊认知发展的前社会阶段。他们普遍认知到朋友之间需要的是相互理解与支持，这时儿童开始持一种"双方"的观点和互惠意识，能够取得思想、情感甚至是人格上的分享。

4. 17至18岁是儿童友谊认知发展的社会阶段。这一时期儿童不但对朋友之间，而且对人与人相互间的关系开始形成一种总的看法。这时儿童的友谊不仅是两个人深层意识的分享，而且这种分享已扩展到三人或多人心理上的默契与信赖。

可以看出，儿童友谊的发展是从浅层交往到深层交往、从行为影响到心理影响而逐渐深入变化的，而且越来越成为儿童成长不可缺失的成分。

二、友谊关系的作用

前面从一般概念上讨论了同伴关系在中小学生心理发展过程中的重要

① 顾援. 儿童友谊认知发展研究. 心理发展与教育. 1990,（1）.

意义。友谊作为一种特殊的同伴关系，在儿童社会性发展方面有其特殊的作用，下面专门讨论。

（一）友谊可以为儿童提供情感支持和社会支持

首先，友谊可以消除儿童的孤独感。友谊是一种富有情感的友好关系。在友谊中被一个人所重视与在同伴接纳中被许多人所喜欢是完全不同的体验。对于儿童，至少是青少年，没有亲密的友谊比没有喜欢他们的群体更容易体验到孤独感。缺少朋友往往导致儿童产生更多的孤独感。研究表明，同伴接纳和有无朋友都与孤独感有密切的联系，没有最好朋友的中学生比有最好的朋友的中学生更为孤独①。另外，友谊可以使儿童在受到潜在压力的情况下感受到情感支持。亲密感是初期友谊的特点之一，儿童愿意和自己的朋友一块解决问题和冲突。有一个可以信赖的朋友能够增强信任感、责任感和增进相互的理解。当面对险境或困境时，对于尚不成熟的儿童来说，朋友能够起到社会支持的作用。还有，朋友之间关系的发展有利于培养儿童同性之间的敏感性和共同性，对以后成人期稳定的恋爱关系产生积极影响，并为他们提供亲密交往和相互协调的经验。

（二）友谊可以为儿童双方提供强化和参照榜样

儿童与朋友之间的日常交流和心理沟通的机会多于与其他同伴的交流和沟通。儿童与朋友交往和玩耍多，他们不仅从中获得乐趣，还从中相互竞争和相互模仿。儿童的很多知识和行为是从朋友那里学到的。这是由于朋友间心理距离近、倾向于相互欣赏，起到一种“镜向自我”的参照作用。另外，朋友间的相互鼓励和强化对儿童也有相互促进的作用。

（三）友谊可为儿童提供获得基本社会技能的机会

儿童与朋友交往，使得儿童有更多机会与朋友交流思想、表达自我、相互合作和共同处理事务。这对提高儿童的自信心和社会技能很有帮助。同时，与朋友交往也为儿童提供了一个了解自己和他人内心世界的机会，有利于促进儿童“去自我中心”的过程，提高其观点采择能力。

---

① 邹泓，周晖，周燕. 中学生友谊、友谊质量与同伴接纳的关系［J］. 北京师范大学学报（社会科学版），1998，（1）.

（四）友谊可以提高儿童的自尊

朋友和同伴都能影响儿童的自我价值感，但二者有质的差异。朋友的陪伴通常比一般的伙伴更富有积极的情感色彩和社会性作用。朋友之间相互了解，比一般同伴更能肯定对方人格的核心特质。有朋友的儿童的自尊比没有朋友的儿童高；女孩和异性好朋友的友谊质量与其自尊呈正相关。自尊是心理健康的核心。良好的友谊关系有利于儿童的心理健康。

关系不良儿童的同伴关系及友谊关系

前面对儿童同伴关系和友谊关系的论述主要是就正常儿童而言的。而关系不良儿童的同伴关系和友谊关系的情况更应该引起关注。关系不良儿童主要是被拒斥的、表现为攻击性的儿童和被忽视的、表现为退缩性的儿童。他们是班级中存在问题较为突出的群体，与他们的社会性发展直接相关。究其成因，他们主要是处于不良家庭环境、出现学业不良和其他个体原因遭遇同伴拒斥。他们在正常儿童的群体中处于弱势地位。

一、关系不良儿童的同伴关系及友谊关系的特点

关系不良儿童有其家庭成长环境的原因，也有其自身成长因素的原因，与正常发展的儿童有很多不同的心理特点。他们往往表现出焦虑、抑郁、孤独、愤怒、敌对、退缩、高依赖和低自尊。他们与同伴、朋友交往的模式呈现出不同的特点。

（一）关系不良儿童对同伴表现出更多的敌意和攻击意图

与正常发展的儿童相比，关系不良儿童对同伴表现出更多的敌意和攻击意图。比如，学业不良学生的攻击倾向比非学业不良的学生突出，且男生比女生更为突出。不过，他们一旦建立起朋友关系，一般会比较依赖。

（二）关系不良儿童比正常儿童缺乏亲社会能力

在社会交往过程中，关系不良儿童比正常儿童缺乏亲社会能力。他们交往时有更多的批评，不合作、指手画脚、控制他人、故意捣乱、侵犯他

人，或以怪异的方式引起老师和同伴的注意。他们这些不友好的特征总是不受欢迎。

（三）被忽视的学生和某些学业不良的学生在同伴交往中表现出退缩和回避

他们有不安全感和低价值感，即使同伴发出友好、善意的信号，他们也会做出不恰当的反应。

可以看出，关系不良儿童在同伴及友谊交往中缺乏社会技能、自我认知水平低，表现出攻击性及退缩反应。而建立同伴及友谊关系遭遇的困难会继续影响关系不良儿童的社会性发展。

三、关系不良儿童的同伴关系及友谊关系困难的原因

关系不良儿童同伴关系及友谊关系困难的基本原因归纳如下：

（一）依恋关系不足

依恋是幼儿出生后最早形成的人际关系，是成人后形成的人际关系的雏形。提出习性学依恋理论的英国心理学家鲍尔贝（John Bowlby）认为，儿童在经历依恋过程的同时，会建立起一种与抚养者的持久的情感联结。这种情感联结会建构起一个关于自己与抚养者之间的相互作用的心理表征。这种内化的表征会成为未来所有亲密关系的范式，并贯穿于儿童期、青少年期以及成人期。

依恋关系中的焦虑—矛盾型依恋不利于儿童成长，是一种安全感形成不足的依恋关系。有研究发现（Lyons Ruth 等），绝大多数关系不良儿童的依恋属于焦虑—矛盾型。这种类型的依恋会让他们认为自己不讨人喜欢，而且形成具有不安全感的认知定式：他人不值得信任。因而他们往往对人冷漠、情绪不稳定、易怀敌意、有攻击性等，在同伴中容易受到排斥。一般来说，儿童形成焦虑—矛盾型依恋与抚养者的抚养行为不一致有关，或者父母经常恫吓和严厉管教孩子。

关系不良儿童之所以遭遇同伴及友谊关系困难，原因之一是由于他们没能与父母建立起富有安全感的依恋关系，从而造成他们缺乏基本的安全情感去探索周围的环境并发展自己的人际关系，也失去了发展与他人建立

亲密合作关系的能力以及观点采择能力的最初机会。另外，也由于父母不能胜任抚养角色的问题，不能帮助儿童提高社会应对能力，儿童难以形成建立同伴及友谊关系的心理表征能力和基本的社会交际技能。而具有安全依恋史的儿童往往具有较强的社交能力、人缘好、友善合作。因此对于儿童生活中的主要看护人来说，与儿童建立良好的依恋关系意义重大。

（二）社会认知偏颇

从认知角度进行的研究发现，由于长期生活在不良环境中，关系不良儿童会形成一些偏颇的社会认知模式，这些认知模式对他们建立同伴及友谊关系有消极影响。

首先，关系不良儿童对他们的社会关系的认知不同于正常儿童。他们对同伴的亲密行为期望较低。这种低期望值的同伴关系概念不利于他们与同伴形成互惠行为，从而阻碍了友谊的建立与维持。

第二，关系不良儿童较难信任别人。比如，攻击性儿童经常选择性地注意和唤起攻击性线索。他们在他人意图不明的情境中更多地对他人的行为做敌意性归因。被拒绝儿童对同伴的意图也倾向于将他们的行为做敌意的解释。他们不恰当的归因方式在一定程度上影响他们的人际情感和行为。

第三，关系不良儿童的人际敏感性比较差，缺乏准确识别他人情绪的能力和察言观色的默契。而且，他们不能准确描述引发特定情绪的社会或人际原因。另外，曾受身体虐待的儿童很少对沮丧的同伴表示关心或同情，而倾向于做出如害怕、攻击等消极的反应。

第四，关系不良儿童自我评价偏低也会妨碍他们与他人建立、维持友谊关系。关系不良儿童建立自我系统的过程存在偏差，自尊水平较低，他们大多自我感觉不良。学习不良儿童的自我概念总体上说是较为消极的，这种消极的自我评价以及不能准确表达自己的感受，对于建立和维持友谊来说都是一种阻碍。

（三）心理问题严重

从心理健康的角度进行研究，可以认为关系不良儿童是一个心理问题较严重的群体，这种说法本身就说明他们的同伴关系及友谊关系不良，社会性交往存在问题。关系不良儿童多属于学业不良群体。从学业不良群体加以考察，可以看到学业不良儿童的心理健康水平总体上明显低于一般儿童，且多在人际关系方面表现出问题①：

1. 学业不良儿童具有明显的躯体化倾向，由此会产生严重的行为问题，如冲动、违纪、攻击性等。

2. 学业不良儿童表现出较高水平的焦虑。而且在各年龄段均一直处于高度焦虑状态中。在集体学习的环境中，高度焦虑的学生容易过分关注他人的评价，与人交往时有更突出的不自在感和自卑感。

3. 学业不良儿童有较突出的抑郁问题。学业不良儿童的抑郁可能是由与学业不良相联系的因素造成的。一是他们的低自尊和无价值感，自我的丧失会导致低水平的慢性抑郁；二是同伴关系紧张和社会性孤立，这会使他们感到郁闷；三是由于“习得性无能”更让他们降低自尊。

4. 学业不良儿童在思想、感情及行为方面比一般儿童更具敌对性。他们有较突出的强迫症状和攻击倾向，有更多的不安全感、紧张，难以控制冲动。

5. 学业不良儿童还有较高的自杀倾向。研究认为，自杀倾向与学业不良存在着潜在联系②。学习不良儿童的抑郁程度较高，而抑郁与自杀有显著的关系；另外学习不良儿童表现出某些不良的认知特征或个性特征，如冲动性、自我概念缺乏、社会认知缺陷、非言语问题解决缺陷等，这些特征一般更容易导致自杀。

（四）社会技能缺失

社会技能是指个体在社会情境中有效而恰当地与他人进行交往的活动方式。社会技能训练理论的基本假设是“技能缺失假设”。同伴关系不良儿童缺乏社会交往技能的假设承认儿童的社会能力存在差异，这种差异是儿童在同伴关系中成功或失败的原因。

中学生亲社会行为与同伴关系存在显著正相关，同伴关系的质量和同

① 雷雳. 学习不良学生的心理健康及其干预［J］. 心理学动态. 2000，(1).

② 王永丽，俞国良. 学习不良儿童的心理行为问题［J］. 心理科学进展. 2003，(6).

伴接纳的程度与中学生亲社会行为存在密切的关系。同伴关系良好的中学生相对拥有更多与同伴相处和交往的机会，获得更多的人际交往经验和交往技能，从而更好地适应社会，发展更多的积极社会行为。同时，良好友谊关系的体验将促进个体社会责任感的发展。

有人研究了社交退缩行为，较一致地认为社交退缩包含 3 种亚类型：安静退缩行为、活跃退缩行为和焦虑退缩行为①。安静退缩行为是指有同伴在场时儿童独自的、安静的探索活动和建构活动，通常是一种久坐不动的独处行为。活跃退缩行为是指有同伴在场时儿童独自一人频繁的、机械的身体运动和功能游戏以及独自一人的装扮游戏。焦虑退缩行为是指有同伴在场时儿童的无所事事行为、观望行为和等待—徘徊行为。焦虑退缩行为反映了儿童一种社交趋近—回避的动机冲突。活跃退缩行为、熟悉同伴当中的焦虑退缩行为以及儿童中、后期的安静退缩行为都是儿童发展性困难的反映，同时表现为儿童的社会技能不足，应当引起研究者和教育者的关注和重视。

为什么一些儿童在同伴交往中会显得社会技能缺乏呢？研究认为：一是源于社会技能形成的个人社会认知模式的问题，二是儿童在早期家庭背景中获得的社会技能缺乏。

比如，在检验社会认知作用、儿童行为能力以及社会适应三者间的关系中，若引导攻击性男孩改变其内在的归因，把同伴交往理解为友好意图，儿童的攻击行为将减少。在家庭因素方面，若频繁使用低质量的管理可能给儿童的社会技能发展造成消极作用。严厉的管教纪律易形成儿童不恰当的社会信息加工模式而导致攻击性；在强制型亲子关系或父母虐待中生活的儿童在同伴交往中更具有对抗性，发展友谊时较少成功；在有情感交流和支持性的养育风格下，儿童能获得同伴交往的重要技能。儿童在亲子关系中的表现可以预示儿童在同伴情境中的交往质量和人际关系能力。②

---

① 孙铃，陈会昌，单玲. 儿童期社交退缩的亚类型及与社会适应的关系［J］. 心理科学进展. 2004，(3).

② 万晶晶. 近十年来国外儿童同伴关系与社会技能研究进展［J］. 山西大学师范学院学报. 2001，(4).

四、改善关系不良儿童的同伴关系及友谊关系的策略

改善关系不良儿童的同伴关系及友谊关系主要从社会技能的培养和训练着手。

西方国家在20世纪70年代至80年代，儿童社会技能研究得到迅速发展，特别是在儿童社会技能的培养和训练方面，出现了大量的训练方法和教育干预项目。美国有些中小学已经把儿童社会技能训练纳入正式的教育计划。20世纪90年代以来，在加拿大和美国兴起的品格教育也明确把社会技能训练作为儿童良好品格培养的重要途径之一。培养儿童的社会技能已经成为儿童社会性发展的重要途径。

现在社会技能训练理论是基于“技能缺失假设”。这一假设的要点是：(1)许多儿童因为缺乏人际交往的基本技能而体验到同伴关系困难；(2)社会技能是能够习得的，儿童可以从干预中学习社会技能；(3)儿童从训练中获得的社会技能可以概化到同伴集体中并指导他解决同伴关系问题。更多的研究者同意将儿童的人际交往技能看作是一种将一系列行为的、认知的、情感的过程结合起来的能力。在行为、认知、情感三方面，又有许多因素被视为“技巧的成分”。因此，社会技能的培养和训练正是从行为、认知、情感三方面展开的。这是社会技能训练的主要出发点。

下面基于不同性质的策略分述，实际训练中要根据不同类型的问题儿童综合使用。

（一）行为方面的干预策略

基于行为主义的理论和社会学习理论，行为方面的干预强调以行为的改变为中心，它的主要干预策略是强化、消退、惩罚、观察、模仿等。

采用行为训练法可以增加、强化儿童的交往性社会行为。但随着年龄的增长，儿童行为习惯化和认知水平有所发展，行为训练法的效果逐渐减弱。行为训练法适用于社会化明显低于同龄儿童、语言理解能力不强、认知水平较低、情感共鸣能力差的低年级儿童。部分性格孤僻的儿童在成人或同龄人面前显得害羞和孤独，但在比自己小的儿童面前却信心十足。对于这部分儿童，在采用行为训练法时，开始先引导他们与更小的儿童一起

活动，然后逐渐过渡。此外，在采用行为训练法时还应该考虑儿童的团体地位因素。

对于攻击性儿童来说，他们经常表现出攻击性的冲动行为，是亲社会技能缺失最突出的群体之一，因而通过控制攻击性行为和培养亲社会技能进行干预。控制攻击性行为的几种有效方法是：（1）消退法。即对儿童的攻击性行为不加理睬，使他们因为得不到注意、受不到强化而减少此类行为。这种方法适用于那些实施攻击是为了引起他人关注的儿童。（2）暂时隔离法。这是为了抑制某种特定行为的发生，而让行为者在一段时间内得不到强化或远离强化刺激。年龄较小的攻击性儿童常常因情绪冲动和自控能力不强而产生攻击行为。对这类攻击性儿童可以使用暂时隔离法让他们远离导致攻击行为出现的刺激，抑制攻击行为的发生。（3）渐隐法。做法是提示和促使行为者做出某种要求的行为反应，并在安排情境发生变化的同时使该行为反应仍能继续保持。在这种方法中，训练者要不断地变化情境和控制反应的刺激，使之越来越接近自然情境。同时越来越少地使用提示，直到行为者把要求的行为一直保持到自然情境中。这种方法强调循序渐进，不期望在短期内收到效果。而最后行为者习得正确的行为，干预效果能够维持较长时间。（4）榜样示范法。给攻击性儿童提供无攻击性行为的榜样，使这些儿童认识到实施攻击行为是解决问题的不恰当的方法，采用其他如协商等方法解决问题更有成效。

对于被忽视儿童来说，他们较缺乏自信，易陷于孤立，主要采用角色扮演和正向行为强化的方法进行干预。角色扮演是按照预定干预目标，安排儿童充当同伴集体中的不同角色，进而达到改进儿童的人际交往的目的。正向行为强化是运用物质的奖励或口头的表扬强化有效的同伴人际交往行为。相对来说，角色扮演对改善被忽视儿童的人际交往作用比较明显。

（二）认知方面的干预策略

认知方面的干预强调个人信念或想法的改变。它的主要干预策略是：质疑、辨析、替代性选择等。

认知训练的第一步就是帮助儿童通过质疑发现问题，其实质是帮助儿童建立正确的交往目标。在这个过程中，使儿童提出解决方法、学习交往策略。第二步则是帮助儿童去验证、修改解决方案，建立自己新的交往认知模式。

研究发现，随着年龄增长，认知训练法的效果有所提高。通过观察可以发现，被拒绝儿童并不缺乏行为，而是行为过度。例如，有的孩子会认为自己是班里最厉害的，其他小朋友都怕他，他觉得这是一件令人骄傲的事情。这样的孩子在交往中所建立的目标就是错误的，他是为了让别人怕他，而不是和同伴成为朋友。还有的孩子认为自己在班级中人缘不错，而实际上却不受欢迎，大家都认为他经常捣乱、打人、骂人。这样的孩子明显缺乏理解他人的能力，不能正确认知社会情境，也缺乏恰当的交往策略。

对于攻击性儿童来说，主要使用问题界定训练和后果认知训练。“问题界定训练”就是教儿童学会较全面地注意社会情境中的线索，尤其是与敌意动机不一致的线索，从而使得儿童能够根据这些线索对问题进行较客观、准确的界定，降低他们对问题情境的敌意归因倾向，进而减少其攻击性行为反应。攻击性儿童在决策反应阶段不仅较少考虑攻击型策略的后果，而且较为肯定地评价他们的策略，他们相信攻击性行为能给他们带来积极结果，因而必须通过示范和讲解告诉儿童攻击性行为是一种不当的行为，以及实施攻击行为后产生的不良后果。当儿童对自己的攻击行为所产生的后果有了足够的认识后，其在实施攻击时就会考虑到后果，从而增强自身的自控能力，进而遏止攻击性行为的产生。

（三）情绪方面的干预策略

情绪方面的干预主要是基于心理学家对儿童情绪、情感的研究结果设置。它的主要干预策略是：移情、情感体验等。

随着年龄的增长，儿童的情感从不完善、肤浅到逐步完善、深刻。因此，采用情感训练法来提高儿童的同伴接纳水平，效果会逐渐增大。

对于攻击性儿童，主要采用愤怒应对训练和移情训练来提高攻击性儿童情绪方面的社会技能水平。

攻击性儿童在激惹情境中更容易唤醒愤怒情绪，而且他们的情绪调节能力差。愤怒应对训练主要是教给儿童一系列愤怒应对技能。如观点采择技能是教儿童练习能帮助他们减少愤怒和提高控制力的自我言语；教儿童鉴别问题情景及自己的愤怒状态；教儿童寻找解决愤怒情境的办法等。同时该方法还通过假设故事和角色扮演，设计愤怒唤醒情境中的活动和游戏，让儿童在这些活动中学习并实践愤怒应对技能，从而提高其在冲突情境中控制愤怒情绪与攻击性行为的能力。

移情训练是一种旨在提高儿童善于体察他人的情绪，理解他人的情感，从而与之共鸣的训练。移情训练主要有两种具体方法：听故事和角色扮演。向儿童讲述一系列故事并让儿童回答故事中人物的感觉。如“情景描绘”可以设置某种被攻击的情景，然后对被攻击的伤害情景予以渲染式的描绘，从而让攻击者体会被攻击者所体验到的痛苦，唤起他们的痛苦情绪，从而使攻击者在心理上产生实施攻击行为的内疚感，以此来抑制自己的攻击行为。角色扮演是让儿童根据一定的情节，扮演某个角色，表现该角色的特征，主要是让攻击者扮演被攻击者，使其亲身体验到被攻击时的恐惧、痛苦和厌恶等心理感受，加强攻击性儿童对被攻击者所承受痛苦程度的体验，达到抑制自己的攻击行为的目的。

班级中非正式群体

一、对班级中非正式群体的认识

非正式群体是一种体现同伴关系含义的群体，也可以说，是一种群体性的同伴关系。非正式群体这一概念最早由美国心理学家埃尔顿·梅奥（Elton Mayo）在霍桑实验中提出。梅奥发现，一个组织中除了有正式群体之外，还有非正式群体，而且非正式群体的作用，往往显著地影响正式组织的作用。非正式群体是自发形成的、成员之间相互关系带有明显情感色彩的、以个体性向爱好或共同利益关系为基础的群体。

班级构成了学生社会化和个性化的重要环境，同学间的关系是学生社会化和个性化的主要影响源。而在班级中，除了正式的交往之外，同学之间更多地表现为非正式交往。班级非正式群体是在这种相互交往的选择中自发形成的。非正式群体伴随着班级的存在而存在，它与正式组织构成了班级人际关系的基础。非正式群体作为班级人际关系的重要组成部分，发挥其特有的作用，也参与构成了班级心理环境的本色形态。

非正式群体的活动是班级中后台生活的呈现。在班级的正式组织和正式交往中，由于班级组织文化和制度的要求，班级成员的交往更多体现了角色意识和台词语言的“前台”特征。但是在现实生活里，学生有着太多属于规范外的东西。非正式群体则为他们提供了后台特征的空间，这个空间充满个性语言和本色生活的色彩。非正式群体的后台生活更丰富、更真实，诠释了学生完整意义的班级生活。

小学生与中学生对于非正式群体的认同有不同特点。小学阶段为“幼稚型认同”，表现为“下课和自己一起玩的就是一个圈子”“好朋友就是要永远在一起”，等等。这种认同特点与小学生独立性发展不充分有关。初中生与高中生，则是一种“理智型认同”。他们对群体有了较独立的认知，对群体的情感投入和体验分享也含有较多的理智成分，使得他们和群体处于一种既有投入又有分化的状态。

二、非正式群体的特征

（一）相互关系带有明显的情感色彩和同伴特征

非正式群体是由学生自发形成的，成员之间是自发认同的，因此在相互关系上带有明显的情感色彩和同伴特征。彼此间情绪共鸣、感情融洽、相互依赖、相互支持，成员有服从群体目标的自觉性，群体能在一定程度上满足成员的心理需要。

（二）群体中沟通密切，信息传播带有一定的私密性

信息交流是非正式群体成员活动的一个主要内容。由于非正式群体成员间相互信任、关系亲密，所以他们本身就有沟通信息的需要。他们会分享有关班级里的其他成员情况的消息，也会评论他们共同关心的事情或人物。他们会自觉维护群体活动的“秘密”。

（三）构成结构以同质结构为主

同质结构是指群体成员在能力、性格、年龄和知识方面都较为接近。

处于同质结构的个体易受群体观念和行为的影响，更容易因为群体而改变自己的观念和行为。这方面，也包含同伴关系的含义。从年龄因素来看同质性，小学生不如中学生明显。由于中学生理智性认同的特点，中学班级的非正式群体一般都属于同质结构。这种同质性使得成员间的意见看法容易彼此影响，在很多问题上也容易达成一致。

（四）群体中地位等级不明显，群体角色协调性较强

班级的非正式群体成员间大多平等对待，相互尊重，地位等级并不明显，因此能够有效促进成员的沟通和交流，增强群体成员的归属感和满意度。在进行群体活动时，群体内部的角色是自然形成的，角色结构具有天然的协调性。

（五）群体中有较有权威的“首领”

班级非正式群体中通常都有一个主事的“首领”。“首领”通常在某一方面有过人之处，能满足群体成员的利益需要，在群体内部威信较高。“首领”会暗示不成文的“潜规则”，对其成员的心理和行为形成一定的约束力和排他性。如果有人向老师或他人泄露其群体“秘密”，就会受到惩罚或排斥。

三、非正式群体的类型

从非正式群体成员的成因上看，一般分成下面几个类型：

（一）学习型群体

学生的主要任务是学习，而学习上的交流互助是有益的。一些学生由于学习的需求而结成非正式群体。这类群体讲究效率结构稳定，对班级管理有积极影响。这类非正式群体的成员大多是学习成绩好或好学上进的学生。

（二）交流型群体

这类群体成员以选择友伴、建立友情、相互交流为目的。其成员在思想观点、个性特征、兴趣爱好、生活习惯方面比较相近，成员关系密切，内聚力强，具有排外性。这类群体的性别特点是女生群体比男生群体多。

（三）兴趣型群体

维系这类群体的纽带，是群体成员对某一项活动浓厚的兴趣和爱好。他们因为共同参与同一兴趣活动而走到一起。如几个人一起参加某特长班，一些球类爱好的同学，或其他的兴趣小组等。这类群体的结构比较松散，一旦群体内部分成员兴趣转移或活动被外界因素制约，群体便会分解。

（四）邻近型群体

由于住所邻近使得学生方便相处，彼此之间建立友情而形成群体。比如，同一个居住区或住宿在同一宿舍的成员就容易结成此类群体。一般情况下，成员之间能够互相帮助，但群体的凝聚力不强，结构较松散。

（五）消极型群体

这类群体成员一般由学习较差、纪律涣散、调皮捣蛋的学生组成，带有明显的消极特征。他们可能出于老师或同学批评、误解、排斥的原因，也可能因家庭的不良因素的影响而走到一起。这些学生一般逆反心理较强，经常出现反抗教师、攻击他人的行为，而且他们通常用干扰学校的正常教学秩序的方式来显示自己的存在。这类群体对于班级同学关系和人文环境具有破坏性。

四、非正式群体对班级管理的影响

非正式群体作为班级里一支不可忽视的力量，突出表现在对班级人际关系的影响上。由于非正式群体的存在，班级的人际关系更为多样和丰富。非正式群体对班级管理的影响具双向性，既有积极的一面，又有消极的一面。

（一）非正式群体对班级管理的积极影响

各类非正式群体的存在首先是同伴友谊和交往的需要，每个群体成员都希望在自己选择的群体中得到认同和尊重，他们在各自的群体中学习交往和交流情感，同时他们也把非正式群体作为一种社会角色活动的体验场所。学习型和兴趣型的非正式群体表现出更多的积极因素，它们满足了群体成员在某方面共同发展的成长需要。这些类型的群体目标与班级整体目标相一致，因而丰富了学校和班级生活。

班级作为一种社会意义的组织，要为非正式群体的存在提供宽松的空间，鼓励班级成员欣赏差异、合而不同地生活。在班级管理中，要促进形成健康有益的非正式群体，并使其融入班集体，达成整体和谐。

（二）非正式群体对班级管理的消极影响

非正式群体的多样化与正式组织的规范化之间有时会产生背离或冲突。非正式群体成员的结合主要是出于个自身的各种需要，这些需要与班级之间并无联系。而且非正式群体带有一定的亲密性和封闭性，容易偏离教育的发展方向，导致学生个体失去责任感，削弱班集体的凝聚力。

非正式群体中可能产生“去个性化行为”。其群体成员的活动主要体现为这一群体的特征，群体成员的个性特征“淹没”在群体之中。正所谓近朱者赤，近墨者黑。就中小学生来说，服从自己群体的规范显得很重要，他们往往宁愿不遵守班级的规范要求，也不愿放弃与群体成员的关系。比如，某一邻近型群体成员与另一学生发生打架事件，其中一名平时很本分的学生也参与其中了。他认为自己是这一群体的成员，在发生冲突时，应该去维护本群体成员的利益。

消极型非正式群体危害较大。他们直接表现为对班级组织和学校规范的对抗，经常扰乱班级秩序，挑动同学是非，是班级管理的难点所在。

五、非正式群体的引导与管理

（一）加强班级组织的文化建设，满足学生担任社会角色的需要

在班级中，由于非正式群体和正式组织的存在使得班级中的人际关系呈现出复杂的形态。一般在班级中存在着以非正式群体交往为基础的情谊性关系；以正式组织交往为主的责任依从关系。这两种关系相互交融，应当维持在一个适当的比例。如果情谊性关系比例过大，说明班级组织缺乏凝聚力，如果责任依从关系比例过大，说明班级组织缺少人情味。协调这两者的关系，应该加强班级组织的文化建设，让学生更多地参与班级生活，担任班级组织的各种角色，成为班级的小主人。

（二）班主任成为各群体间关系的协调者

班主任要对班里的非正式群体要有所了解，努力把班级中非正式群体培育成相容性的群体，满足学生的心理需要，使各群体间相互依存、相互发展。同时，在保持群体自身个性基础上，对其他群体保持开放性的交流。群体之间难免发生一些矛盾或冲突，而班主任要成为各群体间关系的协调者。让各群体在班级组织的大环境中适宜地生存。

（三）利用非正式群体的资源，促进班级建设的积极发展

非正式群体体现了班级学生的特殊能力倾向和个性化，这完全可以作为建设特色化班集体的基础。班主任从这些群体中发现个性并加以积极引导，有意识地把这些个性发展融入班集体建设当中，达成非正式群体与班集体建设的相辅相成。这样做，有利于班级建设的积极发展，学生对班级的归属感和亲和力也会大大增强。

（四）做好消极型非正式群体“首领”的转化工作

非正式群体的“首领”影响力较大。对于消极型非正式群体来说，特别要做好“首领”的教育转化工作。这一步常常是牵一发而动全身，会使得其他成员的工作迎刃而解。转化时要投以情感尊重，取得对方信任，找准介入契机，然后再委以恰当的重任“招安”。尊重和重视是推动其改变的法宝。

第 4 章

班级心理辅导的理论问题

我国大陆学校心理辅导开始于20世纪80年代，初期主要以心理学专业人员为骨干，以开设心理辅导课和个别心理辅导为主要形式。随着素质教育的推进和学校心理辅导的发展，以人为本的教育思想日益深入人心，学校心理辅导正在成为学校教育和德育的重要组成部分。数十年来，在学校心理辅导专业性探索的基础上，班级心理辅导模式走上前台，得到各方面的关注和研究。然而，在实践中却遇到了一些新问题：如何理解包括班主任参与的学校心理辅导的专业性内涵？如何考虑班级心理辅导与学校的教育、德育之间的关系？由于有了班主任的参与，学校心理辅导有了新的发展，因此学校心理辅导这一概念的外延拓展了，整体的内涵也发生了变化。因此，有必要对班主任主持的班级心理辅导模式涉及的一些基本理论问题进行讨论。

几个基本概念辨析

心理教育、心理辅导、心理咨询、心理治疗是几个关联密切的概念。这几个概念因含义相近而易造成混淆，甚至造成实践中的误导。了解这些概念的来龙去脉和相互关联，有助于我们更好地把握班级心理辅导的基本内涵。

一、心理治疗、心理咨询、心理辅导、心理教育概念的历史发展

这四个概念发展的学科演变是医学—心理学—心理与教育学的历程，工作对象也相应地有一个面向有心理疾病的患者—有心理问题的正常人—有心理发展需求的各类人的发展。从历史发展的时间顺序考察，其中首先产生的是心理治疗。心理治疗最初裹挟在医学的进程中发展，尚未分离出独立的学科。关于心理疗法等内容散见于历代的医学著作中，我国在先秦时期的医学典籍《黄帝内经》中，就有关于心理治疗在养生保健和疾病诊治中的作用的论述。心理治疗科学体系的创始人公认是弗洛伊德。弗洛伊德首先是医生，是精神病学家，然后才是心理学家。弗洛伊德在尝试用催眠术治疗癔病患者时，创立了“宣泄”法。1895 年，弗洛伊德发表了关于癔病治疗的研究论文，随后，又用自由联想代替了催眠术。1900 年，他的代表作《梦的解析》问世，成为心理治疗理论体系的发端。

以后心理治疗的发展与心理学各种流派的发展紧密相关。心理咨询的概念在心理治疗的体系中发展起来。

20 世纪初，作为心理咨询的重要领域，职业指导逐渐发展起来。1909 年，心理学家弗兰克 · 帕森斯（Frank Parsons）发表了《选择职业》一书，初步奠定了职业指导领域的理论框架。帕森斯提出：职业的选择要正确认识自身的兴趣、专长和发展优势，同时了解工作性质和环境，达到两者的适当匹配。

20 世纪 20 年代至 40 年代间，心理测验的蓬勃兴起为心理咨询进一步奠定了科学基础。在此期间，卡特尔个性差异和心理测验的研究，丰富了心理咨询的内容，卡特尔的 16 因素人格测验在心理咨询中得到广泛应用。心理测验不仅在于为心理咨询提供了评价的工具，还在于为心理咨询提供了更为可靠的依据。

对问题儿童的研究与治疗工作，在咨询心理学的早期占有重要地位。1912 年，匹兹堡大学建立了对学龄儿童的问题进行研究和指导的诊所，从心理咨询的角度对儿童进行行为指导。1920 年在伊利诺伊州也建立了类似的州立研究所。这是心理咨询早期在美国的活动。

第二次世界大战以后，心理咨询的重点由学生和儿童转向了为战士服务，特别是为退役军人和因战争而受到精神创伤的人服务。

1930 年以来，以人格为对象的心理咨询发展起来。心理咨询的范围也扩大到职业选择、升学指导、社会适应、情感调适、心身卫生、家庭生活、经济活动等诸方面。卡尔·罗杰斯于 1942 年发表了《心理咨询与心理治疗》一书，成为这一“心理治疗年代”的代表作。

第二次世界大战以后，心理咨询与心理治疗得到了广泛的应用和发展。这一学科很快就形成了一种独立的职业。其他新理论相继建立，如患者中心理论、存在主义理论和社会学习理论等，与这些理论相适应的治疗方法也逐渐完善起来。1949 年，美国心理学会召开了关于训练临床心理学家的专门学术会议，会上制定了临床心理的职业原则，并对相应的专业人员进行心理评价、心理治疗和科学研究等 3 个方面的培训。至此，心理咨询作为一种社会职业被确立下来。

20 世纪 50 年代以来，如何促使人获得更充分的发展成为各国教育共同关注的问题。埃里克森（E. Erickson）等人提出了毕生发展观，为学校心理咨询注入了发展动力。丁克米耶和卡德威尔等人于 1976 年提出了“发展性辅导”的概念，认为应当将心理辅导的重点放到辅导对象的“个人化”和“人性化”方面，以促进辅导对象的成长与发展。“发展性辅导”的提出标志着心理辅导从重指导、重诊疗向重发展、重预防的方向转变。

我国医学心理学的倡导者和心理咨询与治疗工作的开创者是心理学家丁瓒，他强调了心理因素在健康和疾病中的重要作用。20 世纪 40 年代，他在北平市第一卫生事务所、育英中学校和仁立地毯工厂创办了心理卫生咨询门诊。

20 世纪 80 年代以来，随着改革开放的深入，我国大陆的心理咨询发展迅速。大陆心理咨询可概括为 3 类：一是以医院为基础的临床心理咨询；二是以学校为基础的教育心理咨询；三是独立心理咨询的机构。

20 世纪 90 年代以来，大陆学校心理咨询得到广泛认同并迅速发展。有的地区称为学校心理咨询，也有的地区借鉴台湾、香港的叫法，称为学校心理辅导。

心理健康教育的提法来自于官方的文件。1999 年 6 月，在第三次全国教育工作会议上发布的《中共中央国务院深化教育改革全面推进素质教育的决定》明确提出，要“加强学生的心理健康教育，培养学生坚忍不拔的意志、艰苦奋斗的精神，增强青少年适应社会生活的能力”。同年教育部颁发了《关于加强中小学心理健康教育的若干意见》。在心理健康教育的推进中，还有一些如“心理素质教育”等不同的叫法。2002 年 8 月，教育部颁发了《中小学心理健康教育指导纲要》，其中明确表明：将此项工作统一规范为“心理健康教育”。心理教育是心理健康教育的简称。

二、心理治疗、心理咨询、心理辅导、心理教育概念的含义与关联

心理治疗是以医学心理学理论体系为基础的。它是由心理医师对有心理疾病或心理障碍的患者进行心理矫治的过程。心理治疗的对象是具有神经症、精神病、心身疾病或人格障碍的患者。心理治疗的场所通常是精神病院、精神卫生中心和综合医院的心理治疗机构。

心理辅导与心理咨询在更多内涵意义上交融，这两者的基本含义为：辅导与咨询是一个过程，是受过专业训练的辅导员，与当事人建立一种具有治疗功能的关系，协助对方认识自己，接纳自己，进而欣赏自己，克服成长的障碍，充分发挥个人的潜能，使人生有丰富的发展。辅导偏于发展性，咨询偏于治疗性。辅导偏于针对一般心理困扰，咨询偏于针对心理适应性障碍。

体现在教育部《中小学心理健康教育指导纲要》(以下简称《纲要》)中的心理健康教育有了更广义的内涵。《纲要》中提到：心理健康教育是提高中小学生心理素质的教育，是实施素质教育的重要内容；心理健康教育的主要任务是全面推进素质教育，增强学校德育工作的针对性、实效性和主动性，促进学生形成健康的心理素质。开展心理健康教育要积极做到：心理健康教育的科学性与针对性相结合；面向全体学生与关注个别差异相结合；尊重、理解与真诚同感相结合；教师的科学辅导与学生的主动参与相结合；助人与自助相结合。

心理治疗、心理咨询、心理辅导、心理教育这四个概念从产生的时间顺序上来说，是由近及远排列的。最先产生的是心理治疗，最后产生的是心理教育。心理咨询和心理治疗主要是精神卫生领域使用的概念，心理教育和心理辅导主要是学校教育领域使用的概念。在学校教育领域导入心理咨询概念的时候，最初有学校心理咨询的叫法，后来大家都觉得叫心理辅导妥当一些。从这个意义上说，有些专家认为心理咨询和心理辅导区别不大，可以基本认为是同一概念。心理教育细分起来又有心理健康教育和心理素质教育的说法，简单概括就是心理教育。学校心理辅导与心理健康教育有些细微差别。学校心理辅导倾向于操作层面，心理健康教育倾向于整体层面。

随着学校心理辅导的发展，人们开始注意心理咨询与心理辅导之间的差异。当心理咨询进入学校的特定领域时，出现了两个重要的区别。一是学校心理辅导可以遵循心理辅导员主动辅导原则，而心理咨询是遵循来访者主动来询原则的；二是学校心理辅导的主要目标是促进学生的心理健全发展，而心理咨询的主要目标是解决来访者的心理困扰，使其有能力发展自身的能力。学校心理辅导服务的群体是在校中小学生，是未成年人。因此，必须强调心理辅导员对中小学生的主动辅导，促进他们身心健康的成长。

这四个概念用一个简图表示如下：

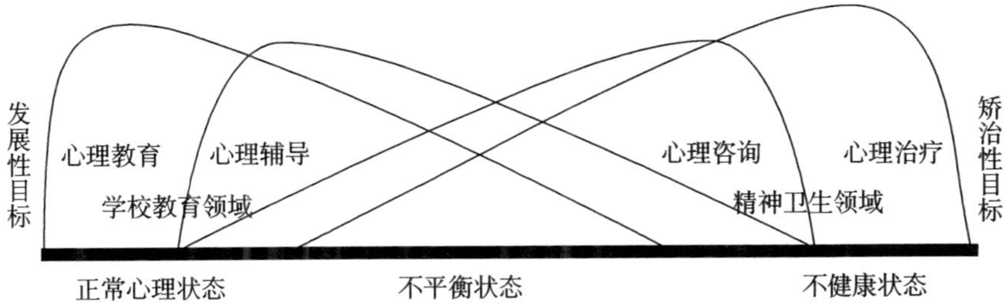

图 4-1　心理治疗、心理辅导等四个概念的关系

可以把人的心理健康状况看成是一个由左到右的过渡区，完全健康在左边，心理疾病在右边，绝大多数人则在中间的过渡区中。对应由左到右的过渡区，依次是心理教育、心理辅导、心理咨询、心理治疗。人有两种基本心理需求：解惑与完善。心理教育与心理辅导对应的是心理基本健康的偏左区域群体，目标是发展性的心理完善，或者叫发展性心理教育、发展性心理辅导；心理咨询与心理治疗对应的是存在心理问题或心理疾病的偏右区域群体，目标是矫治性的心理解惑，或者叫矫治性心理教育、矫治性心理辅导。心理辅导与咨询所对应的中间区域是心理不平衡状态，这是人们的心理亚健康区域。曲线上端向左右偏移，表示心理教育、心理辅导的目标指向发展性；心理咨询、心理治疗的目标指向矫治性。

心理教育基本上包含了心理辅导，心理辅导偏于操作层面上的概念。心理治疗基本上包含了心理咨询，心理咨询的很多发展也成了心理治疗的组成部分。

心理辅导与心理咨询的基本宗旨是“助人自助”，是帮助来访者最终能够自己解决自己的问题，而不是直接帮助来访者解决问题，这一点需要特别注意。

班级心理辅导模式引发的问题

一、心理辅导模式的演变

心理辅导与心理咨询属于同源且含义相近的概念，最初专业人士没有对两者进行区分。随着市场经济的快速发展，青少年的心理适应问题得到社会各方面关注，大陆学校心理辅导相继快速发展。心理辅导成为学校教育的内在需求，成为青少年成长的迫切需要，也成为了教师必备的职业能力。心理辅导的对象开始向正常学生群体偏移，与传统的心理咨询逐渐分离。在分离中，出现了面向全体学生、指向心理成长的发展性心理辅导与面向少数学生、指向心理重建的矫治性心理辅导的更为明确的分类。这样，发展性心理辅导扩大了学校心理辅导的外延，与学校教育和德育交融一起。班主任心理辅导处于心理辅导走向普及的阶段，班主任的工作性质和教育背景，都适合定位于发展性心理辅导。

二、心理辅导的专业性问题

心理辅导外延的扩大给心理辅导的专业性概念带来了新问题。

专业人士一直强调心理辅导的专业性和科学性，认为心理辅导工作应该有专业学习背景和专业训练经历，至少要经过严格的专业培训。但另一方面，发展性心理辅导则意味着心理辅导走向普及，这是与专业性相远离的。人们把心理辅导与德育相区别，认为它们属于不同的专业范畴，但又把心理辅导归属于德育的一个组成部分；人们把心理辅导与教育相联系，认为应该将其渗透进教育教学的每个环节，但又强调心理辅导专业的特殊性。心理辅导处于一种尴尬的境地：亦此亦彼，是亦非亦；心理辅导疆域扩大了，但专业边际模糊了。

有专业人士批评心理辅导实际工作中的各种偏离倾向：学科化倾向、医学化倾向、片面化倾向、形式化倾向、孤立化倾向，等等①。这些问题的发生与对心理辅导概念发展中的各种模糊理解有直接关系。

有专家认为，中国的心理辅导与心理治疗在专业化发展方面存在不少令人担忧的问题。专家针对目前专业人才严重不足的现状，提出半专业和非专业培训的推进方案②。对此，我们应有一个清晰的理解。

“心理辅导是由心理学专业人员和具有较高心理学素养的人员，对需要得到心理学指导的个体或群体提供心理学帮助的过程。”③ “在这个过程中，一位受过专业训练的人，致力于与当事人建立一个具治疗功能的关系，来协助对方认识自己、接纳自己，进而欣赏自己，拥有自尊自信，以克服成长的障碍，充分发挥个人的潜能。使人生有统合且丰富的发展，迈向自我实现。”④ 心理辅导的专业性特别强调从业者的心理咨询专业素质。因此，矫治性心理辅导或心理咨询应由专业人员开展，而班主任从事的发展性心理辅导具有普及性和一定程度的专业性。

同时，我们应从另一角度讨论这一问题。发展性心理辅导是心理辅导的一个特定层次，而非一个过渡层次。即是说，班主任应该成为具有发展性心理辅导能力的心理辅导员，而没有必要成为具有矫治性心理辅导能力

① 俞国良，王永丽. 中小学心理健康教育：现状、问题与发展趋势[J]. 教育研究，2002，(7).

② 林孟平. 中国的心理辅导与治疗迈向专业化之路［J]. 教育研究与实验，1999，(3).

③ 郑日昌. 中学心理辅导［M]. 北京：团结出版社，2001.

④ 林孟平. 中国的心理辅导与治疗迈向专业化之路［J]. 教育研究与实验，1999，(3).

的心理医生。我们可以就发展性心理辅导本身的心理和教育内涵讨论其专业性，并确立相应的理论地位。这对于澄清发展性心理辅导的各种模糊认识及指导学校心理辅导的实践，十分必要。

发展性心理辅导的理论分析

一、发展性心理辅导的理论框架

发展性心理辅导是以心理成长目标为主的辅导；矫治性心理辅导是以心理重建目标为主的辅导，两者构成教育模式的功能互补的学校心理辅导体系，其中前者更强调面向全体学生的教育与发展。矫治性心理辅导的目标、对象、内容、方式都与发展性心理辅导有区别。有学者从“心育”的概念进行了类似的分析：“心育”是属于教育范畴的一个子集，发展性取向与矫正性取向是“心育”实践运作的两条途径，“心育”宜采取教育学的视野，发挥心理学的技术优势，以发展性为主，矫正性为辅。心理咨询则偏重针对有较严重心理问题的学生的心理矫治，且倾向于心理卫生模式或精神医学模式①。心理咨询在走进校园，演变成学校心理咨询及学校心理辅导时，始终有医学模式的影子不能摆脱，也由此造成咨询化、医学化倾向的存在。在达成学校心理辅导概念的共识之后，理论上有必要把心理咨询与心理辅导区别开来，并把心理咨询从学校教育中剥离出来。在这样的前提下来讨论发展性心理辅导。

学校心理辅导由心理咨询发展而来，是现代德育的组成部分，是现代教育的组成部分。学校心理辅导分为发展性心理辅导与矫治性心理辅导两部分。发展性心理辅导有三个要点：面向全体学生；促进学生的人格健全发展；促进学生的个体潜能发挥。

发展性心理辅导与学校心理辅导、现代德育、现代教育构成一个交叠关系，下面用一个框图来表示：

① 沈贵鹏. 关于心育的几点思考［J］. 教育研究，2002，(5).

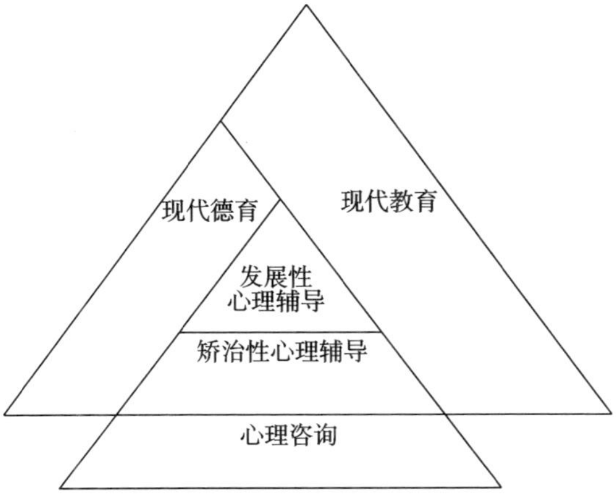

图 4-2　发展性心理辅导的理论框架

框架表示：发展性心理辅导与矫治性心理辅导构成学校心理辅导；学校心理辅导成为现代德育（左中三角）和现代教育（上大三角）的组成部分；心理咨询构成学校心理辅导的基础。

在实践中，人的心理问题相当于灰色度不等的模糊状态，发展性心理辅导与矫治性心理辅导不能分得很清。发展性心理辅导不排除一定程度的矫治性内容。实际上，学生的很多心理问题可以早期发现，而班主任发展性心理辅导对此是力所能为的，其能为之度就在于教育与心理模式的早期干预。

在学校中，针对少数心理问题严重的学生，应该由专业心理老师来进行矫治性心理辅导，或者转介到社会上专业心理咨询机构予以矫治。

二、发展性心理辅导的理论分析

发展性心理辅导属于应用领域，其理论体系是整合性的，应从三个方面讨论。

发展性心理辅导的基本理论基础是发展心理学和心理咨询，但是其存在与发展的基本动力主要是对于发展性心理问题的解决，因此发展性心理辅导的实践性本源主要生发于心理咨询。心理咨询有四个基本理论体系得到发展性心理辅导的更多认同。一是马斯洛的人本主义理论，它提供了对人性看法的积极观念；二是弗洛伊德的精神分析理论，它重视挖掘人的潜意识内容，追溯成长过程；三是桑代克、斯金纳等人的行为主义理论，它提供了一套解决儿童现实行为问题的操作方法；四是贝克、艾利斯等人的认知理论，它提供了一套改变非理性观念的思维模式。由于发展性心理辅导的工作对象是正常学生群体，因此，要求从事发展性心理辅导的教师能够领悟心理咨询理论的基本观点并掌握其常用方法，而不要求达到心理咨询师的专业程度。

发展性心理辅导与现代德育之所以融合，是由于现代德育发展遵循了人本主义的理念。现代德育突出了人的主体，突出了主体的发展，旨在促进人的进步与完善。主体性、发展性是现代德育的本质属性。“主体—发展性”集中表现了当代德育形式转换的内涵：由片面发展的德育转向知情行协调发展的德育；由灌输的德育转向对话、指导的德育；由一统化、模式化德育转向多样化、个性化德育；由物化的德育转向人格化的德育。人格化、发展性的德育与发展性心理辅导的内容相辅相成。

同样，仍是在人本主义理念的指导下，现代教育与发展性心理辅导也有了共同语言。人本主义理念推动了现代教育的深层改革，新课程改革的建构主义理论就深刻反映了人本主义的思想。建构主义的核心在于知识、能力的自主建构，在新课程目标中，也包括人格的自主建构。自主建构必须是一个包含知情意行的主动创建的过程，也必然是一个认知能力与社会性协调发展的过程。为了实现全人发展的目标，需要予以人性尊重、辅以情感调控、加以信念激励和持以意志力量。这些正是发展性心理辅导与现代教育共同承担的使命。

发展性心理辅导与德育和教育的融合不仅是理论问题，更是学校教育实践问题。在学校教育教学活动中，学生的各种心理、品德、学习问题都是相伴而生的，需要教师同时面对，有效解决，而心理辅导的方法则可以成为解决德育问题和教育问题的有效手段。

发展性心理辅导与德育和教育的融合，要注意其主要内核仍是心理辅导。如果把握不当，则会陷入各种误区。偏向矫治性心理辅导，会导致咨询化、医学化倾向；偏向德育和教育性心理辅导，会导致德育化、课程化倾向。

班级心理辅导的角色分析

本节将在前述发展性心理辅导的理论框架中讨论班主任主持的班级心理辅导的角色问题。

一、班主任的三种角色及关系

与理论内涵对应，班主任在涉入心理辅导领域时，也要涉入德育领域和教育领域。因此，班主任应具备三种角色的品质：教育内涵的教师、德育内涵的班主任、心理辅导内涵的心理辅导员。班主任能有效开展心理辅导工作，不仅可以提高心理辅导能力，而更主要的是能够把三个角色融为一体，互为补益。

教师、班主任、心理辅导员这三种角色各有其职业素质和个性品质的要求。研究发现，班主任与教师的个性品质有较多相似，与心理辅导员的个性品质相对有所差异。这是因为，实际工作中班主任与教师的角色是合二为一的，而在其上加入心理辅导员角色，则是对当代班主任自身素质发展提出的新要求。这三种角色的基本要求是现代教育发展对班主任提出的更高期望。班主任的三种角色在职业素质要求上更多地表现出差别，而在个性品质要求上则更多地表现为共性。在素质教育的大背景下，在培养完人的大目标下，班主任的人格品质有了一个统合性的期望：胸襟开阔、大方谦和、理性公正、真诚信任、善于沟通、乐观自信，等等①。

可以用一个简图来表示三种角色的交集关系及与发展性心理辅导理论框架的对应关系：

① 王鉴，王光晨. 班主任心理辅导模式的角色理论探析［J］. 班主任. 2001，（9）.

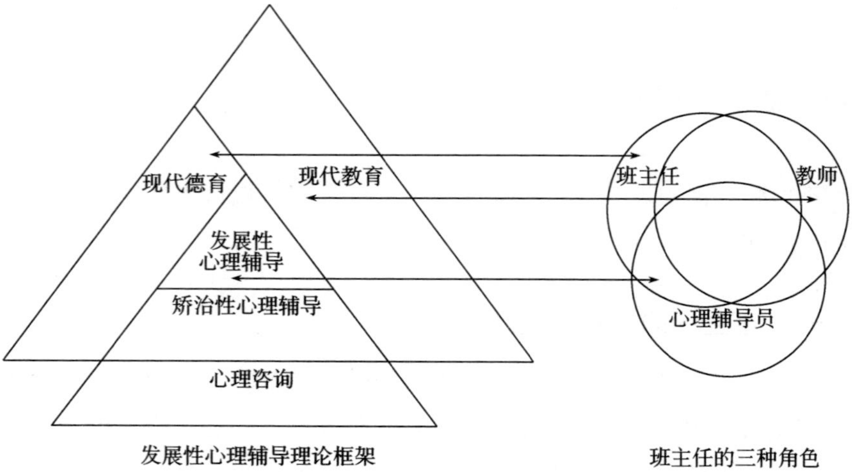

图 4-3　班主任的三种角色及其关系

发展性心理辅导相关领域的叠合结构决定了班主任角色的多重性，这同时揭示了班主任发展性心理辅导在学校教育中的重要地位和意义。

班主任的三种角色之间关系的复杂性在于：它们是班主任对于同一学生群体而言的，而且它们有时在同一时空中发生作用。

在现实工作中，班主任如何恰到好处地扮演每种角色，仍是个问题。在实际工作中我们常常遇到班主任角色与心理辅导员角色的冲突情况。比如，有些班主任遇到班里的某个学生违反校规的事情，常常出于维护班级名誉，给以较严厉的批评，但这样可能会忽视心理问题的疏导；有些班主任像朋友一样与学生打成一片，亲而又密，结果到该严肃的时候严肃不起来。因此，角色错位或者角色固着造成的角色冲突现象就会造成工作中的失利，甚至引发新的问题。但同时要看到，班主任的三种角色存在着互补的关系，这正是实践这一课题的现实意义所在。

二、班主任主持班级心理辅导的特点

班主任的人格因素对学生有重大影响。对于学生来说，班主任是校方管理者的直接代表，与学生接触最密切，因此，班主任在学生心中有较大的权威性。班主任的待人习惯、对事态度、情绪表现，都易于给学生造成影响。教师的人格因素在教育过程中是十分重要的。苏联教育家乌申斯基说："没有教师对学生的直接的人格方面的影响，就不可能有深入性格的真正教育工作。只有人格能够影响人格的发展和形成。"一言以蔽之，人格是用人格培养的。可以说，班主任人格因素的影响，是班主任实施班级心理辅导的基本条件。

班级心理辅导可以有效地进行心理问题的早期干预。实际上，学生的很多心理问题可以早期发现，如果及时进行干预，则可以在萌芽状态解决问题。班级心理辅导对学生的早期心理问题是力所能为的，就这一程度的心理辅导来说，班级心理辅导包含一定意义的矫治性。实践证明，班级心理辅导的适度矫治性是必要的、可行的。

班级心理辅导主要在自然情境下展开。心理辅导员把心理辅导作为一个过程，这个过程需要与当事人建立一种特殊的关系，来协助对方自我了解、自我适应，从而能够自我独立和发展。在心理辅导员那里，心理辅导的过程是在心理辅导员与当事人之间专门进行的。班主任也把心理辅导作为一个过程，这个过程也需要与当事人建立一种特殊的关系。但是，班主任与学生之间建立的关系，是在平时就需要建立的。建立一种亦师亦友的关系，营造和谐的班级心理环境，是班主任担任心理辅导员角色需要做的首要工作。班主任当然可以设置一个专门的过程来进行心理辅导，不过，他还可以充分利用与学生相处时间较多的条件，在教育教学的自然情境中展开这一过程。可以说，班级心理辅导是在班级生活中进行的。生活即辅导，工作即辅导，这是班级心理辅导追求的工作理念和境界。

第 5 章

班级团体心理辅导概论

班级心理辅导有两个具体的实施形式：班级团体心理辅导和班级个别心理辅导，其中班级团体心理辅导是面向全体学生开展辅导活动的工作方式。很多班级团体问题要通过心理班会课的方式处理。了解了前面理论的内容，这部分的实操内容显得更为重要。具有班级团体心理辅导的能力是对班主任工作的新要求。本章列出了从小学到高中开展团体心理辅导的基本主题内容，供班主任开展相关活动时选用。

班级团体心理辅导的基本内涵

一、班级团体心理辅导的概念

班级团体心理辅导以班级团体为对象，在课堂环境中进行。心理老师主持的团体心理辅导多叫作心理健康教育课、心理辅导活动课或心理活动课，班主任主持的团体心理辅导一般选择在班会课时间进行，因此常叫作心理班会课。

先来看看几种关于班级团体心理辅导概念的不同表述。“心理辅导专门活动”，指的是“根据学生的身心发展特点的社会需要，有目的地对学生施加旨在促进其更有效地适应学校学习和社会生活的一种教育”①。“班级心理辅导，是指以团体

① 刘华山. 学校心理辅导［M］. 合肥：安徽人民出版社，1998.

心理辅导及相关的理论与技术为指导，以解决学生成长中的问题为目标，以班级为单位的集体心理辅导活动。”① “心理辅导活动课是指辅导教师根据学生的身心发展特点和社会需要，依据团体动力学原理，通过一系列专门设计的活动或课程，有目的、有计划地促进学生有效适应社会和健全人格发展的一种辅导形式。”②

可以看出班级团体心理辅导概念的几个要点。

班级团体心理辅导是在班级情境中的一种团体性活动。从这一意义上来说，班级团体心理辅导是一种活动型课程。

班级团体心理辅导是辅以团体心理辅导理论与技术的一种有计划的活动。从这一意义上来说，班级团体心理辅导是一种专业性的团体辅导。

班级团体心理辅导是促进学生有效适应生活和健全人格发展的一种有目的的活动。从这一意义上来说，班级团体心理辅导是一种注重发展性功能的辅导。

班级团体心理辅导是学校实践培养健全人格理念的一个重要载体。班级团体心理辅导可以通过把握班级学生的共性心理特点和不同个性特征，针对他们在学习生活、人际交往、情感活动及自我意识发展遇到的问题和困惑，促进他们的心理素质普遍地提高。同时，还有助于预防因缺少必要的关注、疏导而可能发生的心理不适应甚至是心理危机。由于这种团体心理辅导以班级为单位，以学生心理成长为根本，所以能够广泛结合班级生活、团队活动、教学活动、家庭教育中的各种情境得以应用。

对于班级团体心理辅导的概念，通过比较可以获得进一步的理解。

与思想品德课和一般学科课程比较，班级团体心理辅导有着鲜明的特点：它不注重学科体系，而注重学生心理成长；不注重知识传授，而注重学生心理体验；不注重课程的严谨程序，而注重课堂的开放氛围；不注重评价的统一尺度，而注重学生的个人成长。或许正是如此，班级团体心理辅导被认为是最具挑战性、也最有魅力的活动课程。

---

① 吴增强，沈之非等. 班级心理辅导［M］. 上海：上海教育出版社，2001.

② 刘宣文. 心理辅导活动课的设计与评价［J］. 教育研究，2002，(5).

二、班级团体心理辅导的基本原则

掌握班级团体心理辅导的基本原则，进一步理解其基本内涵。

（一）主体性原则

这是进行班级团体心理辅导的一个基本出发点。班级团体心理辅导要充分体现人本主义的理念，看到每个学生积极向上和具有发展潜力的方面。以学生为主体，强调学生的整体性和主动性，尊重学生的自我价值和人格尊严，给学生以充分的理解和信任。把学生作为一种教育资源，以平等朋友的身份与学生交流、互动。这一条容易达成共识，问题是在心理活动过程中，老师要真正做到把自己作为其中的一员，在共同的心理活动中，由衷地做到真诚、平等、尊重、通情。对于学生提出的看法，老师要多鼓励，并给以恰当的引导。

（二）发展性原则

班级团体心理辅导特别要考虑到学生的心理成长性的特点，并牢牢把握促进学生心理健康发展这一目的。活动内容和形式都要符合学生心理发展规律；符合学生心理发展的需要；符合社会发展对于人才素质的要求。老师应针对学生当前的心理问题和发展中的心理问题灵活地设计活动内容。

（三）活动性原则

班级团体心理辅导重应用而不是重知识；重感受而不是重理解；重过程而不是重结果。根据不同年龄段学生的心理特点，把有关内容设计成适当的活动，让每一个学生参与活动，让学生在活动中感受和体验。把握好这一条原则，首先就要精心设计教案、设计活动。计划进行的主题是不是学生切身和关注的问题；设计的活动是不是学生适于并乐于参与的活动；活动能不能使学生对解决切身的问题有所体验或认识。在班级团体心理辅导中，老师要努力引导学生参与情境活动和得到感受。

班级团体心理辅导的内容依据

班级团体心理辅导是实施心理健康教育的基本途径之一，其目标与心理健康教育的总目标是一致的。2002 年教育部印发的《中小学心理健康教育指导纲要》明确指出：心理健康教育的总目标是“提高全体学生的心理素质，充分开发他们的潜能，培养学生乐观、向上的心理品质，促进学生人格的健全发展”。班级团体心理辅导的内容选择，主要应把握人格发展的基本内涵，这里把埃里克森的人格发展学说和中小学生的心理发展特征作为班级团体心理辅导内容选择的基本依据。

三、埃里克森的人格发展学说

埃里克森和弗洛伊德都是人格发展的阶段论者。弗洛伊德强调人生早期的影响。他认为，人格是在出生后最初几年形成的。当我们追溯自己的生活历程时，很多人会发现，早年生活的印迹确实影响到现在的很多东西。而埃里克森则认为，人格在人的一生中都在不断发展。他把发展划分为八个阶段，每一个阶段都包含着一对冲突，形成一种发展危机或者叫作关键任务。它的积极解决能增强自我，人格得到健全发展，有利于个人对环境的适应；它的消极解决则会削弱自我，会使人格发展受到影响，阻碍个人对环境的适应。

对埃里克森人格发展的八个阶段作一个整体了解，可以更好地把握中小学生的几个重要阶段。

（一）基本信任对基本不信任

这个阶段是乳儿期（0 到 1 岁），相当于弗洛伊德的口唇期。

基本任务是培养信任感。如果护理人（父母等）能够爱抚婴儿，满足他们的基本需要，就能使婴儿产生基本信任感，感到他人和世界是可以信赖的，在人格中形成希望品质。相反，如果婴儿的基本需要没有得到满足，那么婴儿就会产生不信任感和不安全感。

（二）自主性对羞怯和怀疑

这个阶段是婴儿期（1—3 岁），相当于弗洛伊德的肛门期。

基本任务是发展自主性，婴儿会主动形成一种与外界的关联感。父母对子女需要有理智和耐性。父母的过度保护、过多限制或批判过多，会使婴儿感到羞怯，并对自己的能力产生怀疑。这一阶段危机的积极解决，自主超过羞怯和怀疑，会促进发展自我控制感，在人格中形成意志品质。

（三）主动性对内疚

这个阶段是幼儿期（3—6 岁），相当于弗洛伊德的性器期。

基本任务是发展主动性。父母应该肯定和鼓励幼儿的主动行为和想象力，满足幼儿主动性的发展，让他们体验到完成任务的喜悦。当幼儿的主动感超过内疚感时，他们就有了“目的”的品质。如果一个人有很强的主动性，那么他就有了“目标感……这是一种稳定增长的坚定信念，它不受内疚的威吓，表明‘我就是我心目中要成为的人’”（埃里克森，1968）。不能很好形成主动性的幼儿，会产生内疚感，并且倾向于保守和依赖别人。

（四）勤奋对自卑

这个阶段是学龄期（6—12 岁），相当于弗洛伊德的潜伏期。

这个阶段的儿童正在上小学。他们不仅接受父母的影响，还接受教师和同学的影响。学习成为儿童的主要活动。埃里克森认为，儿童在这一阶段最重要的是“体验从稳定的注意和孜孜不倦的勤奋来完成工作的乐趣”。儿童形成勤奋感和对自己力量和能力的信任感，有利于获得“能力”的品质。如果儿童不能发展这种勤奋感，过多地体验到挫折失败，则会形成自卑感，降低对自身的评价。

（五）自我同一性对角色混乱

这个阶段是青少年时期（12—20 岁），相当于弗洛伊德的生殖期。

青少年阶段是一个迅速变化的时期和最难把握的时期，其基本任务是寻找自我同一性。这个阶段要思考和探索“我是谁”“我将成为什么社会角色”这样的重要问题。青少年在对自我同一性的求索中，会进行各种尝试，试探各种活动，发现和认识自己，接受和欣赏自己。这一阶段危机的积极解决，青少年会获得与社会评价一致的自我同一性，形成“忠诚”的品质。埃里克森把忠诚定义为：“不顾价值系统的必然矛盾，而坚持自己确认的同一性的能力。”

（六）亲密对孤独

这个阶段是成人早期（20—24 岁）。

建立亲密关系，即婚姻关系是这一时期的主题。埃里克森指出，只有建立了牢固的自我同一性的人才能够与他人发生爱的关系，热烈追求和他人建立亲密的关系。因为这需要把对自己的认同感和对他人的认同感融合在一起，这包含着让步和付出。一个没有建立自我同一性的人，担心与他人建立亲密关系会丧失自我。这种人选择离群索居，不与他人建立密切关系，就会产生孤独感。这一阶段危机的积极解决，会形成“爱”的品质，并对世界充满爱意。

（七）繁殖对停滞

这个阶段是成年中期（25—65 岁）。

抚育后代和创造是这一时期的主题。成年期的人，已经建立了家庭，成为父母，有了自己的事业。如果形成了自我同一性，并且过着充实和幸福的生活，他们会有良好的亲子关系，愿意从事有创造性的工作，形成关心和创造力的品质。没有繁殖，其人格就会停滞和贫乏。

（八）自我完整对失望

这个阶段是成年晚期（65 岁以后）。

前面 7 个阶段能够顺利度过的人，会以满足的心情回忆往事，以一种有价值的完善感走完最后的人生阶段，获得智慧的品质。“人对唯一的一次生命，是将它作为不得不是这个样子而接受的，把它作为必然的、不允许有其他替代物而接受的，是以人的生活是人自己的责任这样一个事实而接受的。”（埃里克森，1968）不能形成良好完整感的老人会产生失望感。

四、中小学生的心理发展特征

在第 2 章，我们就师生冲突话题的讨论，了解了一些有关中小学生的心理特点。这里针对开展班级团体心理辅导活动的主题进一步掌握中小学生的主要心理发展特征。

（一）小学生的心理发展特征

小学生的心理发展具有明显的过渡性质。一方面，他们的心理水平比学前期有了很大发展；另一方面，小学生的心理水平低年级与高年级相比存在显著差异，具有连续性地量变过渡到质变的特点。

1. 认知的发展

小学生认知发展的基本特点是从无意状态向有意状态过渡，从形象水平向抽象水平发展。小学生感知事物从低年级的笼统模糊、局部印象到高年级的比较精确、系统了解；注意发展从低年级的无意注意为主、稳定时间较短到高年级的有意注意为主、稳定时间较长；记忆发展从低年级的机械记忆为主到高年级的意义记忆增强；思维发展从低年级的具体形象思维为主逐步向包含较多抽象思维成分过渡。

2. 情感的发展

小学生情感体验的内容不断丰富，情感表现的深刻性逐步增加。特别是学习活动的成功与失败，给他们带来强烈而丰富的情感体验。优秀的学习成绩可使他们产生愉悦感、自信感，不良的学习成绩则会使他们产生沮丧感、自卑感。在班级或学校的集体活动和人际交往中，小学生的高级情感逐步发展，促使他们产生对于国家的爱国主义情感、对于集体的荣誉感和责任感以及对于同伴的友谊感和信任感。

3. 意志的发展

意志发展对于小学生的学习与成长具有重要意义。低年级小学生意志的自觉性、坚持性较差，他们还不善于自己提出学习和生活的目标与要求，还缺乏克服困难的耐力和办法，通常需要教师和家长的督促和帮助。到了中、高年级，儿童的主动性、独立性逐渐发展起来，克服困难的毅力逐步提高。

4. 个性和社会性的发展

小学生的自我意识在入学后得到迅速发展，自我评价能力从个别评价向概括评价过渡，道德判断从受外部情境制约向受内心道德信念制约过渡。小学生的性格发展水平随年龄增长而逐渐提高，但发展速率并不均衡。二至四年级性格的发展较慢，表现为发展稳定期；四至六年级发展较快，表现为发展快速期。小学时期是儿童社会性发展的关键时期。小学生开始逐渐掌握越来越多的社会行为规则和社会经验，发展各种社会交往的基本技能，亲社会行为呈逐渐增加的趋势。人际交往在小学生的社会化中具有不可替代的作用，其中的重要情境是与教师的交往和与同学的交往。关于这方面的详细内容参见第2章和第3章。

小学生的个性发展存在一个“小五”现象，即小五年级是一个表现为不稳定、多问题的年级。我们进行过中小学生心理健康状况的调查，结果发现，小五年级心理问题检出率明显高于四年级和六年级，小五年级的冲动倾向和对人焦虑问题突出。“小五现象”并非偶然，而与儿童的身心发育有直接关系。儿童到11—12岁先后进入青春发育期，男孩逐渐开始变声继而出现遗精，女孩月经来潮、胸部隆起并逐渐变得丰满。与此同时，儿童的青春期心理开始萌动，使他们感到好奇、神秘和迷惑，并产生一些难以名状的冲动和烦恼。这也是小学四至六年级个性变化较大的生理原因。因此，有心理学家指出，11—12岁是儿童心理发展产生急剧变化的年龄，这个年龄段被称作“危机年龄”①。

（二）初中生的心理发展特征

初中生的心理具有明显的半幼稚、半成熟的特征。他们开始处于青春发育期，在生理上出现了三个方面的明显变化：一是身体外形的快速生长；二是体内机能的迅速健全；三是性器官和性功能发育成熟。

1. 认知的发展

初中生感知的目的性、有意性明显增强，感知的精确性有所提高，开始出现逻辑性知觉。他们的有意注意在自己的学习活动中发挥主要作用，但仍然容易与直接兴趣相联系，有些学生还有分心走神的问题。他们的有意记忆在初二以后逐渐占据优势，意义记忆越来越多。他们的思维特点表现为“经验型”抽象思维，即以具体、直观的感性经验为基础的抽象思维。

2. 情感的发展

初中生的情感体验开始逐渐强烈和复杂，带有明显的“烦躁”与“郁闷”的两极性特征。这种两极性特征主要与性激素增加引起下丘脑兴奋，从而导致大脑皮层的控制力减弱有关。这使得初中生的情感表达还带有易

---

① 黄煜峰，雷雳. 初中生心理学［M］. 杭州：浙江教育出版社. 1993：3.

兴奋、易冲动的特点。在他们的情感生活中，友谊感占有重要地位。

3. 意志的发展

初中生意志行动的自觉性比小学生有了很大进步，但还不够稳定。有时他们会受到外界消极因素或班级不良风气的影响而轻率地发生改变。他们的果断性品质开始逐渐显现，但还有草率、鲁莽从事的表现。他们的自制力明显提高，不过与高中生相比还有距离。

4. 个性和社会性的发展

初中生的自我意识已经由童年期模糊、无意的被动状态逐步转向比较清晰、较为自觉的主动状态，而且开始产生成人感。正是由于这种趋向独立的成人感和依赖成人的儿童感并存的不稳定状态，使得他们容易产生偏颇的思维、逆反的心理和偏激的行为。特别是存在一个“初二现象”，即初二阶段学生的心理和行为问题明显多于初一和初三阶段学生，是一个发展的关键年龄段。因此，心理学家通常把初中阶段喻为“疾风暴雨”的时期。这一时期的重要性在于，他们的性格处于全面显现和基本形成时期，是培养良好人格品质的关键阶段。在社会性发展方面，初中生的群体意识有所增强，班里开始出现非正式群体；人际关系比小学时期趋于复杂，开始根据自己的喜好主动构建各种人际关系；社会化途径有所扩展，社会流行因素开始影响他们的发展性向。

（三）高中生的心理发展特征

高中生处于青春初期，在生活观、人生观的形成和社会化学习方面面临一系列挑战。

1. 认知的发展

高中生感知的目的性更加明确，他们已经能够通过感知过程发现事物的本质方面和主要细节。他们的有意注意进一步提高，可以较长时间指向特定的活动对象，而且更多地与间接兴趣相联系。他们的思维开始形成“理论型”的抽象思维，对于概念的掌握更加深刻和系统，其独立性、批判性、条理性日益增强。

2. 情感的发展

高中生的情感体验日益丰富，他们情感的两极性特征主要是由个体不断增长的社会参与需要与现实生活的矛盾造成的。当现实生活与他们的社会参与需要一致时，就会使他们产生积极情感体验，反之就会产生消极情感体验。他们的情感开始从外露型向内隐型过渡，自我调节情感的能力大大增强。

3. 意志的发展

高中生意志行动的自觉性进一步提高，他们会主动寻找榜样和通过自觉行动来提高自己的意志品质。他们的果断品质进一步发展，开始学会周全、合理地考虑问题，做出决断。他们行动的理智性和稳定性大大增加，能够自我努力去做应该做的事，自我约束不做不应该做的事。

4. 个性和社会性的发展

高中生的自我意识有了进一步的发展，基本上达到成熟的水平。他们的自尊心、自信心和独立性更加突出地表现出来。他们的性格特征在高中一、二年级就已趋于成熟或基本定型。这时，他们已经在按照自己独特的性格面貌观察事物，思考问题，并且以自己习惯化的行为方式对外界刺激做出反应。在社会性发展方面，高中生的同伴意识有所加强，他们会根据观念、性格、能力等因素是否接近来形成同伴关系；社会化途径趋向多样，更加关注社会榜样人物和成人社会行为。

班级团体心理辅导的基本主题

一、小学阶段学生发展的基本主题

根据埃里克森的人格发展学说，小学阶段发展的基本主题是形成勤奋感和对自己力量、能力的信任感。学生的学校生活要完成学本领和社会化两件基本任务。而在起始阶段的小学生活，就要形成一个良好的“勤奋型”成长行为模式，不断增强自我能力来增加自信心，不断克服自卑感。在埃里克森的人格发展阶段中，要注意前后阶段是衔接的，如果前一阶段的基本任务没有完成好，会影响下一阶段的发展。在小学低年级段，要继续促进儿童主动性的发展，以利于他们更好地适应学校生活。结合小学生的心理发展特征，可以看到：他们需要适应学校的学习生活；需要持续地提高学习能力；需要自我意识同步发展；需要发展基本社会技能。

小学阶段学生发展的基本主题如下：

小学生一至三年级阶段主要包括：积极适应学校环境和班集体生活；形成良好行为习惯和学习习惯；感受学习知识的乐趣；培养基本的学习能力；乐于与老师、同学建立友善交往。

小学四至六年级阶段主要包括：发展各种社会交往的基本技能，培养乐观的生活态度；提高学习兴趣与自信心，培养解决困难的毅力和乐趣；学习调节情绪，培养开朗、合群、韧性和自立等积极人格因素；善于与更多的同学交往，培养集体意识和亲社会行为。

二、初中阶段学生发展的基本主题

初中阶段开始进入了探索自我同一性的主题，这是一生的人格发展中最为重要的时期。伴随着青春期的到来和自我的觉醒，曾经不谙世事的少年开始思考“我是谁”的问题。初中阶段毕竟还只是初涉世事，而自我同一性需要一个长时期的探索。在一段时期内，很多人不能很好地接受和欣赏自己，也不能明智地认识自己。也就是说，每个人或多或少都会遇到角色混乱的危机，他们不能顺利地达到自我统整的境界。初中生的心理发展特征也启示我们：他们需要初步完成认识自我的任务；需要了解和认识自己的情绪；需要适应初中学习特点的学习生活；需要提高自己的心理耐挫力。

初中阶段学生发展的基本主题如下：

适应初中的学习环境和学习要求，发展其学习能力，改善学习方法；努力了解自己，认识自己的情绪特点，逐步学会调节和控制自己的情绪；建立积极的人际关系，学会欣赏自己、欣赏他人和学会与异性交往；培养积极的生活观，增强对挫折的耐受能力。

三、高中阶段学生发展的基本主题

高中是探索自我同一性的中间阶段，由于面临高考前的关于职业方向的选择，自我同一性的问题显得尤其重要。高中生的心理发展特征也反映出，他们需要更深刻地思考自我与社会的联系，培养思维的合理性与独立性；需要更理性地了解自己和自我预期，确立自己的职业志向；需要形成亲密的伙伴关系和友善的异性关系，建立对他人的积极情感体验；需要学会面对各种生活的不如意，培养应对挫折与困境的良好心境与乐观态度。

高中阶段学生发展的基本主题如下：

适应高中学习环境的能力，充分开发自己的学习潜能；努力认识自我，确立自己的基本发展方向；建立良好的人际关系，培养自己的亲社会情感；提高应对挫折和困境的能力，培养自己的良好人格品质。

第6章

班级积极团体辅导

班级团体心理辅导的整体设计和实践操作既需要理论也需要经验。一般的心理活动课围绕心理健康教育的基本主题进行，内容相对独立，但是整体上主线不够明显。本章依据积极心理学的理念，建立一个以积极人格内涵为主线的团体辅导实践框架，并把前述的基本主题衔接其中，进行一个积极理念实践体系的建构。班级积极团体辅导是在班级团体辅导基础上的一些改进，其基本实践要素是相近的。文中把体现积极心理学理念的心理健康教育叫作积极心理教育，相应的班级团体心理辅导叫作积极团体辅导。①

积极团体辅导的价值内涵

积极心理教育信守人性的积极向善的基本信念，旨在培养学生的积极心理品质。与此相一致，积极团体辅导应该把培养积极心理品质作为价值内涵。有三点分析。

一、积极是当代心理学发展的核心价值

积极体现了生命的本质。人的生命是一个开放的、自我决定的系统。它既有需要自我控制的内在冲突，又有指向自我完

① 王鉴. 积极心理活动课的理论模式研究［J］. 中小学心理健康教育，2010，(10).

善的成长潜能。生命生长的基本动力，成长问题的妥善解决，来自于生命趋于完善的积极力量。积极从其本义上说既包括了外显的积极行为，也包括了内隐的积极品质，它有一种似本能的性质。马斯洛认为，自我实现者就是“更真实地成了他自己，更完善地实现了他的潜能，更接近于他的存在核心，成了更完善的人”①。马斯洛的自我实现理论有三大基础：性善论、潜能论和动机论。性善论说明人性是积极的、有建设性的、乐观的；潜能论说明人的价值是内在的、固有的、有倾向的；动机论说明人的活动是有追求的、有动因的并有内驱力的。很明显，人本主义心理学建立在积极人性的价值之上，以至于今天成为积极心理学的渊源之一。

积极成为当代心理学发展的核心价值。心理学自取得独立地位以来担当三项主要使命：治疗人的精神或心理疾病、使人们的生活更加充实幸福、发现并培养有非凡才能的人。第二次世界大战以后，由于战争对人类生活及至心理的摧残，传统主流心理学把发展重心放在了心理问题的研究上，着重于解决各种心理问题和心理障碍。心理学理论因而出现了价值的不平衡。积极心理学的兴起意在促进传统主流心理学回归平衡体系：心理学不仅要研究人或社会所存在的各种问题，还要研究人的各种积极力量和积极品质，重新担起心理学的神圣使命——追求人类生活的丰富意义。

二、培养积极心理品质是促进青少年心理健康成长的主要目标

心理健康教育成为改革开放以来心理学发展最有活力的领域。随着经济社会的快速发展和市场竞争的日趋激烈，人们心理压力增大，心理问题人群增多，而且还呈低龄化的趋势。中小学生因学习压力问题、人际关系问题、家庭冲突问题，类似自杀的极端事件时有发生。心理健康教育正是针对解决青少年成长的心理困惑得到迅速发展的。同时它也不免成为着重解决心理问题的应用心理学科。针对问题而着重解决问题，这是心理健康教育发展初期必然经历的一个探索阶段，虽然它带有某种消防救火意味的消极应对特征。

---

① 车文博. 人本主义心理学［M］. 浙江教育出版社，2003.

着重解决心理问题并不意味着会使人成为一个健康的人，也并不意味着会形成一种积极的品质和行为。面对问题而着重积极成长，培育人拥有的积极力量和积极心理品质，这是促进青少年心理健康成长的主要目标。心理品质决定了一个人的基本态度和行为方式。积极的人格有助于个体采取更为有效的应对策略，从而更好地面对生活中的各种压力情景。积极的情绪状态可以增加人的心理资源，使人相信结果会更好。在面对压力时，常处于积极情绪状态的人更不容易产生疾病。培养积极心理品质如同给人增强了心理免疫力，更能抵御心理挫折和心理逆境，主动而积极地迎接人生的各种挑战。

三、追求生活的意义成为培养积极心理品质的基本动力

假设人的积极心理品质基于人渴望完善自我和发展潜能的动机。对于这一动机，马斯洛用他的需要层次理论来解释。当人的基本生活需要满足之后，就会有追求更高层次的自我实现意义的需要。而另一位人本主义心理学的代表人物弗兰克尔认为，人的基本动机并不是自我实现，而是在存在中发现生活的意义并实现其价值。自我实现其实只是追求生命意义过程中的副产品。一个人如果找不到意义，就会导致一种存在上的虚空，从而引发存在性精神疾病。

人说到底是一种社会性的精神动物。意义是人与社会联系的纽带。人与人之间总是因事务而建立联系，或者说，因意义而建立联系。人不再被认为是一种仅仅追求幸福的生灵，而更是一种追求意义的生灵，即能找到自己生活的意义。正是这种追求生活意义的动力才让人更加积极地完善自我。

对于孩子来说，他们还不具备独立探索世界的能力，谈及追求生活的意义显得有些力不从心。他们更多的话题是对于生活有趣还是难挨的感受。这一点，成人社会要对孩子负责。在经受暴风骤雨之前，需要让小树苗成长得足够坚韧。把成人社会的痼疾不经修饰地抛给孩子是不妥当的。教育的过程是与孩子一起探索有趣的世界。孩子的生活经历是否充满成长的愉悦十分重要。

积极团体辅导的理论框架

一、积极团体辅导的五因素框架

积极心理品质即指积极人格因素。积极团体辅导本质上是积极人格教育。中小学生正处于人格形成时期，处于积极人格培养的最佳阶段。虽然积极心理学对人格特质做了很多研究，但是还不够深入，其理论不如“大五”人格等理论的描述更经得起现实生活的检验①。有人借鉴“大五”人格结构理论对儿童青少年人格的五因素进行探讨，得到了类似的“小五”人格结构②。它们是：外向性，包含活跃、合群和积极情感；宜人性，包含利他、诚实和恃强；情绪性，包含紧张焦虑、自我体验和依赖性；谨慎性，包含谨慎、有序和努力；开放性，包括创新性、聪慧性、想象力和洞察力。每一个维度实际上都是对立的两极。

人格心理学认为在人的内心深处存在积极与消极两种抗争的力量。这两种力量谁占上风，关键要看个体给哪一股力量注入能量。可以基于“小五”人格结构构建积极团体辅导的基本框架。需要说明的是，这五个因素本身都是用来描写人面对外部事件时的表现特征，本来是不具有特定价值意义的中性词。而当把它们作为积极人格教育的框架时，将要赋予它们积极因素的价值取向。谨慎思考，其中有两点讨论。

作为培养积极心理品质的考虑，其中外向性是一个值得商榷的因素。外向者表现为精力充沛、乐观、友好、自信。内向者的这些表现则不突出。但这不是说他们就是自我中心的和缺乏精力的。有研究认为：“内向者含蓄而不是不友好，自主而不是追随他人，稳健而不是迟缓。”即是说，不能认为内向者就是处于外向者的消极对立面。而且，关于外向—内向性的基因遗传率的研究表明，外向—内向性中的遗传成分占有很大的比例。外向—内向性作为人格特质理论公认的基本维度，不能做出优劣之分，不

① 任俊，叶浩生. 积极人格：人格心理学研究的新取向［J］. 华中师范大学学报（人文社会科学版），2005，44（4）.

② 周晖. 儿童青少年人格的“小五”结构［J］. 心理发展与教育，1998，14（2）.

宜做出价值取向。不过，研究者还是发现，外向性的人更多地表现为积极心境和喜欢社交，比内向性的人幸福感程度更高①。基于积极人格教育的价值取向综合考虑，取其“积极性”作为价值内涵比较妥当。积极性反映了外向性的主动、乐观、有活力的因素，同时不反对内向性的安静、独处的成分。另一个讨论是，谨慎性一词在常识表达上不够鲜明。谨慎性可描述为：做事仔细、有计划、生活有规律、工作和学习努力负责。将其更名为责任性。上述这两点讨论主要是出于应用的考虑。

至此，积极团体辅导的五因素框架为：积极性，宜人性，情绪性，责任性，开放性。

二、积极团体辅导的要素考虑

既然人格五因素得到普遍认同，那么有关积极人格的因素原则上可以放到五因素框架中。而且，既然积极心理教育是一种温和的改良，那么积极团体辅导与已有的内容应该有一个适度的衔接。积极团体辅导的内涵主线是培养积极人格，其实施要素要考虑积极人格的培养途径，其活动情境要包含学生学习与生活的基本内容。

彼德森和塞利格曼（Peterson & Seligman，2001）提出积极心理学研究的24种主要积极人格特质。虽然这些内容的研究还相对不够深入，不一定都能够纳入人格五因素体系，但是仍可作为实践中的设计参考因素。24种主要积极人格特质如下：（1）对世界的好奇和兴趣；（2）爱学习；（3）创造性、创见性和创新性；（4）判断力、批判性思维和开放性思想；（5）个人、社会和情感性智力；（6）大局观；（7）英勇、勇敢；（8）坚持性，勤奋；（9）正直、诚恳、真实；（10）慈祥、慷慨；（11）爱和被爱的能力；（12）公民的职责、权利和义务，忠诚、团队精神；（13）公正、平等；（14）领导的职责、权利和义务；（15）自我控制和自我调节；（16）审慎、小心、考虑周到；（17）适度和谦虚；（18）对优秀和美丽的敬畏和欣赏；（19）感激；（20）希望、乐观、为将来做好准备；（21）精神追求、

① Jerry M.Burger. 人格心理学［M］. 中国轻工业出版社. 2000.

信念和信仰；（22）宽恕、仁慈；（23）风趣、幽默；（24）热情、激情、热心和精力充沛。

积极人格理论强调人格形成中各种因素的交互作用。“人不是按照由基因图谱规定的固定路径来发展自己的，人格主要是在人与社会文化环境的交互作用所形成的一个复杂的因果活动过程中得到发展，内在因素、外部行为、社会文化环境三者是交互作用的。”（Caprara & Cervone，2003）积极人格理论认为人格首先是一种外在的社会活动，然后在一定的生理机制的作用下内化为个体的一种稳定的心理品质①。积极人格的培养方式主要有三种：在社会活动中增进积极体验，在经历各种生活情境时学会积极赋义，在个体的发展中培养良好自尊。

积极赋义需要有积极信条作为基础。积极信条是指生活中自己信奉的带有信念含义的积极准则。不管人的价值观如何，大部分人心里都有一个不断积累的信条集合。这些信条能够解释人的大部分行为，也决定了人们的生活方式。但是这些信条不一定都符合人的生活适应。积极心理教育希望人们强化更多的积极信条，以利于养成积极的生活方式和习惯。下面是一些设计积极心理活动课可以利用的基本积极信条：（1）我好，你好，世界好；（2）我的看法是积极的，我的生活就是积极的；（3）我只需管理自己，努力做得更好；（4）我已具有了让自己成功快乐的源泉；（5）凡事必有至少三个解决的方法；（6）尝试新的做法就会得到新的结果；（7）有效比有道理更重要；（8）坚持追求目标就有成功的希望；（9）用行动兑现承诺；（10）选择对自己最有价值的行为。

积极团体辅导需要设计情境活动来展现。依据《中小学心理健康教育指导纲要》中有关心理健康教育的内容和通过前面对班级团体心理辅导的基本主题分析，可以归纳出五个应用板块：学习心理、人际关系、情绪管理、自我认识、社会责任。现在的心理活动课直接把这些方面作为主题和内容，积极团体辅导则在这些基本内容之中铺设了一条积极人格的主线。

① 任俊．积极心理学思想理论研究［D］．南京：南京师范大学博士学位论文，2006.

积极团体辅导的整体模式

应用板块有较好的区分度，便于相对独立地设计与开展活动。以自我认识、学习心理、人际关系、情绪管理、社会责任这5个生活和成长的基本内容作为积极团体辅导活动主题设计的应用板块，在中学阶段可增加青春期板块。为形象地反映团体辅导活动的工作坊特点，将活动设计的基本内容表述为：自我坊，情绪坊，学习坊，人际坊，社会坊，青春坊。以“小五”人格框架作为积极团体辅导的理论内涵，把追求生活的意义作为积极团体辅导的核心目标。用下面的图式说明：

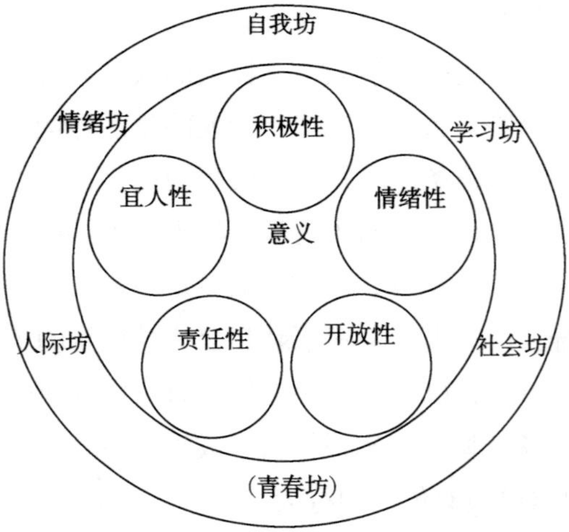

图 6-1　积极团体辅导的应用板块设计

以下每一个主题是一节团体辅导的内容。这些活动主题仍然具有一定的弹性，可就相近主题调换，可以有选择地进行活动。名称可以形象化改动。在设计教案时，主题活动要贯穿一个积极信条，还要结合班级学生的具体情况、年龄特点等因素。设计为三个阶段，小学以四年级以上的高年级为主要对象，初中以初一、初二为主要对象，高中以高一、高二为主要对象。

一、小学高年级内容

（一）自我坊活动主题

1. 认识自我。活动目的：从积极角度认识自己，在自我展示中肯定自己。

2. 我可以做到。活动目的：勇于自我开放，尝试突破原来的自己。

3. 欣赏他人的长处。活动目的：学习互相欣赏，在欣赏中培养自尊。

4. 我的时间我做主。活动目的：懂得珍惜时间的重要性，学习合理管理自己的时间。

5. 每天坚持做一点。活动目的：了解意志力重要作用，培养做事有恒心的好品质。

6. 喜欢你，没道理。活动目的：培养自尊意识，树立良好的自我意象。

（二）情绪坊活动主题

1. 处处有快乐。活动目的：用快乐的眼光看生活，学习在生活中创造快乐。

2. 认识自己的情绪。活动目的：了解自己情绪的特征，学会恰当表达情绪。

3. 调节情绪有方法。活动目的：了解不良情绪的影响，学会积极调节情绪。

4. 助人快乐。活动目的：认识给予是有价值感的快乐，从助人中感受快乐。

5. 从积极的角度看问题。活动目的：认识认知与情绪之间的关系，学会从积极的角度看问题。

6. 初步了解青春期。活动目的：认识青春期的心理变化，欣然走进青春期。

（三）学习坊活动主题

1. 我爱思考。活动目的：掌握一些思维技巧，培养乐于动脑的好习惯。

2. 学习乐趣多。活动目的：体验并激发学习的乐趣，热爱学习和生活。

3. 张开想象的翅膀。活动目的：丰富想象力，提高创造力。

4. 明察秋毫观察细。活动目的：了解自己的观察力，学会观察的方法。

5. 谁能集中注意力？活动目的：认识注意力的重要性，培养有意注意的能力。

6. 如何提高记忆力。活动目的：了解记忆规律，提高记忆能力。

（四）人际坊活动主题

1. 学习与父母相处。活动目的：积极看待父母的关爱，学会与父母沟通。

2. 怎样处理人际关系。活动目的：正确看待人际矛盾，掌握处理人际矛盾的方法。

3. 善于倾听。活动目的：了解倾听的重要性，学会一些倾听的技巧。

4. 我有好朋友。活动目的：懂得朋友的含义，学习结交真诚的朋友。

5. 学会道歉。活动目的：认识到交往中难免失误或犯错，学会合适地表达歉意。

6. 学会拒绝。活动目的：懂得交往中拒绝的意义，学会一些拒绝的方法。

（五）社会坊活动主题

1. 乐观面对挫折。活动目的：培养面对挫折的积极心态，掌握应对挫折的方法。

2. 培养感恩心态。活动目的：培养感激、感恩的心态，学会善待他人。

3. 我的事情我来做。活动目的：形成自我管理的意识，培养独立性和责任心。

4. 迎接挑战。活动目的：学习尝试与探索新事物，培养积极进取的品质。

5. 按规则做事。活动目的：培养遵守规则的意识，学会按社会规则做事。

6. 信守承诺。活动目的：认识到信守承诺的重要意义，培养讲诚信的品质。

二、初中阶段内容

（一）自我坊活动主题

1. 问问我是谁。活动目的：形成基本的自我概念，用发展眼光看自己。

2. 告别童年。活动目的：主动告别童年，认识成长中的新自我。

3. 悦纳自我。活动目的：学会悦纳自己，形成积极健康的心理防御机制。

4. 提高自我效能感。活动目的：了解自我效能感的内涵，学会提升自我效能感。

5. 磨炼意志力。活动目的：了解坚强意志的意义，培养做事有恒的好品质。

6. 培养自信。活动目的：了解自信的意义，掌握树立自信的方法。

（二）情绪坊活动主题

1. 了解青春期情绪。活动目的：了解自己青春期的情绪，学会接纳和处理自己的消极情绪。

2. 做情绪的主人。活动目的：正确认识和理解情绪，学会管理自己的情绪。

3. 主动应对冲动情绪。活动目的：对青春期的冲动情绪有所认识，学会正确管理自己和他人的冲动情绪。

4. 学会积极解释问题。活动目的：了解消极认知的不良影响，学会积极解释问题。

5. 培养幸福感。活动目的：加强对幸福的理解和感受，学会发现和追求幸福。

6. 积极面对生活中的负面事件。活动目的：认识苦乐相伴是生活的常态，掌握应对负面事件的方法。

（三）学习坊活动主题

1. 我爱学习。活动目的：保持较强的学习动机，培养乐于学习的好品质。

2. 学习有方法。活动目的：培养良好学习习惯，提高驾驭学习的能力。

3. 学会管理时间。活动目的：掌握时间分配的技巧，学会有效利用时间。

4. 提高创新思维能力。活动目的：通过同学对我的评价和希望了解自己，学会积极评价他人。

5. 从容应对考试。活动目的：了解焦虑的积极作用并学会调解过度的焦虑情绪，培养应对重大事件的从容心态。

6. 记忆的奥秘。活动目的：了解记忆的规律，掌握一些适合自己的记忆方法。

（四）人际坊活动主题

1. 和谐的家庭氛围。活动目的：懂得理解和尊重父母，学习与父母沟通的技巧。

2. 人际交往 ABC。活动目的：懂得宽容待人，掌握人际交往的技巧。

3. 正确面对批评。活动目的：合理认识人际间的批评，增强面对批评的心理承受力。

4. 主动交朋友。活动目的：培养对友谊的美好情感，形成积极的交友行为。

5. 人际中的换位思考。活动目的：尊重他人的意见和看法，学会换位思考处理人际矛盾。

6. 欣赏赞美他人。活动目的：认识欣赏与赞美的积极作用，学会恰当使用欣赏与赞美。

（五）青春坊活动主题

1. 追星族大讨论。活动目的：正确认识青少年的追星现象，树立积极健康的审美观。

2. 欣赏自己的性别。活动目的：了解性别特点与各自优势，欣赏自己的社会性别。

3. 形成健康的自我体像。活动目的：树立多元审美观和健康体像观，学会消除体像烦恼的方法。

4. 焕发活力，热爱生命。活动目的：感受青春的活力，培养对生命的热爱之情。

5. 拥抱青春期。活动目的：了解青春期的生理心理特点，悦纳自己的身心变化。

6. 合理使用网络。活动目的：认识网络在现代生活中的作用，学会合理使用网络。

（六）社会坊活动主题

1. 主动适应学校生活。活动目的：主动适应中学环境，以乐观的态度生活。

2. 感恩心态。活动目的：认识拥有感恩心态的重要意义，学会不抱怨和宽容待人。

3. 担当责任。活动目的：树立责任意识，懂得对自己负责和对自己承担的责任负责。

4. 勇于探索。活动目的：勇于探索生活中的新事物，培养积极进取的心理品质。

5. 助人快乐。活动目的：感受互助的愉悦体验，领悟助人是快乐的源泉。

6. 积极应对挫折。活动目的：树立面对挫折的积极心态，掌握应对挫折的方法。

三、高中阶段内容

（一）自我坊活动主题

1. 认识长大的自我。活动目的：了解自己的性格特点，建立清晰的自我概念。

2. 积极的自我意识。活动目的：了解和展示个人优势，树立积极的自我意识。

3. 价值观澄清。活动目的：了解自己的价值观，学习独立思考问题。

4. 人际关系中的自我概念。活动目的：通过对人际关系的讨论理解自我概念，在人际交往中认识自我。

5. 增强心理韧性。活动目的：训练自我控制，培养追求目标时坚毅努力的好品质。

6. 职业性向。活动目的：初步了解自己的职业性向，思考个人人生发展。

（二）**情绪坊活动主题**

1. 了解自己的情绪。活动目的：了解自己的情绪特点，理解情绪对于个人生活的影响和作用。

2. 我的心情我主宰。活动目的：认识情绪和认知之间的关系，学会调整自己的情绪。

3. 培养积极情绪。活动目的：学习管理情绪的方法，科学应对消极情绪和培养积极情绪。

4. 与幸福相伴。活动目的：理解幸福的本质是快乐与意义的结合，关注和体验生活的幸福感。

5. 压力应对。活动目的：了解积极情绪对压力的影响，学会应对压力的方法。

6. 乐观与希望。活动目的：培养乐观和充满希望的心态，遇到不如意的事不抱怨、不气馁。

（三）**学习坊活动主题**

1. 高中学习规划。活动目的：培养生涯规划意识，个性化地规划自己的高中生活。

2. 目标管理。活动目的：提高目标管理意识，学会目标管理方法。

3. 时间管理。活动目的：懂得珍惜时间，学会合理统筹时间。

4. 学习风格与策略。活动目的：认识或形成自己的学习风格，学会科学学习。

5. 考试焦虑。活动目的：了解考试焦虑的积极意义，学会主动应对考试焦虑。

6. 学习压力应对。活动目的：分析自己的学习压力状态，科学应对学习压力。

（四）人际坊活动主题

1. 增进人际沟通。活动目的：增进同学间沟通与了解，学会获得朋友与友谊的方法。

2. 人际关系 ABC。活动目的：了解自己的交友状态，学会人际交往的方法和技巧。

3. 化解人际冲突。活动目的：学会控制自己，不随意放纵自己。

4. 宿舍人际关系。活动目的：懂得友善宽容待人，学会谦让与互助。

5. 与父母相处。活动目的：懂得主动承担自己在家中的角色，创造爱的氛围。

6. 竞争与合作。活动目的：认识竞争与合作的重要性，主动参与竞争与合作。

（五）青春坊活动主题

1. 读懂青春期。活动目的：了解自己青春期的特点，积极走进青春期。

2. 青春与爱情。活动目的：了解异性交往的原则，学会处理情感的困惑。

3. 关于性的讨论。活动目的：把握青春期爱的原则与底线，懂得对性负责任和保护自己。

4. 敬畏生命。活动目的：认识生命的可贵，珍爱生命与生态环境。

5. 生命的色彩。活动目的：讨论生命的意义，让自己的人生丰富而有价值。

6. 焕发生命活力。活动目的：热爱生活，不怕挫折，积极投入生活。

（六）社会坊活动主题

1. 适应高中生活。活动目的：了解高中的学习与生活，主动适应环境。

2. 职业与社会。活动目的：尝试扮演不同职业角色，规划自己的职业生涯。

3. 高校与专业。活动目的：了解高校的特点与专业，引导自己的学习发展。

4. 开放与改变。活动目的：尝试和挑战新事物，主动改变创造生活。

5. 创业启示录。活动目的：了解前人的创业事迹，培养创业意识。

6. 成长与成功。活动目的：主动成长和追求成功，不畏困难地创造幸福人生。

积极团体辅导的设计

积极团体辅导并不是简单地按照现成的教案去完成一个教学活动。它是一个特定班级的一次团体活动。因此，每一次活动都要考虑班级学生当前的心理发展需求，进行一个活动设计的创作过程。积极团体辅导的设计是主持教师必须具有的基本专业能力。

一、关于活动主题的设计

具体到一节团体辅导课的设计上，首先要考虑的是：围绕一个什么主题？表达一个什么理念？达到一个什么目标？

在对学生的心理特点和心理需求有了基本的了解之后，吃透一节团体活动的主题和理念是把握好整体辅导活动的关键。要注意三个方面：

一是主题和目标的设计宜小不宜大。考虑主题时，在认清心理健康教育总目标的基础上，首先要把握前述按不同维度分解的所有主题。每一节团体辅导的主题只是其中一个。它与整体密不可分，但又可以成为一个独立内容。每一节团体辅导的时间有限，所以主题的设计必须清晰而具体。比如，某一节团体辅导的主题叫作“情绪的认识和调节”，这样一个主题设计就要考虑情绪的特点、不良情绪的表现、如何调节自己的情绪等内容。这对于一节团体辅导活动来说，显然主题有些过大且不够集中。要知道团体辅导是通过活动过程来表达和感受主题的，这比一般的课堂教学花费的时间要多。如果主题过大，会使得活动体验不充分，蜻蜓点水，走马观花，达不到团体活动的效果。上面提到的关于情绪的主题可以改为了解情绪和情绪调节两个主题，名称可以叫得形象一些，比如叫作：“情绪四色板”“我的情绪我做主”。

二是要把握主题和理念的科学性。团体辅导并不是热热闹闹搞几个活动那样简单。只有对活动主题和理念有透彻的认识和把握，才能抓住活动的内涵。所以说，设计活动时要先把主题吃透，同时考虑如何在活动中贯穿有关主题和理念。理念是团体辅导的灵魂，是团体活动设计背后的主线。比如，有一个团体辅导叫作“把消极情绪甩掉”，设计思路很明确：讨论消极情绪有哪些，它们对人们的生活有什么消极影响，再讨论摆脱消极情绪有哪些方法。这个设计从理念上就把消极情绪与积极情绪对立起来了，而且是一种非黑即白的思路。实际上，消极情绪与积极情绪都是人们正常情绪的组成部分，不能用“甩掉”的想法来对待消极情绪，“与烦恼相伴”“快乐与烦恼相伴”才是科学的理念。教师在备课时，要适当了解一些有关主题的理论背景，并设计和选择适当的活动形式。

三是要把握主题的层次性。主题是在团体活动的过程中展开和深入的，如果没有主题理解的层次，就不会有活动由浅入深的层次，活动体验的过程会缺乏完美感。比如，有一个关于亲子沟通的团体活动，把民主型的教养理念形象地表述成“蹲下来和孩子说话”的主题。“蹲下来”设计为三个层次：一是家长把身体姿势蹲下来，从孩子的视角看事物；二是家长把智者心理蹲下来，从孩子的角度看问题；三是家长把“长者至尊”的观念蹲下来，以平等的身份与孩子交流。这种逐步深入的主题层次感，就会引导团体活动逐层展开，体验逐步深入，使得团体活动既有整体的过程流动，又有清晰的阶段展现，达到较为理想的效果。

二、关于活动形式的设计

厘清了主题和理念，接下来就是用什么形式的活动体现它们。其实，活动设计才是团体辅导设计最难的部分。教师最擅长的是讲道理，且心理学的道理讲起来并不难，而现在要做的是把道理设计成适宜的活动。这些活动要让学生适于体验和乐于参与，最好还要新奇有趣。考虑年龄特征，一般小学生以游戏形式的活动为主，初中生以体验形式的活动为主，高中生在体验形式活动的基础上增加一些思辨性的内容。这里按活动类型，列举一些常用的活动形式：

（一）讨论式活动

讨论活动简便易行、适于全体参与，因而是最常见的活动方式。团体活动本身就需要营造一个开放性的氛围，经常需要就一些话题讨论和分享。特别是那些容易产生观点碰撞的话题，通过讨论才能让学生得到充分和全面的领会。比如，男女生如何交往的话题，学生平时难得在公开场合讨论，也会有一些困惑。通过讨论的形式交流各自的看法，学生会了解到别人怎么看这个问题，可以学到一些交往的原则和技巧。为了保证全体学生都能参与活动，一般设计是先以小组为单位讨论，再以全班为单位讨论。

（二）游戏式活动

游戏活动适合小学阶段，初中阶段可以适量安排。小学生基本上还处于形象思维阶段，适合通过参与有趣活动来促进心理成长，达成辅导目标。比如，设计团队合作的主题，就可以选择“传物比赛”“两人三足赛跑”“合作拼图”等游戏，分成小组相互比赛进行，增加趣味性。游戏式活动要考虑场地的局限性。一般团体辅导活动利用教室进行，活动开展受到空间条件的限制。要尽量选择那些简便易行的游戏，不需要太多道具，也不需要太大活动空间，当然更要考虑游戏对于主题的表达。

（三）情境式活动

情境设置是团体活动的一个基本考虑。在确定了主题之后就要思考：用什么方式、什么内容的情境展开主题的内涵比较合适？常用的方式有两个：讲故事和表演小品。讲故事是展开一个他人的情境。比如设计如何应对挫折的主题，常常就找一些大家比较熟悉的英雄人物、时代楷模或身边同学的事迹讲给学生听，有条件还可以制作声情并茂的 PPT 播放。表演小品是几个学生直接模拟一个日常生活情境。比如设计如何解决人与人之间矛盾的主题，就可以设计一个学生在日常活动发生冲突的情景，通过小品的方式表演出来。情境式活动要考虑学生的心理特点，其内容的选择要适于理解，贴近生活。

（四）训练式活动

训练活动主要针对学生心智成长的主题进行。比如设计培养创造力的主题，设计有趣的训练活动最好不过了。有一种发散思维的训练经常被选用：选择一样物品，如铅笔，然后让学生列举铅笔的用途，列举得越多越好。再比如设计如何面对考试焦虑的主题，可以设计身心放松的训练，让学生闭目冥想，配以轻松的背景音乐，老师用语言引导暗示，可能达到很好的放松效果。训练活动的设计要考虑学生的思维特点，高中阶段的学生就要设计一些有适当难度的训练活动。

（五）辨析式活动

带有价值澄清性质的主题可以用这种形式的活动。辨析活动比较适合于有关社会性成长的主题，从年龄上说，比较适合高中学生。比如活动主题设计为讨论“要不要统一校服？”“能不能带手机上学？”的话题，这是引导学生从社会规范意义上进行价值澄清，让大家形成较为一致的规范共识。再比如活动主题设计为讨论“将来从事什么性质的工作？”“将来喜欢什么方式的生活？”的话题，这是引导学生从社会价值意义进行价值澄清，让学生明确自己生活价值的选择。有些辨析式活动可以设计成辩论的形式，两军对垒，各执己见，这样的团体活动会更精彩。

（六）问卷式活动

有些团体辅导活动涉及现场了解学生某方面的心理状况或对某方面问题的看法，这类情况采用问卷方式比较合适。团体活动中采用的问卷都是小问卷，且要适于现场进行反馈。比如进行“情绪四色板”的主题活动，可以先设计一个小问卷，了解学生近一周来的情绪状态，然后利用学生反馈的结果进行了解情绪表现的团体活动。有一些问卷活动也可以在活动前进行。比如进行“应对考试焦虑”的主题活动，可以事先进行一个完整的考试焦虑问卷的调查，处理好数据，利用调查的结果进行活动设计和团体活动。

（七）实验式活动

一些心理学的小实验可以根据主题内容需要设计在活动中。有些心理学的实验既有生活趣味又有现场效果，用得恰当则能够很好地营造让大家心悦诚服的活动效果。比如一节关于如何集中注意力的活动课，为了说明有意注意与无意注意的学习效果，活动中设计了一个两秒钟记数字的实验。老师先提示看过带有数字的图片后要问数字有哪些。然后出示含有不同几何形状背景的数字图示。接下来让大家回答图片中的数字是什么。因为同学们事先接受了活动提示，自然会把注意力集中在记数字上，回忆的准确率会很高。但是老师再问图片中每个数字搭配在什么几何形状上，同学们回忆的准确率就不高了。这是因为前者是有意记忆的效果，后者是无意记忆的效果。通过这样一个活动，同学们对有意注意的体验就深刻了。设计实验式活动要考虑几个原则：简便易操作；现场容易出效果；一般选择单盲实验性质的设计，不要让学生事先知道意图。

三、关于活动过程的设计

一次团体辅导活动相当于一场独幕剧演出，它通过一组循序渐进、前后衔接、由浅入深的活动，完成一个围绕主题的体验和认识过程。一般来说，可以用五个阶段的活动来描述整个活动过程。

（一）热身导入活动

团体辅导活动需要全体学生的参与、互动和交流，而要达到期望的活动效果，学生的心理状态和准备很有必要。这就需要有一个热身活动，改变平时相对平和、孤立的状态，启动一个心理轻松、适度兴奋的团体氛围，为后续活动做好铺垫。

热身运动并不是随意的活动设计，它要与后续活动形成内在关联，既是调动气氛的热身活动，又是铺垫主题的导入活动。比如涉及人际关系的主题，热身活动可以设计成互相拍掌、传悄悄话之类的活动；涉及情绪的主题，热身活动可以设计成表达不同情绪、学学快乐的小动物之类的活动。

热身活动是一个短小的活动，多以调动积极情绪为主，活动设计要尽量新奇有趣，但不能拖延太长时间。一般通过热身活动的铺垫就要亮出主题，使得整体活动自然导入。同时，热身的铺垫也要有助于形成对于主题的共识性、无歧义理解。如果热身导入活动仍不足以理解主题，在亮出主题时还要用常识性的语言解释一下，这里相当于一个概念界定，便于后续活动的顺利进行。

（二）展开阶段活动

一个主题活动的展开是一个由浅入深、由远及近的过程，展开阶段的任务是进入主题、认识主题和初步理解主题。展开阶段作为主题的初级层次，可以设计多个活动。

展开阶段的活动形式很灵活，可以是讲故事、小测验、也可以是表演小品、小游戏。要根据内容需要选择适当的活动形式。下面举两个例子。

一节叫作“我能行”的团体活动，在展开阶段从什么是自卑切入，用播放情景短剧的形式开始。甲：“你怎么不去参加这周的外语演讲比赛呢?”乙：“唉，我怎么能行呢?”甲：“你英语那么好，是我们班的英语课代表，应该去报名的!”乙：“唉，我不行的，我一上台就紧张……”接下来让学生做一些讨论，这个主题情境就展开了。

一节叫作“合作的力量”的团体活动，在展开阶段从一个表现合作的游戏开始。游戏叫作“10 指抬人”。老师先请一位同学躺在桌子上，然后请上来 10 个同学，每人用自己的食指，分别托住其头部、肩部、腰部、臀部、脚部，合作抬起来。这个游戏如果 10 人不同时用力是抬不起来的。开始尝试时，老师故意不提醒应同时开始用力，结果导致失败，然后再同时用力完成任务。这样用游戏的形式进入和理解主题。

（三）深入阶段活动

深入阶段的任务是深入理解、体验主题内涵，努力达到某种程度的情感共鸣、认识顿悟的状态，这是整个团体活动的重要阶段，也是深层次展开主题的阶段。深入阶段要对主题内涵和团体活动的性质有准确的把握。一方面要尊重学生对主题的多元化理解，这是学生主体性的体现，也是人的价值多元化的体现；一方面要引导学生对主题的深层次理解，这是注重活动过程的效果，而不是教师依赖教案的教导；还要注意不要跑题。深入阶段多涉及学生生活体验和自身价值判断，一般用多个活动组合完成。下面举两个例子。

初二年级的一节叫作“我的情绪我做主”的团体活动，在深入阶段学生把自己调节情绪的方法写在卡片上，然后大家分享。甲说：不开心时我喜欢听音乐。乙说：郁闷时我喜欢找好朋友说话。丙说：生气时我就去打球。丁说：不高兴时我就睡觉。老师的教案其实会备好调节情绪的常用方法，但是这时候要尊重学生的体验式选择，用学生的语言总结调节情绪的方法，学生会感到很亲切，他们会认为老师认可了自己的体会。方法的总结不必求全，如果老师认为遗漏了某个重要的方法，可以在参与讨论时顺势提出来。这个过程就是学生在体验中生成方法，这比老师给予方法更有效果。

高二年级的一节叫作“‘早恋’大家谈”的团体活动，在深入阶段学生用讨论的形式热议各自的看法。甲说：我至少现在没想恋不恋的事，没工夫想。乙说：恋不恋是我的自由，我想让青春更丰富。丙说：恋与不恋都要对自己负责，也要对他人负责。丁说：请恋者考虑场合，不要对班级同学造成不良影响。其实这里表达的各种观点，并不是进行对与错的争辩，而是通过不同观点的呈现让学生们进行观念碰撞，这种价值澄清式的讨论促使每个学生都进行卷入式的思考，同时，团体的动力就在这里发生作用。

（四）升华阶段活动

在深入阶段完成之后，还要有一个环节对深入体验和理解后的主题进行升华意义的提升和归纳。升华阶段是难度较大的环节。在操作实务中，升华阶段能否顺利进行，关键在于深入阶段有没有充分有效地进行。如果没有前面学生的亲身体验和感悟，后面即使升华也只能是老师讲授式地拔高了，但是这样做脱离了团体心理辅导的初衷。对于升华阶段的把握，首先是在设计教案时要对活动主题做出展开、深入和升华三个不同层次的意义分解，在活动过程中，再把握好由浅入深的推进节奏。下面举两个例子。

小学四年级的一节叫作“快乐秘方”的团体活动，首先把快乐主题设计成寻找快乐、分享快乐和助人快乐三个层次，并贯穿自己就是快乐的主人的理念。在体验了前面两个快乐层次的基础上，顺理成章地进入第三个包含亲社会情感和利他观念的助人快乐的层次。在第三层次的活动中，引导学生进行帮助他人排除烦恼、获得快乐的情境体验，接下来顺势进行快乐秘方的讨论与总结，关于快乐主题的升华环节就自然完成了。

初一年级的一节叫作“我的标签”的团体活动，也设计成三个主题层次：对自我标签的认识和体验；改写消极标签为积极标签；为你为我贴上积极标签。这节团体活动的宗旨是如何改变认知并形成积极认知，通过第一和第二层次的活动，基本上达成了目标。接下来安排第三层次的活动，同学之间相互发现和肯定积极品质并“贴上”积极标签，强化了本活动的主题，训练了贴积极标签的方法，也把活动进程推向高潮。

升华阶段活动是作为一般团体活动进程完整的阶段内容设计的，在实际操作中要根据不同主题灵活设置。比如有的主题在深入阶段强调深度体验的分量，其中可以包含升华的因素；或者有的主题设计不适于分解成三个层次。这些情况可以直接过渡到结束阶段。

（五）结束阶段活动

结束阶段的任务是回顾整体活动、做出简洁总结和进行必要的延伸思考。如果没有结束环节，给学生留下的活动印象是缺乏提炼的。老师要适当总结活动过程学生的收获，要概括一下学生和老师共同生成的结论，引导学生把自己的收获向课外延伸。

结束阶段要设计一个恰当的活动，比如寓意深长的名人名言或积极生活信条，富有韵味的一段音乐，等等。

积极团体辅导的操作及评价

一、关于教师自身因素的把握

（一）自身角色转换

一般来说，积极团体辅导主要由班主任来主持。班主任能否把班级管理者的身份自然地转换成主持者身份，这是团体辅导活动能否有效进行的关键。角色转换首先是理念转变。班主任要尊重学生自身的成长力量，宽容学生不完美的成长状态，相信学生团体的动力作用。角色转变要求主持者有很多仪态行为上的改变。班主任要以大朋友的身份主持活动，以尊重、真诚的态度与学生相处，以亲和、欣赏的姿态听学生诉说，以轻松、幽默的语气跟学生沟通。在活动过程中，班主任要重活动引导，重营造氛围，重参与体验，重生成结果。这些角色表现都与班级管理者的角色全然不同。

（二）有积极感染力

除了积极心理品质的内容设计之外，主持者发挥好自身的积极感染力，成为积极团体辅导的重要标志。主持者对于团体氛围的创设起到关键作用。如果主持者神态严谨，学生就难以放松；如果主持者神情抑郁，则更谈不上让学生轻松体验了。

主持者的积极感染力来源于自身的积极品质。主持者自身应该是充满活力的、饱含情感的、轻松幽默的，其积极品质的呈现会成为团体积极氛围的感染源。其实，班主任主持团体心理辅导，不可能只是活动过程当时的角色转换。如果没有平时的融洽关系，学生会认为班主任只是在扮演主持者。从这一方面说，班主任作为主持者，平时就需要加强自身积极品质的修养，成为学生的良师益友。而积极团体辅导也是一个师生共同成长、相互激励的过程。

主持者的积极感染力还来源于对学生的积极信念。主持者要相信每个孩子内心蕴藏的成长动力，把每一个学生作为积极资源。主持者在团体活动中，要对学生投以信任和期待，持以尊重和真情，不要用批判的态度纠正枝节问题，也不必表现出比学生高明。

二、关于活动过程因素的把握

（一）把握关注全体与关照个别的关系

团体辅导是面向全班学生的活动，其目标是着眼于全体学生的心理发展。但是这并不是说可以忽视个别学生的表现。既关注全体又关照个别的提法应该是：不让一个学生掉队。

在团体辅导中，常常是通过关照个人来反映出对整体的关注。对于一个班级的同学来说，个人问题常常反映出群体的特征，而群体的心理状况常常是通过个体表现的。关心有代表性的个人问题，也就是在关心同一类人群的问题。比如，针对考试焦虑开展团体辅导，在训练活动中，要观察那些有考试焦虑反应的特定学生是否有所收效。如果他们感到效果不错，那么整体上效果也会不错。

在团体辅导中，又常常通过团体的动力来促进某个个体心理发生改变。每一个参加团体辅导活动的学生会有不同的感受和收获。如果能恰到好处地通过辅导活动给予某个学生一种心理成长的推动，那其实正是团体辅导活动的精彩之处。比如，在一个“积极总动员”团体辅导活动中的列举自己积极表现环节，一个平时不爱讲话的学生就是说自己没有积极之处。老师在全班进行“积极总动员”，让大家列举这个学生的积极表现。最后说得这个同学点头称是，表现得活跃起来。

如果确实是个人的特殊问题，可以另外单独解决。并不是在活动中出现了特别情况，就一定要在活动中处理好。比如，有一个学生在一次关于人际交往的团体活动中有些情绪低落。老师略一了解，知道是家里父母发生了矛盾，而且，这个学生并不想透露更多情况。老师到学生身边抚慰一下，先搁置这件事情继续活动，课后再特别处理。

（二）把握预定教案与过程生成的关系

事先要对团体活动进行教案设计，这是十分必要的。但是，团体辅导活动的教案设计是框架式的，学生参与活动之后的感受和反应都是现场生成的。团体辅导活动既要把握预定教案设计的整体走向，又要注重过程生成。老师特别要注意不要急于把教案中设计好的认识、体验和方法讲给学生听，体验是生成的，认识是通过体验升华的，方法也应该由学生自己去探索，老师只是适当地引导。

团体辅导活动是一个有充分弹性的活动过程，由于它的生成意义，在活动过程中可能会发生设计之外的事情，以至于不能完全按照预定的教案进行。其实，这也正是团体辅导活动的魅力所在，也是对主持者的最大挑战。主持者要做好灵活应对的准备，主要有两种储备：教学经验和心理学有关知识。比如在一节“交个好朋友”的团体辅导活动中，两个男学生突然吵了起来。主持者一了解，原来两个学生课间打闹手脚重了，一个学生感到自己吃了亏，上课了仍然愤愤不平，趁着活动机会报复对方。主持者稍事调停后，打断原来的活动进程，把这个小事件作为活动情境让大家讨论，讨论的话题转为“同学之间有了矛盾怎么办?”面对这样一个真实情境，学生们兴致很高，积极讨论化解矛盾的办法。两个当事人感到受宠若惊，课堂打架不但没受批评，还成了课堂话题的中心，于是在同学们的推动下和好如初。主持者因势利导、随机应变，抓住辅导的最佳时机，恰恰更好地发挥了团体辅导的作用。

（三）**把握活动中的回应与引导**

讨论和分享是团体辅导必要的环节，主持者在其中起到重要的引导作用。有些初学团体辅导的老师对于学生的观点表达常常只做简单的欣赏回应。学生发言时老师的思路已经转向了下一环节的活动。学生发言一结束，老师只是匆匆回应一句“说得好”。实际上，主持者的恰当回应和引导有很重要的生成价值，不能忽视。要把握下面三点：

1. 要专注地倾听学生

倾听是辅导的基本技巧，在团体辅导中也是这样。当学生在发言时，主持者的目光要注视发言者，同时可以适当地走近一些。当走到学生身边时，主持者的目光不要再正视发言者，而是随着发言者的目光扫视全场，并间歇地注视发言者。这样，让对方获得一种尊重和支持的感觉，且不会让对方有压力。倾听中，主持者要发掘发言者有价值的内容，并带动全体学生跟着思考。

2. 做出恰当的回应

主持者可以用澄清、重述、具体化等技术做出引导性的回应并向学生们转述。基本回应的常用句式是：“噢，你说的意思是……”“你告诉我们的是……”“你能再告诉我们一些具体情况吗？”主持者的回应可以把发言者言犹未尽的话语表达完整，必要情况下可以做一些延伸引导。主持者的态度始终是不带教导口气的，不带强制感觉的。

主持者对于个别明显不妥的言论要做出指导性的回应。团体活动常常因为氛围轻松，有些学生难免说一些过头的话。比如，团体活动中交流调节情绪的方法，一个学生开玩笑说：“我不开心了就找一个小个子揍他一顿。”主持者不妨也用玩笑的方式回应：“小心你被人家揍了。”然后可以让学生们回应：“大家看用这种对他人宣泄的方式调节情绪合适吗？”“不合适，是吧？”注意这种指导性的回应仍然是在轻松氛围中进行的。

3. 积极价值的引导

在积极团体辅导活动中，积极价值应该作为一种理念存在，也作为一种要素存在。主持者应该成为积极价值的引导者，主要把握好三点：

一是注意维护和培养学生的自尊。自尊是个体对自我积极的评价，是人对自我行为的价值与能力被他人与社会承认或认可的一种主观需要，是人对自己尊严和价值的追求。自尊是个体适应社会环境、适应基本生存的心理资源，也是积极人格的核心因素之一。维护和培养自尊是团体辅导活动中应该把握的基本要素。其原则是：教师尊重每一个不同的学生，尊重他们不同的特点和不足；让学生学会欣赏自己，也欣赏别人；增强学生的能力感和价值感。

二是注重积累学生的积极体验。积极体验是指个体满意地回忆过去、幸福和从容地感受现在并对未来充满希望的一种心理状态。显然，在成长经历中越顺利，积极体验越多；经常遇到挫折，积极体验就少。注重积极体验主要是让学生多回忆自己成功的经历，强化自己的积极意象；多设计能够产生积极体验的活动，让学生不断增强自身的积极力量。

三是让学生学会如何积极赋义。积极赋义主要指对个体或社会的问题做出积极的解释，并使个体或社会能从中获得积极的意义。事物具备怎样的意义，并不是依附于事物本身，而是人主观赋予的。人的成长总会不可避免地遇到各种问题，只有积极赋义才有助于人的成长。团体辅导活动有很多问题情境设计，主持者始终要把握好积极赋义的导向，恰到好处地引导学生如何积极面对问题，把消极的想法向积极赋义转换。

三、积极团体辅导的评价

一节积极团体辅导活动设计如何、进程如何、效果如何，这便是最后评价要做的事情。把前述诸段内容作一个小结，提炼出来作为评价的要素。

（一）题目与目标

符合中小学生心理成长的基本方向；题目鲜明，突出主题，通俗易懂，大小适当；目标明确、具体、可操作。

（二）辅导内容

符合学生心理年龄特点和需要，包含积极心理品质因素；审题和内容把握准确，无错误；材料事例具有典型性、针对性。

（三）形式与方法

是团体辅导活动形式，不是心理知识灌输与说教；在活动中融入心理知识与技能，强调知识与技能的内化，而不是单纯的活动；方法以内容需要为准，考虑学生的年龄特点；注意动静结合、直观形象与思维判断的结合；较好利用电化教学手段。

（四）活动组织

开放、平等和尊重，教师有亲和力；能洞察学生的心理，对学生的情绪和问题回答给予准确和恰当的反应和必要的提升；不强调按教案程序活动，不过分追求既定结论；把学生作为辅导资源，注重引导与启发，学生积极参与活动；注重积极价值的引导。

（五）结构与过程

导入自然、简洁，符合主题；步骤清晰，有层次；各环节的衔接过渡流畅；容量适当；活动规则要求清晰，能针对问题层层展开，不断深入和内化；结束自然，恰当小结与延伸设计。

（六）积极团体辅导活动评价表

把积极团体辅导活动列为评价表，便于操作。

积极团体辅导活动评价表

活动名称：　　　　　班级：　　　　主持教师：　　　　　　年　　月　　日

项目	要求	比例	评分
题目与目标	1. 符合中小学生心理成长的基本方向 2. 题目鲜明，突出主题； 3. 目标明确、具体、可操作。	10	

项目	要求	比例	评分
辅导内容	1. 符合学生心理年龄特点和需要，包含积极心理品质因素； 2. 审题和内容把握准确，无错误； 3. 材料事例具有典型性、针对性。	25	
形式与方法	1. 团体辅导活动形式，不是心理知识灌输与说教；在活动中融入心理知识与技能，强调知识与技能的内化，而不是单纯的活动； 2. 方法以内容需要为准，考虑学生的年龄特点；注意动静结合、直观形象与思维判断的结合；较好利用电化教学手段。	25	
活动组织	1. 开放、平等和尊重，教师有亲和力； 2. 能洞察学生的心理，对学生的情绪和问题回答给予准确和恰当的反应，甚至提升； 3. 不强调按教案程序活动，不过分追求一个结论； 4. 把学生作为辅导资源，注重引导与启发，学生积极参与活动； 5. 注重积极价值的引导。	20	
结构与过程	1. 导入自然、简洁，符合主题； 2. 步骤清晰，有层次；各环节的衔接过渡流畅；容量适当； 3. 活动规则要求清晰，能针对问题层层展开，不断深入和内化； 4. 结束自然，恰当小结与延伸设计。	20	
总评		满分 100	

积极团体辅导的操作实例

一、快乐秘方

活动年级：小学四年级

1. 活动目的

(1) 发现快乐，了解自己就是快乐的主人；

(2) 体验快乐，了解快乐在于与别人分享；

(3) 助人快乐，了解帮助别人快乐自己也会快乐。

2. 知识准备

快乐作为一种积极情绪是积极心理学的重点研究专题之一。人们发现：快乐的人比不快乐的人更容易觉察到周围环境中的积极因素，拥有更加亲密的人际关系，有更好的朋友和满足的生活。

有没有什么可以帮助我们通向快乐之门，帮助我们找到获得快乐的秘方？

对于少年儿童来说，面对成长的种种困惑，他们自身的力量较为有限。少年儿童心理发展尚未成熟，情绪处于不稳定易波动阶段。他们缺乏自我情绪管理的能力。因此，这个阶段是培养积极情绪的最佳阶段。

本次活动以“寻找快乐”为主要内容，在活动中让学生们体验：只要我们善于用快乐的眼光去观察，用愉悦的心情去体验，生活中到处有快乐。其次，让学生初步了解应对烦恼的技巧，并用自己的行动给自己创造更多的快乐。让学生对生活充满信心，对未来充满希望，树立一种积极乐观的人生态度。

3. 活动准备

(1) 收集小学四年级学生学习与生活中最快乐与最烦恼的事。

(2) 准备“快乐小精灵”道具。取一纸盒，一面留有圆口，盒内底面贴好一面小镜子。

(3) 课件。

(4) 快乐天使的标志、快乐树、快乐果等。

4. 活动过程

(1) 导入：和“快乐小精灵”交朋友

学生分成小组，圆形围坐。

介绍要求：你要笑眯眯地和快乐小精灵见面；和快乐小精灵认识后，你要安静地回到座位上，老师没问，不可以告诉其他同学快乐小精灵长什么样子。

学生游戏——部分学生上来与“快乐小精灵”见面。

学生描述快乐小精灵的样子。

揭示游戏的谜底——盒子里是一面镜子，谁往盒子里看，谁就是快乐小精灵！

教师小结：老师和你们做了个小游戏，在盒子里放了一面镜子，所以我们每个人看到的快乐小精灵就是我们自己。我们每个人心里都住着一个快乐小精灵。他天天和我们在一起，我们开心，他就跟着我们一起开心；我们伤心难过，他会想方设法地让我们开心起来。我们自己就是快乐的主人。

(2) 展开阶段：寻找快乐

学生回忆自己快乐的事，发现快乐、感受快乐。

教师提示：同学们，你们一定有很多快乐的事情，你能说出来，让我们一起感受你的快乐吗？(发现、感受身边点滴的快乐，明白快乐其实很简单)。

在欢快的音乐中回忆自己快乐的事情，写在快乐果上。

全班交流。(引导学生说出快乐时的心理感受。比如说，快乐时，我觉得天空特别蓝，空气特别甜。让学生怀着快乐的心情贴快乐果)

老师回忆的快乐事（课件）

教师小结：其实，快乐就在我们的身边，只不过有些快乐的事，不被同学们留意，它就悄悄地溜走。以后，我们要多留意身边快乐的事，多想想快乐的事，长期坚持，就会形成快乐的习惯，你会成为人见人爱的快乐天使。

(3) 深入阶段：分享快乐

让学生知道与人分享，这样的快乐是更多更大的快乐。

请没有说出自己快乐事情的学生谈一谈，听别人说快乐事情的时候，自己的感受和心情。

教师小结：你一个苹果，我一个苹果，加起来就是两个苹果；你有一份快乐，我有一份快乐，加起来就是两份快乐。原来快乐也是会传染的，一份快乐，两人分享，就是两份快乐。可见分享快乐能获得更大的快乐。希望同学们在生活中能把你的快乐传递给身边的人，也能懂得去分享别人的快乐。

(4) 升华阶段：助人快乐

让孩子们在帮助别人的过程中体验快乐，明白帮助别人自己也会快乐。

同学们，你们真是一群快乐小精灵啊，既然我们知道分享快乐会获得更多的快乐，这里有三位同学不小心弄丢了快乐小精灵，让我们把自己的快乐与他们分享，去帮助他们排除烦恼，寻找快乐，好吗？

多媒体分别播放求助者叙述的烦恼的事。

学生分组讨论，说说你在帮助别人，看到别人因你的帮助而快乐起来，你的心情如何？什么感受？

小组交流。

班级交流。传递这样的快乐思想：相同的一件事情，不同的人会有不一样的看法。世界上的事情是好是坏，有时候就在于我们的想法。快乐是一种自我选择，快乐掌握在我们自己手中。

教师小结：同学们，帮助别人排除烦恼、寻找快乐时，你也能获得快乐，助人为快乐之本。

我们要记住：赠人玫瑰，手有余香。

这一路走来，不管你是回忆自己的快乐，分享别人的快乐，还是帮助别人快乐，我们都能在身边找到点点滴滴的快乐。大家总结一下，我们有什么快乐秘方吗？

全班讨论。挖掘出孩子们生活中让自己快乐的简单易行的方法。

你在平时的生活中还有什么简单易行，十分有效的方法让自己快乐？

教师小结：请记住，生活就像一面镜子，你对它哭，它就会对你哭，你对它笑，它就会对你笑。快乐的心情要我们自己去创造。

（5）结束阶段：快乐祝愿

在你们的成长道路上，要学会发现快乐、享受快乐，遇到烦恼的事，要学会排解烦恼，也要尽量帮助人摆脱烦恼，让你心中的那棵快乐树枝繁叶茂。

快乐的时光总是过得那么快。我们的活动就要接近尾声，我们教室的空间是有限的，我们上课的时间是有限的，但我们的快乐是无限的。它随时随地都跟随着我们。只要你愿意，快乐随时都会冒出来。祝愿同学们：每天快乐健康地成长！

（广东省首届中小学团体心理辅导优质课决赛二等奖获得者，深圳市福田区南园小学郑薇提供教案）

二、我能更懂你

活动年级：小学六年级

1. 活动目的

（1）了解共情的重要性；理解、掌握人际沟通中正确的态度和方法技巧。

（2）通过共情感受他人的内心世界，也是对自我内心的一种探索，增强自我认识和自我理解。

（3）通过观看视频、总结、讨论和现场感受体验，树立“我能更懂你”的积极信条，增强人际交往的能力。

2. 知识准备

共情指的是一种能设身处地体验他人的处境，从而达到感受和理解他人情感的能力。共情作为情感中一种特殊的心理机制，对人的行为有激发、导向和规范作用。

小学六年级的学生已经进入了青春期的前期阶段，他们的人际交往范围逐步从家庭内拓展到家庭以外，同伴之间的平行关系也逐渐开始占主导地位。相较于师生关系、亲子关系这些不可选择的权威性关系，个体在同伴关系中更有自主性，也更有主动意识。到了小学高年级，同伴关系成为实现儿童社会化需求、获取安全感与社会支持的重要源泉，在某种程度上影响着儿童的社会化成长和心理的健康发展。在同伴交往中，发展与培养共情能力，有助于增强学生的人际交往能力，提高人际互动的质量。

儿童青少年时期是个体社会性发展的关键时期，同时也是个体在与他人或群体的互动过程中发展人际交往能力、建立和谐人际关系的重要时期。且已有大量的研究表明，儿童青少年的人际关系状况与儿童自身个性特点的形成、个体态度价值观及社会化进程等高度相关。人际交往是儿童青少年实现社会性发展的重要途径。

3. 活动准备

（1）视频配音与剪辑；（2）PPT 课件制作；（3）纸、笔若干。

4. 活动过程

（1）导入——播放视频。用经典电影《头脑特工队》的片段导入主题。

展示《头脑特工队》的电影海报的图片。

教师引导：看这张图片（《头脑特工队》的电影海报），还认得吗？熟悉吗？图片上的几位影片主人公是乐乐、冰棒、忧忧，他们今天将会陪我们一起度过这节心理课。下面我们来重温这部经典影片中的一个片段（播放《头脑特工队》影片片段 Video）。看完视频你有什么发现或感受？你觉得今天这节心理课，乐乐、冰棒跟忧忧会跟我们一起探讨什么话题呢？

（2）展开阶段——角色扮演，体验视频情境。

请三位学生分别扮演冰棒、乐乐、忧忧，用角色扮演的方式情景重现影片片段中的情境。

教师引导：当冰棒心爱的火箭车掉下悬崖之后，好朋友乐乐跟忧忧都来安慰冰棒，假如你是冰棒。你更愿意听谁说？

请全班学生现场发表观点，做出小调查，并统计结果。一般情况下，大多数人都会选择“更喜欢听忧忧说的话”。因为忧忧的安慰充满着“我能更懂你”的力量，让听众更能感受到被理解、被支持、被温暖，以此引导学生初步感受到忧忧的话（有共情的语言表达）更合时宜。

教师引导：忧忧的话究竟有什么魔力，能让冰棒重新振作起来，也让在座的各位都更喜欢听？我们一起来分析分析。

（3）深入阶段——个案讨论，探索方法

冰棒心爱的火箭车掉下悬崖之后，乐乐和忧忧分别前来安慰，用影片中的这个例子贯穿始终，引导学生条分缕析，充分感受共情语言的表达，探索共情的操作技巧。

教师引导：当冰棒的火箭被推下悬崖后，他的好朋友乐乐和忧忧分别采用不同的安慰方式安慰冰棒，结果乐乐的安慰没有效果，忧忧的安慰效果却很好。这是为什么呢？

引发思考和分析：乐乐和忧忧分别采用什么样的方式的安慰冰棒？谁才是真正的共情高手？它采用了什么样的具体技巧？

看图补话——乐乐与冰棒。用静态图片来进行电影回放。

出示冰棒心爱的火箭车掉下悬崖时的图片，请学生根据冰棒当时的表情神态来脑补他的感受，并说出来。学生可能会说：难受、伤心、失落……

出示乐乐安慰鼓励冰棒时的图片，请学生根据冰棒当时的表情神态来脑补他的感受，并说出来。学生可能会说：心爱的火箭车都没了，怎么会有办法呢？怎么会好起来呢？

出示乐乐挠痒痒、大声叫嚷时的图片，请学生根据冰棒当时的表情神态来脑补他的感受，并说出来。学生可能会说：别闹了！我只想念我的火箭车，我现在不想和你玩别的！

出示乐乐第三次安慰时的图片，请学生根据冰棒当时的表情神态来脑补他的感受，并说出来。学生可能会说：让我一个人静一静，我现在哪也不想去。

出示冰棒听完乐乐的三次安慰后的图片，请学生根据冰棒当时的表情神态来脑补他的感受，并说出来。学生可能会说：虽然乐乐是个阳光开朗的女孩，但是她不懂我现在的心情。

看图补话——忧忧与冰棒。用静态图片来进行电影回放，条分缕析。

出示忧忧第一次安慰后的图片，请学生根据冰棒当时的表情神态来脑补他的感受，并说出来。学生可能会说：是啊是啊，那是我最心爱的火箭车！

出示忧忧第二次安慰后的图片，请学生根据冰棒当时的表情神态来脑补他的感受，并说出来。学生可能会说：对啊，我们有好多美好的回忆！

出示忧忧第三次安慰后的图片，请学生根据冰棒当时的表情神态来脑补他的感受，并说出来。学生可能会说：呜呜呜……

对比分析乐乐与忧忧的语言及其作用：

乐乐：a. 安慰鼓励：一切都会好起来的，我们会有好办法的。b. 转移注意：谁最怕痒了，挠痒怪来了。c. 新目标：玩个有趣的游戏吧。

忧忧：a. 承认事实：我很抱歉他们拿走了你最爱的东西。b. 倾听回应：你和莱莉一定有过很棒的冒险。c. 身体接触：把手放在冰棒身上，连连点头。

引出共情高手的三种技巧：

①身体会传音（身体倾向；良好的目光接触；开放的姿态）。以忧忧为例，教师进行现场示范，请同学们跟着做来感受。

②语言会回应。以冰棒心爱的火箭车掉下悬崖之后，乐乐和忧忧的两种表达为例，说明共情的语言不仅要反映内容，更要反映情感。

③情感有共鸣。仍旧以冰棒丢了火箭车为例，让同桌之间进行角色扮演，注重对话的情感反映和自己的体会。

（4）升华阶段——情境演练，实践方法

生活迁移。请同学们小组进行讨论，分享自己在生活中遇到的共情高手。

老师在讨论之前进行说明，能够体谅自己感情，带给自己温暖的都是共情高手，也许他们用的是这三种技巧，也许他们有自己的方法。请同学们回忆并小组讨论大家生活中的共情故事，小组长负责记录。

情景演练。请小组派代表上台分享令小组印象深刻的共情故事，并运用前面环节总结的共情的具体技巧来扮演故事中的角色，扮演完之后，分享作为共情者和被共情者，分别是什么感受。

（5）结束阶段——总结延伸

教师总结：本节课我们从乐乐、忧忧和冰棒的互动中体悟到共情不仅仅是简单的回应他人的话语，更是与他人的内心感受建立联结，通过“确认让 ta 难过的事情—关心 ta 的感受—真诚的眼神—温暖的拥抱”来给予对方支持与力量。让我们将“我能更懂你”的操作步骤，应用到生活实际中，与他人建立温暖的联结。

拓展延伸：正如影片中的主人公莱莉，有五个情绪小伙伴，我们的现实生活也是有欢乐雀跃和伤心难过的。我们人类不是各自独立割裂的，而是相互依赖彼此支持的，在他人伤心难过时，不需要过多的言语，而可以给予他身体的鼓励，可以是一个温暖的眼神，也可以是一个安慰式的拍拍肩，还可以像忧忧那样给她一个温暖的拥抱，陪着她，感受着她的感受。作为一种陪伴与共情的信念，我们今天懂得了怎样做才是——我能更懂你！

附录：教学素材简介

本课例中引用的影视片段来自于电影《头脑特工队》，影片中的主人公莱莉有五个情绪小伙伴：警惕性一流的怕怕、爱讨厌东西的厌厌、忧郁敏感的忧忧、活泼开朗的乐乐和非常暴躁的怒怒。还有一个他们共同的朋友：冰棒。有一天，乐乐和忧忧以及冰棒三人一起外出，结果冰棒的火箭车掉下悬崖。当他非常难过的时候，大家猜猜，作为好朋友的乐乐和忧忧会怎么安慰冰棒的呢？谁的安慰更有效呢？

乐乐这时候是这么说的，“一切都会好起来，我们会有办法的。”这时候冰棒的感受是什么呢？冰棒会觉得“怎么会有办法呢，怎么会好起来呢，我不信。所以，我不想理乐乐”。乐乐继续逗我笑，“谁最怕痒了，挠痒怪来了”。要是平时，冰棒可能会很开心地和她一起玩。但是，现在冰棒只想念自己心爱的火箭，一点也不想玩别的。乐乐好像并不理解冰棒难过的心情，继续想拉冰棒起来，可是冰棒一动也没动。

而忧忧，她是这么做的，“我很抱歉，他们拿走了你的火箭”。当忧忧这么说的时候，冰棒感觉他是明白的，自己就是因为这件事情在伤心呢。冰棒愿意继续听他说话。“你和莱莉一定有过很棒的冒险”，听到这话，冰棒心里一软，和莱莉一起玩火箭的快乐时光都历历在目，是那么美好。冰棒愿意把自己的感受向忧忧倾诉，告诉他，自己和莱莉是最好的朋友，可是却把心爱的火箭弄丢了，没有保护好它，很伤心。当忧忧用理解的大眼睛看向冰棒时，冰棒再也忍不住了，和他拥抱起来，忧忧的拥抱好像有魔力一样，把冰棒的伤心以及对莱莉的思念都变成了眼泪。很奇怪，当冰棒哭完，心情好多了。冰棒感觉恢复了元气，要继续前进，去找小火车，去找莱莉。

忧忧就是这样安慰了冰棒，先承认事实、再倾听回应，最后身体接触给予力量。

（广东省中小学心理教师专业能力大赛一等奖获得者，深圳市宝安区灵芝小学贾取提供教案）

三、我的标签

活动年级：初一年级

1. 活动目的

（1）认识消极标签和积极标签对自己的不同影响。

（2）掌握改写消极标签的方法。

（3）学会在日常生活中给自己贴积极标签，树立积极的自我意识。

2. 知识准备

积极心理学提倡对问题要做出积极的解释，并使个体或社会能从中获得积极的意义。当问题出现后，每个人都可以对问题做出各种自己的理解。比如面对一件我们所谓办砸了的事，我们既可以去看到它好的一面，也可以去看到它坏的一面，因此，积极还是消极掌握在我们自己手中。

积极心理学主张从两个方面来寻求问题的积极意义，一是探寻问题可以改变的归因，二是从问题本身去获得积极的体验。探寻可以改变的归因促使我们为解决问题做出积极努力。从问题本身获得积极体验主要是从另一积极的角度解释问题。

积极心理学并不提倡故意避开或忽视自己的某些消极方面，而是提倡学会在消极与积极之间寻找关联，从而创造一定的条件来促使消极向积极转化。所谓消极向积极转化，主要的是指人们要从消极（不幸或困境）中寻找到某些积极意义。

很多事情既可以贴上不好的标签，也可以贴上好的标签。比如说“1414”，说成“要死要死”，人们会觉得它很不吉利；但如果说成“都发都发”，就成了很吉利的音节。一个人会按照标签所标示的意象去塑造自己，使自己成为内心所标明的样子。

本次团体辅导活动从问题情境切入，通过掌握改写消极标签的方法，为自己贴积极标签的尝试，帮助中学生树立积极的自我意识，积极面对成长中的问题。

3. 活动准备

(1) 课前进行“面对问题情境时的自我标签”的小调查，把对自己积极和消极的评价归纳出来写在白纸上；(2) 课件；(3) 白纸若干；(4) 贴纸若干。

4. 活动过程

(1) 导入——讲故事：父爱的标签（可以用课件配加画面呈现）

有一个女孩儿，脸上长着一片红红的胎记，有时候其他小朋友取笑她，大家想一想小女孩会不高兴吗？

没有，她从不为此感到难堪。因为父亲对她说：这个胎记是被神护佑的标志。在她没出生的时候，父亲向神祈祷保佑自己的孩子。神听了他的祷告就在孩子的脸上涂了一个不掉色的红圈。而女孩一直把这个胎记当作是父爱的标签，为之感到自豪和骄傲。

提问：这个小故事告诉了我们什么？

教师小结：事物的意义是我们主观赋予的，既然我们可以决定它的意义，为什么不像女孩的胎记一样，从积极的一面去看呢？

(2) 展开阶段：对自我标签的认识和体验

呈现小调查结果

呈现对初一年级学生做的关于身上的“自我标签”的调查结果：遇到问题（比如学习）时，同学们常用下面的句子来描述自己，也就是常给自己贴这样的自我标签：

我想不出办法；

我学习不如别人；

我是一个不怕困难的人；

问题会让我积极进取；

我不如别人会解决问题；

我努力了也没用；

努力去尝试总比不努力好。

我不如别人会解决问题；

问题让我学会思考。

给自我标签分类

分组讨论。上述标签中哪些是积极的、哪些是消极的。给它们分类。

积极的自我标签：

我是一个不怕困难的人；

问题会让我积极进取；

问题让我学会思考；

努力去尝试总比不努力好。

消极的自我标签：

我想不出办法；

我学习不如别人；

我努力了也没用；

我不如别人会解决问题。

这些贴在我们身上的标签，对我们起了什么作用呢？

认识消极标签和积极标签对自己的不同影响

阅读故事，结合生活中真实的事情进行讨论，消极自我标签和积极自我标签给我们带来些什么？

故事1——《爱画画的小A》

小A很爱画画，有一天，他把自己的画拿给老师看，老师说他画得很糟糕，没有画画的天赋，于是他对自己没有了信心，放弃了画画。别人问他为什么？他说："我画得不好。"别人再追问他时，他说："我向来画得都不好，我不喜欢画画。"

故事2——《士兵的变化》

二战期间，美国心理学家招募一批行为不良、纪律散漫、不听指挥的新士兵做了如下试验：让他们每人每月向家人写一封说自己在前线如何遵守纪律、听从指挥、奋勇杀敌、立功受奖等内容的信。结果，半年后这些士兵发生了很大的变化，他们真的像信上所说的那样去努力了。这种现象在心理学上被称为“标签效应”。

让大家结合自己的经历讨论并小结（尽量用学生的语言总结）：

消极标签有什么不良影响？

A. 使人不能恰当评价自己；B. 使人失去自信，并产生自卑感；C. 使人不敢努力尝试。

积极标签有什么促进作用？

A. 发展性地看待自己；B. 使人朝着好的方向发展，实现自我突破；C. 积累成功，自信心不断提高。

(3) 深入阶段：改写消极标签，贴上积极标签

教师示范改写标签

用强项转换法：我数学不如别人好——我××方面比别人强。

用时空转换法：现在我做不好——将来我能做得好。

用积极意义法：我不会解决问题——凡事必有三个解决办法。

改标签活动

A. 每人抽取一个消极标签，列出自己改写这个消极标签的方案；

也可以提出一个自己身上存在的消极标签，改写它的方案。

B. 交流自己改标签的方案。

C. 分享改标签活动过程中的感受。

总结：我们不自信时，很可能是消极标签在作怪。改写消极标签是我们战胜自卑，增强自信的有效手段。以后被他人或自己贴上消极标签时，该怎么办？——改写它！

强调一个积极标签：我的标签是积极的，我的生活就是积极的。

(4) 升华阶段：为你为我贴上积极标签

给坐在自己旁边的同学贴上一个积极标签，注意标签的内容要符合对方的实际情况。如：“你语文学得好”“你有一个好人缘”“你的精神状态

很好”。

分享给别人贴的标签，阐述理由。

看到同学给自己贴的积极标签，有什么感受。

给自己贴一个积极标签，标签内容尽可能针对自己的弱点。谈谈自己的想法。

(5) 结束阶段：总结与拓展

对本次辅导辅导活动做简单总结，归纳自我标签的影响和贴积极标签的方法。

这堂课结束后我们可以做什么？老师做拓展安排：

把贴给自己的积极标签放在课桌上，每天用积极标签提示自己，经过一个月或更长时间，看看自己身上发生的变化。

每当发现自己的内心浮现出消极标签时，坚决告诫自己不是这样，然后设法改写成积极标签。

找一些自己以前不愿干、不会干、未曾干的事情，努力尝试做一做。品尝一下拓展生活、突破自我带来的新体验。

大声说一遍：我的标签是积极的，我的生活就是积极的。

(广东省中小学心理教师专业能力大赛一等奖获得者，深圳市南山区学府中学陶莉提供教案)

四、我的幸福是什么

活动年级：初二年级

1. 活动目的

(1) 加深学生对自己幸福的印象和理解。

(2) 让学生善于发现生活中的幸福并乐于追求幸福。

(3) 让学生对追求个人价值感的幸福有所感悟。

2. 知识准备

积极心理学关注如何理解并解释幸福和主观幸福感。主观幸福感是人们对自己生活状态满意程度的评价，并由此产生的积极情绪占主导地位的一种心理状态。它主要有 3 个部分组成：生活满意、高水平的正性情感和低水平的负性情感。如果我们对自己的生活非常满意，心情愉悦，充满爱和关怀，很少失望、沮丧，则说明我们有较高的主观幸福感。

“我们越来越富有，可为什么还是不开心呢？”“我们来到这个世上，到底追求什么才是最重要的？”这是令许多人深感困惑的问题，也是心理健康教育工作者需要认真思考的问题。

心理健康水平与主观幸福感之间存在显著正相关。心理健康的水平影响着个体的主观幸福感程度，主观幸福感在一定程度上也反映着个体的心理健康水平。快乐的青少年也将是快乐的成年人。努力提高学生的主观幸福感是教育的基本宗旨。个体的幸福生活是构建和谐美好社会的出发点。

3. 活动准备

（1）《幸福是什么》动画资料；（2）《灾后的幸福》视频资料；（3）课件；（4）游戏音乐。

4. 活动过程

（1）导入——《幸福是什么》（播放动画）

从爸妈的同学聚会回来，图图听到了“幸福”这个词，决定去寻找什么是“幸福”。他从小美和壮壮那听来“幸福”就是漂亮和金钱，而图图在这两方面都不“富裕”，图图很失望。后来图图听壮壮说“幸福就是冰淇淋的味道”，于是图图猛吃冰淇淋，终于病倒。爸爸妈妈请假陪在图图身边，给他亲切的关怀还喂他爱吃的鸡蛋羹，图图终于体会到了什么是幸福。

老师提问：

图图认为鸡蛋羹里有幸福的味道，同学们认为自己的幸福是什么？

小美认为幸福是漂亮，壮壮认为幸福是金钱，同学们怎么看？

（2）展开阶段：发现身边的幸福

大家对幸福的理解不一样，所拥有的幸福也就不同。在遥远的四川有一群经历了地震的孩子，我们一起来看看他们理解幸福的含义。

《灾后的幸福》视频资料。

我们看到一张张可爱幸福的笑脸，有的只是因为一瓶水、一个篮球、一个书包……这样的幸福很简单，但却容易被我们忽视，现在我们一起来找一找我们身边的幸福。

A. 幸福的联想——呈现一些生活中常见事物的词汇（如：阳光、苹果、家人、朋友等），让学生从所给的词汇开始，进行“幸福事件”联想造句，说出生活中感动自己的事情和他人，然后把自己的幸福事件记录在幸福清单上。造句时可以超出所给出的词汇范围。

B. 小组同学互相交流，倾听其他同学记录的幸福，产生共鸣的事情可以添加在自己的幸福清单上。

教师小结：幸福往往就在我们身边，谁更善于发现和感受，谁拥有的幸福就更多。幸福还可以相加，当我们倾听别人的幸福时，快乐的情绪也会感染我们，提升我们自己的幸福感受；有可能还会帮助我们发现自己同样也拥有的一份幸福。

（3）深入阶段：珍惜我拥有的幸福

说明：假设在我们的幸福清单上，只能保留一样最重要的幸福，其他都要从我们的生活中消失，请用铅笔划掉。

先讲一个《幸福的寓言故事》：一位国王总是郁郁寡欢，便亲自外出寻觅幸福。当他看到一位穷苦的农夫正放声唱歌时，就问：“你幸福吗？”农夫回答：“当然幸福。”国王颇感费解：“你这么穷，也能有幸福吗？”农夫回答：“我也曾因为没有饭吃而苦闷沮丧，等我遇到一个没有手的人以后，才发现我比他幸福很多，我可以用双手去播种、耕耘。”国王顿悟。

农夫与下游者做了比较之后，看到了自己所拥有的，于是十分珍惜。

做完幸福的减法后，大家交流个人感受。保留了什么幸福和为什么这样保留？讲自己最难忘的幸福故事，并和大家分享。

教师小结：在做幸福减法的时候，很多人都会觉得困难，因为我们删除的每一件事里都充满了幸福的回忆。当我们被众多的幸福包围时，无暇体会每一份幸福给我们带来的美好。而人生还会面临失去。只有当我们面临失去时，才懂得珍惜我们拥有的幸福。

（4）升华阶段：体现个人价值感的幸福

说明：在同学感受的幸福中，特别指出除了有他人关心自己时感受到的幸福外，还有通过个人努力创造生活感受到的幸福和自己关心他人感受

到的幸福。（如果学生提供的事例不足，可以课前了解学生中努力上进、关心他人的事例在活动中交流）

全班交流，体验和分享体现个人价值感的幸福。

教师小结：一个努力创造生活的人、一个关心他人的人会体验到更多的幸福。

（5）结束阶段：总结与拓展

总结：幸福一直陪伴在我们的身边，幸福就在我们心里。可是有人视而不见，有人善于发现。只要我们用心体会，会发现幸福与我们同行。希望每一个同学都拥有一颗发现幸福、感受幸福和创造幸福的心，让我们拥有的幸福越来越多，生活也越来越快乐！

课后思考——想想在每天的生活和学习中，我们应该怎么做。

当你感受到他人带给你幸福的时候，记得说出你的幸福感受，让带给你幸福的人一起感受幸福。

经常为他人做一些让他们感到幸福的事，你将感到更幸福。

当你觉得无奈失望时，请翻翻你的幸福清单，找回你的幸福。

（深圳市南山区育才二中刘彧呈提供教案）

五、可贵的意志力

活动年级：高一年级

1. 活动目的

（1）认识和理解意志力是个人的一种重要心理品质。

（2）通过情境活动体验意志力的可贵和重要。

（3）掌握培养意志力的主要方法。

2. 知识准备

意志力是指一个人自觉地确定目的，并根据目的来支配、调节自己的行动，克服各种困难，从而实现目的的心理品质。

坚持性是积极心理学提倡的一种积极的心理品质，亦即意志力。意志力本身是人类精神领域一个不可或缺的组成部分，甚至在我们每个人的生命中，意志力都发挥着超乎寻常的重要作用。一个人的意志力代表着他生活或做事的方式。意志力不仅是指下决心的决断力，感悟理解的感受力，它是指所有进行自我引导的精神力量本身。意志力是一种自我发展的积极力量。

人们要获得成长与成功必须要有意志力作保证，但意志力并非是生来就有或者不可能改变的特性，它是一种能够培养和发展的个人品质。

3. 活动准备

课件、分组、记录纸

4. 活动过程

(1) 导入阶段：热身小游戏——照镜子

两人一组，对视，一人给出动作表情，如瞪眼凝视，另一人模仿，保持这一动作不变，看谁坚持时间长。

导入主题：可贵的意志力。

(2) 展开阶段：可贵的意志力

听故事：

有一天，一个学生在课堂上问苏格拉底，怎样才能成为像他那样学识渊博的学者。苏格拉底没有直接作答，只是说："今天我们只做一件最简单也是最容易的事，每个人把胳膊尽量往前甩，然后再尽量往后甩。"然后示范了一遍，说："从今天开始，大家每天做三百下，能做到吗？"学生们都笑了："这么简单的事，有什么做不到的？"过了一个月，苏格拉底问学生："哪些同学坚持了？"教室里有百分之九十的学生举起了手。一年过后，苏格拉底再次问学生："请告诉我，最简单的甩手动作，有哪几位同学坚持做到了今天？"这时整个教室里只有一个学生举起了手，他就是后来成为著名哲学家的柏拉图。

积极信条：追求成功最重要的是坚持，坚持追求目标就有成功的希望。

(3) 深入阶段：你能坚持多久

小游戏：站桩

动作要领：两腿平行开立同肩宽，然后下蹲，脚尖平行向前，膝盖不能超过脚尖，两膝向外撑，大腿与地面平行，臀部内收勿翘起，勿挺胸，两手平举前伸，头往上顶，如被一根线悬住。(教师要做好巡视，提示同学动作要标准。)

全班分享：自由发表游戏感受，特别要请最先放弃和坚持到最后的人发表意见。

分享生活事件

小组分享：小组成员分享生活中有关意志力的事件，对失败的原因和成功的方法进行汇总。

全班分享：小组代表发言。

（4）升华阶段：增强你的意志力

强化明确目标

爱丽丝的故事：“请你告诉我，我该走哪条路？”“那要看你想去哪里？”猫说。“去哪儿无所谓。”爱丽丝说。“那么走哪条路也就无所谓了。”猫说。

——摘自刘易斯·卡罗尔的《爱丽丝漫游奇境记》

这个故事讲的是人要有明确的目标。当目标明确时，行动的动机就会得到维持和加强，就会自觉地克服一切困难去达成。因此，确定明确的目标至关重要。哈佛大学曾经对一群智力、学历、环境等条件都差不多的年轻人进行关于目标的跟踪调查，结果表明：

调查时	25 年后
27%的人，没有目标	他们几乎都生活在社会的最底层，过得很不如意，常常失业，靠社会救济，并且常常抱怨他人，抱怨社会，抱怨世界。
60%的人，目标模糊	几乎都生活在社会的中下层，能安稳地生活与工作，但都没有什么特别的成绩。
10%的人，有清晰但较短期的目标	大都生活在社会的中上层，他们的共同特点是，那些短期目标不断被达成，生活状态稳步上升，成为各行各业的不可或缺的专业人士，如高级工程师、高级主管等。
3%的人，有清晰且长期的目标	他们都朝着同一个方向不懈地努力，几乎都成了社会各界的顶尖成功人士、行业精英。

实践证明：今天的生活状态不由今天所决定，它是我们过去生活目标的结果；明天的生活状态不由未来决定，它将是我们今天生活目标的结果。目标明确，才能意志坚定、毅力坚强、行动果决。请大家再次思考下面三个问题，并把答案写在记录纸上：

◆ 你过去属于27%、60%、10%、3%中的哪一类人？自己现在又属于哪一类？

◆ 如果你有目标，是否清晰？是多长时间的目标？现在决定将要属于哪一类人？

◆ 你是否为自己想要的目标做过正确的评估和设计？你愿意为此做哪些努力？

全班分享活动。

拒绝诱惑

前面的活动中我们分享了生活中有关意志力的事件，对失败的原因和成功的方法进行了讨论，发现意志力不强的一个重要因素是禁不住诱惑，那么，请思考下面几个问题：

在完成计划的过程中，是不是经常遇到总是无法完成的情况？

在实施计划的过程中，你要面对的诱惑有哪些？需要拒绝的是什么？

从现在起，有意识地拒绝上面的诱惑，你能做到吗？

全班讨论活动。

小结：俗话说：意志创造人。在你的大脑中，储藏着取之不尽的财富。这种意志之力，默默地潜藏在我们每个人的身体之内。通过意志力训练，提高你的意志力，就可以拥有生活中的各种成就。

(5) 结束阶段：总结

让学生用一句话总结或谈感受。

人与人之间，成功者与失败者之间，弱者与强者之间，最大的差异，往往并不是能力、素质、教育等方面的差异，而是在于意志的差异。意志的力量可以让你成为你想成为的自己，它就在你的体内，全靠你去运用。“有志者事竟成”。

强化积极信条：坚持追求目标就有成功的希望（或用学生的话形成积

极信条)。

延伸设计:

可贵的意志力贵在学会坚持

布置任务:从今天起,请同学们做一个最简单最容易完成的“小事”——每天从椅子上起身和坐下 10 次。

生活中这样的“小事”很多很多,比如计划每天背诵 10 个单词,每天坚持早起到操场跑步 2 圈,睡前回想白天所学的内容……如果坚持下去,也许你也可以成为下一个“柏拉图”。那么,从现在起,不论什么情况都不要阻止你完成每日计划的脚步,并且,每一次的成功都将会使意志力进一步增强,不断获取面对新的挑战的勇气与信心。

(深圳市光明区心理教研员杨洁提供教案)

六、人生处处是选择

活动年级:高一年级

1. 活动目的

(1)最大程度的调动全体学生的身心参与程度,引发学生对自我人生的思考。

(2)在游戏过程中,让学生被彼此的价值观念冲击、触动心灵。

(3)引导学生重新审视和思索人生的价值判断,逐步认可主流价值取向。

2. 知识准备

发展心理学的理论认为:15—18 岁的高中学生,正处于人生理想、价值观的形成稳固时期,对诸如“人生的意义”“生与死的价值”等问题容易产生相对深入持久的思考,在这一人生时期,正确的价值观念引导尤为重要。但随着社会价值取向多元化,传统价值观念体系崩塌,学生更容易被某些社会的狭隘价值观所误导。同时,高一学生依然处于“疾风暴雨”的青春期尾声,简单的说教、干瘪的授课模式对学生的价值观引导作用不大,还容易引发学生对课堂内容“老生常谈”的反感和叛逆心理。因此,找到恰当的学生心理“切入口”,摸索出最能调动学生参与热情的授课方式很重要。本节课拟采用“人生珍宝拍卖会”的游戏方式进行授课。

3. 活动准备

按“人生珍宝拍卖会”活动需要准备道具。对“人生珍宝”内容进行筛选后，制作拍卖品卡片；制作 PPT 课件；准备拍卖锤。

4. 活动过程

(1) 导入阶段——分享人生话题，游戏规则说明

教师讲述：首先来看一段资料，中国人的平均寿命已经达到 73. 5 岁，在未来若干年内平均寿命达到并超过 75 岁，是完全可以预期的。请问各位同学今年多大？哦……你们今年 15 岁，那么你们的人生还剩下的六十年如何安排，你想过吗？

人生有很多东西很重要，也有很多时候我们需要面临选择，今天我们就来玩一个游戏，做一次人生的虚拟选择。

游戏开始，规则说明

我们马上要开始的这个游戏，名字叫“人生珍宝拍卖会”，我将是本次拍卖会的拍卖师。拍卖会的规则如下：

(课件上呈现规则)

首先，第一条规则，教室里的每个人拥有 6000 元竞拍资金，代表了你人生接下来六十年的时间和精力，每 100 元代表你人生的一年。你们每个人都有六十年的未来，都有 6000 元的竞拍资金。

第二条，既然是拍卖会，每件物品的拍卖底价都是 600 元，每次加价最少 300 元。因为每个人生重要事物的获得，最少需要六年以上的坚守。

第三条，每件拍卖物品最高报价三次后成交，但最高 6000 元的终极报价一旦出现立刻成交。

第四条，每件物品竞拍的成功者，物品将被其一生拥有，其他人则很有可能无法拥有。每件物品只能归一人所有，6000 元的终极报价成交的物品可以多人共享。

第五条，每个竞拍成功者可以上来发表一句感言，并将自己的名字、拍到物品和价格写在黑板上。

(2) 展开阶段——人生珍宝拍卖会活动

接下来，我会首先给大家呈现一下今天的拍卖目录，看看今天要拍卖

哪些人生中的“珍宝”。

(课件上拍卖目录出现)

好，大家已经看到了拍卖物品，请在心中暗暗计划好想要竞拍的物品和打算付出的代价。你可以同时看好几件“珍宝”，也可以把你的 6000 元按照自己的想法分配在几件“珍宝”上。但我需要提醒你，拍卖会场上不只你一个人，你也许对某件物品愿意出价 3900 元，但别人愿意出价更高，到时候你是否会追跟呢？请事先想好。

(准备时间 1 分钟)

好，拍卖会正式开始。首先要拍卖的是 7 号物品——“成为人人敬仰的人”。也许你没有十分成功的事业，也许你也没有巨大的财富，但你因为自己人格的魅力几乎感染了身边所有的人，你会成为人人敬仰的人。为了赢得别人的一致尊敬，你愿意付出多少？7 号物品，尊敬，底价 600 元，开始竞拍！

(竞拍报价此起彼伏)

……

好，恭喜你成为人人敬仰的人！请上台来领取，并发表感言。

(掌声、学生感言)

接下来，要拍卖的 14 号物品——自由。简单的两个字无须解释，有首诗说：“生命诚可贵，爱情价更高，若为自由故，二者皆可抛。”自由是人生最高的追求，但这是诗人的选择，未必等同于你也要做同样的选择。自由，对有些人很重要，对有些人不重要。14 号物品，自由，你愿意付出人生的多少年来获得它。底价 600 元，开始竞拍。

(竞拍报价此起彼伏)

……

好，恭喜你获得自由！请上台来领取，并发表感言。

(掌声、学生感言)

……

(3) 深入阶段——美满幸福家庭的拍卖

最后我们要拍卖的是 12 号物品——美满幸福的家庭。每次拍卖我都会把 12 号物品放在最后压轴拍卖，因为我知道这是很多人心中努力追寻的目标，因为我知道我们都是中国人，是把“家”字看得很重的中国人。家是什么，每个人都有自己的答案。今天，我希望听到你们的回答。愿意付出一生的全部——6000 元来竞拍 12 号物品美满幸福之家的，请高举你的手。

（一片高举的手）

好，现在，请依次上台……

（发言、掌声、火热而安静的氛围）

（4）升华阶段——对人生处处是选择的思考

好，今天的拍卖会圆满结束，黑板上是我们全班人的选择。一定有同学有话想说，请大家积极发表拍卖会感言。

教师陈述：相信你看到这些选择中的一部分，也许有些在意料之外。你不明白他/她为什么选择了这个？你会发现，尽管已经同窗半年，但你依然不够了解身边的同学。

游戏很热闹地落幕了，但我希望游戏带给你的思考依然在延续。

（课件最后一页的问题呈现）

- 你付出了人生的全部，获得的是你想要的吗？
- 你为自己现在的选择遗憾，或是后悔吗？
- 你现在是否清楚，自己的人生到底想要什么？
- 人生六十年，你是否留下了一点时间，留给只属于自己内心的宁静呢？

（5）结束阶段——对人生处处是选择的延伸思考

今天的拍卖会上，只要你付出就能获得。但人生的旅途中，付出足够的时间积累，难道就一定能够成功吗？

人生处处是选择，今天你做了这样虚拟的选择，或者后悔遗憾，或者庆幸无悔。如果后悔遗憾，请在你真实的人生中不要再次遗憾；如果庆幸无悔，请珍惜你此刻的感觉，并记住你为什么要如此选择。

（广东省中小学心理教师专业能力大赛一等奖获得者，深圳市实验学校高中部刘蒙提供教案）

第 7 章

班级积极心理辅导探究

个体心理辅导是班级心理辅导的一个重要内容，也是班主任应该具备的一种基本心理辅导能力。基于中小学生的心理成长背景，本章内容依据积极心理学的理念进行建构，同时也包含对于个体心理辅导一般内容的理解。为简洁起见，把积极理念的个体心理辅导简称为积极心理辅导。积极心理辅导不是一种孤立的、单一方法的创建，而是采撷心理咨询各种流派的精华，进行以积极理念为价值核心的体系建构。

积极心理治疗概述

当积极心理学形成一个理论趋势后，相关的下位概念如积极心理治疗、积极心理辅导必然得到关注。不过，积极心理治疗作为一种心理治疗模式是先于积极心理学发展起来的。从某种意义上来说，积极心理治疗还应算作积极心理学产生的一个思想来源。积极心理治疗（Positive Psychotherapy）是由佩塞斯基安（N.Peseschkian）在 20 世纪末创立的。积极心理治疗包括三个方面：积极的概念、冲突的内容和五个阶段的整合治疗。

一、积极的概念

积极心理治疗的基本理念与主张体现在其积极取向与跨文

化观上。

就积极取向而言，积极心理治疗与积极心理学的主张基本一致。传统心理治疗过于强调疾病的症状学研究，心理治疗重在修复患者的功能紊乱和疾病。而积极心理治疗认为，患者身上存在的首先不是症状或紊乱，而是被这些症状或紊乱困扰着的能力。积极心理治疗主张治疗并非首先努力消除患者身上现有的紊乱，而是在于努力发动患者身上存在的种种潜能。

所谓跨文化观是指每个人在各自的文化背景下成长形成了独一无二的心理经验，在与他人交往时存在一个跨文化的问题。直接影响人心理发展的文化背景主要来自两个方面：不同生活区域的社区文化背景和不同教养方式的家庭文化背景。不同文化背景下的人会有不同的价值观念和行为标准。文化背景影响着对症状的理解。积极心理治疗主张对患者的文化背景做具体分析，强调在跨文化的基础上激发患者自身的积极体验。

二、冲突的内容

积极心理治疗从人的发展可能性和能力出发，认为每个人都有两种基本能力：认识能力和爱的能力。这两种基本能力统称为现实能力。人的心理疾病是由于这两种基本能力在不同文化条件下呈现为现实能力时发生冲突的结果。

可以将冲突归纳为四种类型。当我们感到烦恼不安、压力沉重、被人误解、生活紧张而感到焦虑时，会以下面四种方式表达出来。这四种方式也与我们学习、认识的四种方式相联系。

躯体、感觉冲突：以身心疾病方式或以觉察自己躯体的方式来反映冲突。具体表现为身体本来没有病，而自己总感觉身体的某个方面有病。

成就冲突：个体的成就与个体的自我概念发生了偏差。具体表现为逃避工作，或者逃避成就。

交往冲突：主要反映在与他人或社会群体的关系上，表现为与家庭、伴侣及社会群体的紧张关系。

未来冲突：个体的直觉和幻想超越了现实，并把直觉和幻想的结果当作了现实。表现为在幻想中谋求冲突的解决。

三、五阶段治疗模式

积极心理治疗的五阶段模式是与处理冲突的四种方式相联系的。它的要点是以评估分析的调查为基础、以解决冲突为中心、以现实能力为依据进行治疗。

（一）观察/保持距离阶段

来访者描述在什么时候、什么情况下感到烦恼，在什么情况下感到愉快，有些什么症状和体验。治疗师用跨文化的例子和哲理对来访者的处境给予积极的解释。

（二）调查阶段

来访者根据现实能力调查表，确立自己及冲突伙伴有哪些积极品行和消极品行。治疗师从现实的角度出发，与来访者共同探索冲突与现实能力之间的关系，帮助来访者认识到被自己忽视的现实能力。

（三）鼓励阶段

治疗师要求来访者学习强化冲突伙伴身上的积极品质，帮助来访者学会放弃对冲突伙伴消极行为的批评，只对对方表现出来的积极行为进行鼓励，从而帮助来访者同自己的冲突伙伴建立起新型的信任关系。

（四）语言表达阶段

礼貌与诚实的关系是这一阶段的关键冲突。这里，礼貌意味着承认人际关系的常规形式，诚实意味着坚持自己的需要和利益。治疗师在该阶段的任务就是帮助来访者确立一个以“礼貌—诚实”为核心并有具体内容的鉴别和练习规划，让来访者按照确定的规则逐步练习同自己的伙伴进行沟通。

（五）扩大目标阶段

这是整个治疗的精华部分，因为目标受到限制正是发生紊乱的本质。扩大目标阶段的任务关键在于扩大来访者的价值视野，帮助他学习重新塑造自己的生活，去追求新的目标。

在治疗过程中，积极心理治疗把讲故事作为其辅助疗法。这一辅助疗法的重要之处在于：它提供了一种跨文化的情境。积极心理治疗常常用东方神话和寓言故事营造意境，激发来访者设想置身于新的情境中并积极联想，指导来访者改变原有的态度和行为。

积极心理治疗把来访者理解为有自助能力的个体，并且强调治疗师对来访者进行有技巧的鼓励和支持，体现了积极的思想。积极心理治疗的五阶段治疗是一种框架式的模式，其针对冲突内容所提供的治疗思想能够使各种治疗理论得到有效的整合。在治疗过程中，它灵活地运用临床领域中各流派的治疗理论与方法，有很大的弹性。

心理咨询基本理论流派中的积极因素

积极心理辅导旨在以积极心理治疗为来源，以积极心理学理论为依据，及至以心理咨询基本理论流派为背景，进行一种整合意义的建构。就积极心理学的理念来说，其积极的内涵源远流长。对于积极心理学的兴起，主要是作为促进传统主流心理学回归平衡体系的理解，而不是将其理解为一场心理学革命。即便心理咨询的基本理论流派着重于解决各种心理问题和心理障碍，但是它们的很多方面是包含着积极因素的。积极心理辅导不是一种孤立的、单一方法的创建，而是采撷心理咨询各种流派的精华，进行以积极理念为价值核心的体系建构。

任何种类的心理咨询都可以看成是一个旨在改变来访者的过程。咨询期望的改变无非是三个方面：认知方式层面的改变、情感体验层面的改变和行为方式层面的改变。心理咨询通常三个方面都要关注，但不同学派各有侧重。心理咨询有三大基本理论流派：精神分析、行为主义和人本主义。下面做一个全景式的梳理和聚焦式的分析。

一、精神分析流派中的积极因素

（一）弗洛伊德人格结构的“超我”观点

一百多年前，弗洛伊德主要基于对神经症或者说是病态人格的研究，创建了精神分析治疗。精神分析流派的基本出发点，是用人类心理冲突的一面去看人的本性。其基本冲突是作为生物的人与作为社会的人的冲突。这种冲突有时是有意识的，但主要是无意识的。它是意识与无意识分立、人格发展、神经症形成的根本原因。

弗洛伊德提出了由本我、自我、超我构成的人格结构理论。本我是个性中最原始的部分，它是人出生时具有的初始系统。本我包含了个体的原始冲动和本能欲望，其中主要是由性和攻击力组成的内驱力。本我只是寻求自身的满足，根据“快乐原则”行事。自我通过与现实的交往发展起来，寻求如何通过客观的途径来满足本我的需要，它根据“现实原则”行事。超我是人格结构的司法系统，它以良心的价值标准为约束，监督自我的行为，力求指挥自我根据“至善原则”行事。超我对于本我的控制是一个冲突与反冲突的过程。如果按照善恶做出特征性划分的话，弗洛伊德对于人的本性的看法是性本恶。

但是，如果只是考虑人性的消极方面，便无法解释人的积极存在。弗洛伊德显然意识到了这一点，他给自我设置了消极本我与积极超我的对立两极，让它们在冲突中建立平衡。可以认为，本我、自我和超我都是不可分割的个性成分，本我的快乐满足反映出的是人的基本需要，超我的至善追求也是人的基本需要。相对于消极的本我来说，超我构成了人格的积极成分。

（二）阿德勒个体心理学的追求优越感

弗洛伊德思想体系有一个致命的缺点，即他的全部学说贯穿着生物学观点。阿德勒是弗洛伊德最早的合作者之一。随着精神分析运动的发展，他开始反对弗洛伊德的本能学说，强调社会条件和人际关系对人格发展的影响，建立了精神分析的个体心理学。

个体心理学认为，必须把人理解为一种社会存在。只有把人放在相关的环境里，我们才能了解他的人格，才能判定他在世界上的特定境遇。所谓特定境遇，是指他对环境和生活中的问题的态度。每一个人都不得不回答三个有关社会存在的基本问题。一是如何发展出具有谋求一种职业的能力，使得在地球环境的限制之下得以生存；二是要努力在同类之中获得认同，使自己能够服务于同类并分享共有的利益；三是要学会调整自身，寻求与异性的吻合，达成和谐的生活，然后使得人类生命得以延续。儿童的精神活动会越来越受到其社会人际环境的影响。儿童热爱生活的表现总是指向他人，这种社会兴趣将伴随终生。对社会的适应是精神器官最重要的功能，不培养一种深刻的、与他人的伙伴关系，就不会有健全的人的成长。

个体心理学的独特之处在于对自卑的理解。阿德勒认为，每个人的生命之初，都或多或少伴随着一种自卑感。这种自卑感是儿童努力奋斗的动力和起点。这是一个积极的逻辑。自卑感是对生命之初的一个消极假设，而努力追求优越感的目标则是对于自卑感的积极补偿。正是这个目标赋予每个人人生的积极价值，引导着发展的创造力，形成一种克服生活道路障碍和追求卓越目标的行动。同时，也形成了每个人独特的人格结构。

（三）荣格分析心理学的积极想象

荣格也是弗洛伊德的早期合作者。他同阿德勒一样，在与弗洛伊德产生深刻分歧之后，建立了自己的学派。荣格学派被称为分析心理学。

无意识是心理分析的核心概念，也是心理分析工作的重要氛围。如何才能接近无意识或发挥无意识的治愈作用？荣格提出了三种方法：词语联想、梦的分析和积极想象。在荣格看来，词语联想以及梦的分析，都还是“间接沟通”无意识的方法，而积极想象则是直接获取无意识的技术，是通过自我表达的形式来吸收无意识的方法。许多荣格心理分析家都把积极想象称为“睁着眼睛做梦”。

积极想象如何进行？荣格曾用自己童年的经历解释积极想象的自然发生。在荣格的姑妈家里，有他爷爷的一幅像：作为主教的爷爷，佩戴着徽章，走出房门，站在台阶上……荣格说，他常常跪在一把椅子上凝视着这幅画像，直到觉得他走下了台阶。积极想象注重让当事人在某种意境中获得体验和感受。当全神贯注于头脑中的一幅图景时，它会开始动起来，意象会变得更加丰富，还会随着想象变化发展下去。而且，所有的意象都产生在有意识的思维中，这些意象比起不确定的梦更加完整。这是一个主动、正向的过程。这个过程达成了意识与无意识的连接和整合，产生了独特的思想和创造，进行着心灵的积极转化和自我治愈。

二、行为主义流派中的积极因素

（一）行为疗法的强化积极行为

行为疗法是在行为主义心理学的理论基础上发展起来的一个心理咨询流派。与精神分析等其他流派不同，它不是由一位研究者的系统研究创立的体系，而是由许多学者依据一种公认的行为主义心理学理论，分别研究出的若干心理咨询的方法体系。

行为主义学者代表斯金纳认为，人格是个体的行为方式的组合，而行为则是在环境中习得的。行为疗法更多地强调环境因素决定行为的观念，强调行为在环境中通过强化得到发展、通过消退趋于消失。斯金纳主要通过动物实验开展他的研究，他所代表的行为主义学派更多地相信后天环境的作用。如果在这里讨论人的本性，可以说，行为主义对于人的本性的看法是性本无。

除了系统脱敏疗法、暴露疗法、厌恶疗法、松弛疗法等消除不适应行为的方法之外，行为疗法还研究了强化积极行为的方法，用来建立和增加人们所希望的正性行为。

有一种强化积极行为的方法叫作差别强化法。其做法是：正性行为每出现一次就被强化一次；而任何妨碍这种正性行为的负性行为都不会被强化。下面举一例：

一人习惯抱怨，同事希望能有什么办法减少他的抱怨。行为治疗师告诉其同事做到三件事：一是见到他都说积极的事情；二是他自己若说积极的事情即主动倾听；三是他若说消极的事情就借故离开。数周之后，此人抱怨越来越少了。

（二）认知—行为疗法的认知重建

行为疗法问世之后，一直受到学者的挑战。其基本问题是：人的心理是一个由知（认知）、情（情绪）、意（意志）、行（行为）构成的整体，心理问题的产生有其整体性因素。而行为疗法只解其一，那么对于其他影响因素如何解释？后来，行为治疗学者们也深省自己理论的不足，20 世纪 60 年代以后一个重要的观念开始改变，即把认知也看作行为的一部分。20

世纪70年代以后形成一个新的理论取向，即认知—行为治疗。认知—行为治疗学派是强调认知重建对情绪和行为影响的一组理论和方法的综合。当然，认知—行为疗法已经不完全属于行为疗法，因为它更多地体现了认知成分。不过，作为一种整合性质的疗法，不妨把它作为单一性质的行为疗法之后的发展。

美国临床心理学家艾利斯（Albert Ellis）创立的理情行为疗法，是一种公认度很高的认知—情绪—行为疗法。艾利斯认为，人的认知、情绪、行为是不可分割的整体，正常或异常的行为都是三者综合作用的结果，矫正人的行为应是“改变认知—情绪唤起—行为再塑”这样一种系统治疗，并达到一种深层的认知结构和价值观念的改变。

理情行为疗法集中表达在“ABC理论”中。对于ABC理论的核心观点，艾利斯常引用古代斯多葛派哲学家爱比泰德的话：“人的烦恼不是起于事，而是起于他对事的看法。”人们遇到的事件为A，人们所持的认知或信念为B，导致的情绪困扰和行为结果为C。即导致情绪困扰和行为结果的是人对某事件的认知而非某事件本身。艾利斯把人的信念分为理性信念和非理性信念，引起情绪、行为失调的是非理性信念。进行认知重建，树立理性、积极的信念是理情行为疗法的核心任务。

三、人本主义流派中的积极因素

（一）人本主义流派的积极人性假设

人本主义心理学在20世纪五六十年代兴起于美国，是继精神分析流派和行为主义流派之后心理学发展的第三个流派。其主要代表人物是马斯洛和罗杰斯。两人对人的本性有相同的看法：相信人性基本上是建设性的、自我完善的。这是心理学的一个难能可贵的发展，是基于性本善积极理念之上的全新理论建构。人本主义心理学家批判行为主义的机械主义行为观及动物学研究的方法论，批评弗洛伊德的潜意识决定论、性恶论和悲观主义，主张以人为本和以整体人为对象，旨在建构关注价值和意义、具有积极面貌的心理学。

马斯洛以社会精英和心理健康者为研究对象，着重健康人格的研究，建立了人本主义的基本理论体系。他的核心思想是自我实现论。自我实现论有三大理论基础：性善论、潜能论和动机论。性善论是人本主义心理学的主要人性观，说明人性是积极的、有建设性的。潜能论是人本主义心理学价值观的表现，说明人的价值是内在的、有倾向性的。动机论或需要层次论是人本主义心理学的动力观，说明人的活动是有追求的、有内驱力的。需要是动机产生的基础和源泉。马斯洛认为人类的需要是一种本能需要，可分为基本需要和成长需要两大类。马斯洛认为自我实现就是：更真实地成了他自己，更完善地实现了他的潜能，更接近于他的存在核心，成了更完善的人。

罗杰斯是一位临床心理学家，心理治疗是他一生的主要学术活动。他建构了以自我为中心、以自我实现倾向为动力，以成为充分发挥机能作用的人为目的的人本主义人格理论，并创建了以人为中心的疗法。罗杰斯把自我实现倾向作为其人格理论的基本假设，即有机体具有一种天生的自我实现的动机，它表现为一个人力图最大限度地实现自己各种潜能的趋向。其实，这就是与马斯洛的观点相一致的追求成长的建设性倾向。

以人为中心疗法是罗杰斯人本主义心理学的主要内容之一。它是促进和协助来访者，依靠自己的能力，自己解决问题的疗法。罗杰斯的以人为中心疗法可以归纳为这样几个特点：（1）坚持性善论的假设，相信人具有完善机能或自我实现的倾向；（2）当事人自己的主观经验世界是他的真实存在，要重视和洞悉来访者的主观现象世界；（3）由来访者主导治疗过程，咨询师与来访者是朋友和伙伴关系，来访者是自身问题的专家，他有能力找到解决自身问题的办法；（4）咨询师真诚地给予无条件积极关注，注重尊重、关怀、宽容、理解、鼓励和支持，倾向于提高来访者的价值和尊严。

有了人本主义心理学，积极心理学的推出就顺理成章，不过也就没有了积极心理学问世的“革命性”的地位。

（二）弗兰克尔的追寻生命意义

《弗兰克尔：意义与人生》的作者古尔德（Gould，W.B. 2000）这样评价弗兰克尔学说的地位：人本主义心理学与弗兰克尔的存在分析治疗构成了心理学的第三种势力。弗兰克尔是美国临床心理学家，追求生命意义人格模式的建立者，意义疗法之父。弗兰克尔关于自我的哲学模式，其终极目标与人本主义心理学相同，即为人活着的意义提供一个完整的表述。寻求生活意义即是寻求自我完善。这一观点体现了弗兰克尔对于马斯洛需要层次论的超越。马斯洛以自我实现的巅峰体验来看待人的精神维度。弗兰克尔则认为，通过精神的或理智的维度，自我可以在各种生活情境中发现意义，无论这种体验是处于巅峰还是低谷。而且，他认为精神维度使自我能够超越“本我、自我和超我”之间的冲突。弗兰克尔将意义视作真正人性的实现，把一种意义的人本主义理论平民化了。

弗兰克尔创立了意义分析治疗学派。这个学派是在吸收存在主义和人本主义心理学的基础上，结合其自身在纳粹集中营的生活经历而提出的。弗兰克尔因此被称为继弗洛伊德和阿德勒之后维也纳第三个心理治疗学派的创始人。

意义分析建立在三个基本命题之上：意志的自由、意义的意志和生命的意义。弗兰克尔把意志的自由看作是处理和面对任何一种状态的自由。人类固然要受生物、心理和社会文化等多种因素的制约，但这种制约并不能决定个人对其生活情境的态度。即使面临一个无法改变的命运，人也可以选择持有积极的看法，超越外界对自身的限制。而意义的意志是人坚持意义选择的力量，是人的基本人生态度。即使当人的意义意志受到挫折时，对于意义的追求也能够帮助人度过或战胜挫折情境。生命的意义是相对的。不同的人有不同的生活意义。而同一个人在不同的情况下生命的意义也不同。意义分析的目的就是帮助人在某种特定的时间里找到“当时当地”的生活意义，并负责地采取行动。

（三）超个人范式的本性治疗

近年来，心理咨询的实践领域更注重实际和有效，因而相关的探索出现了开放、整合视野的发展。其中超个人范式的本性治疗异军突起，得到广泛认同。比利时心理治疗师米杉（Michel Claeys）在这方面做出了个人的贡献。

米杉的研究工作扎根于 Fritz Perls 的格式塔方法、人本主义心理学、超个人心理学的新发展、Milton Erickon 的催眠术疗法等。这里将其归为人本主义流派，是因为它更多地体现了积极的人性理念。

超个人范式认为，我们并非我们的“人格”。有一种“深刻的本性”可以为我们所认同，我们可以向其敞开。我们都拥有无尽的内在资源，可以克服任何我们可能遭遇和面临的挑战。其关键在于要敞开面对这些资源，帮助来访者扎根于可以称之为“内在父母”的资源空间，基于来访者可以面对并治疗其受伤的“内在小孩”。

本性是我们自身超越于身体与人格的那部分。本性退居幕后，但却是不可缺少的爱与智慧的源泉，引领我们生活，激发我们的梦想，给予我们疗愈与成长。本性是一个充满信任、喜悦、力量的内在空间，它是纯粹的意识。本性与人格的区别，在于它固有的与宇宙万物相联结。人格是习得的，而本性是伴随我们而生的。

超个人范式的心理治疗认为，从人类灵性中分裂出来的自我导致个体从宇宙生命中分裂出来，而这代表了人类最大的苦难，也是我们所有心理问题的根源。对自我苦难的觉察不仅是追溯个体自身的经验历史，而最根本的是追问当下的存在与人类灵性的分裂，或者说，是追问本性的丧失。这是超个人心理治疗的主导原则。基于此，心理治疗将主要关注于帮助个体寻找本性，扎根于本性，与其内在的力量资源进行重新联结，发展出与本性具有强力联结的人格与生活。

毫无疑问，“本性”是一种积极主动的体验，一种充满宁静、美好、喜悦与力量的体验。“本性”充满了积极元素。在这样一种状态中，我们可以用开放平和、关爱信任、全然接纳的态度来体验现实，看到一切都很美好，看到现实就是强大而可以自我给养的存在，坚持基于当下汲取力量。在这样一种状态中，我们与内在更高的存在相联结，敞开面对智慧与指引，没有过往的纠结与未来的忧虑，一切都在此时此地。

如何扎根本性？如何回到自己的“资源空间”或“能量空间”？与本性联结主要有下面一些工具：有意识的呼吸，回到此时此地；运用“一切都很美好”等言辞自我确认，唤起内在力量；倾听梦的讯息，与梦中代表资源的要素联结；等等。

可以从下面的简单练习开始：

闭上眼睛，确认你的整个身心存在都感觉到平和安宁……只是呼吸……加深呼吸……感到平和宁静……想象一个光圈环绕在你的周围……敞开面对它……吸入这些光……让它进入你的整个身心……让它清理你的内在，使你的内在变得光亮温暖，充满能量……你感觉到平和、喜悦、信心、关爱、力量……

积极心理辅导的基本探究

一、积极心理辅导的“积极人”假设

任何一种心理咨询和辅导的方法都要回答一个基本问题：怎样看待人性？积极心理辅导以积极心理学为理论依据，那么这个问题不难回答。将其溯源到人本主义心理学，即是性本善的人性假设。下面做一些具体分析。

人有三种基本属性：自然属性、社会属性、心理属性。人性是这三种基本属性的辨证统一体。这三种属性包含了三种基本矛盾：人作为生物个体与外界生存条件之间的矛盾；人作为组织在一定社会关系中的个体同大自然的矛盾；人的主观世界和客观世界的矛盾。

这三种属性是一种“状态量”的思考。作为生命体，人是一个从生到死的过程，再给予一种“过程量”的分析。

人本主义的基本需要理论展示的是一个需要层次，这个需要层次是一个“过程量”，它展示在伴随人的成长的过程中，而且是对人的本性的揭示。马斯洛把人类需要分为基本需要和成长需要，可以将其浓缩成两个含义：生存与发展。通俗地解释这两个词，就是活着与活好。活着是一种存在的意义，活好是一种追求的意义。为了活着与活好，人间才生机勃勃，世上才气象万千，社会才蒸蒸日上，人类才奋发向前。

“生存与发展”是自然属性的生存与发展，也是心理属性、社会属性的生存与发展。

这样的人性表述汲取了前述三种基本理论的精华：基于马斯洛的需要层次理论和罗杰斯的自我实现倾向假设进行概括，把精神分析的本我、自我、超我视为不同需要层次进行分析，在人的发展过程中充分考虑行为主

义强调的社会环境的作用。

对应积极心理辅导，生存与发展的性善论人性假设可以称为是“积极人”人性假设。可以这样描述“积极人”的特征：抱持积极观念的；趋向自我完善的；寻求主动发展的；乐于探索创新的；积极调整适应的；强调发挥潜能的。①

做出“积极人”的假设，并非否定“消极人”的存在。而恰恰相反，正是因为有消极人存在，积极人的假设才有存在的逻辑。两者之间的关系，用《三字经》开头的几句话解释十分恰当：“人之初，性本善。性相近，习相远。苟不教，性乃迁……”人生之初，都是善良积极的人，随着人生经历不同，慢慢差异越来越大。如果不接受教育，人的善良积极的本性也会变化。做一个积极的人，人生之初本是如此，其后的人生之旅却是需要努力学习和修炼的。

还有一个适用群体的背景因素。我们更多的是针对少年儿童群体讨论积极心理辅导的运用，而少年儿童正是身心快速发育的阶段，也是积极成长的阶段。在当前的社会大变革、大发展时期，有人用“青少年焦虑症”来概括这个群体面临的焦虑和困扰状态。做出“积极人”的假设，是对这一群体主流价值取向的肯定。

二、积极心理辅导的基本途径

积极心理辅导作为一种辅导方法，有其特有的工作要素或工作途径。我们在班级背景下讨论积极心理辅导，其工作环境并不限制在咨询室里，而是泛指在班级环境中。依据积极心理学的理论，可以认为，积极心理辅导有三个基本要素或基本途径：增进积极体验、注重积极赋义和培养良好自尊。

（一）增进积极体验

增进个体的积极体验是发展积极人格和积极力量的一条基本途径。人

---

① 王鉴. 积极心理教育的实践解读［J］. 人民教育. 2011. 9.

的成长是一个探索外界的过程，同时，也是一个探索自我的过程。一个人并不完全清楚自己会成长到什么程度，也并不完全清楚自己的潜能有多大。这是一个自我探索与外界环境共同作用的过程。那些获得积极体验的探索和经历，会给予个体肯定和激励的反馈，让自我获得内化意义的成长。

体验有助于个体形成一种渗入本体意识的自我意象，这种自我意象远比认知的作用更为深刻和持久。积极体验有助于个体形成积极的自我意象，给予自我充分的肯定，能够促进个体进行积极思维和采取积极行动。积极体验特别能产生一些创造性或创新性的思想和行为，并把这些思想和行为迁移到其他方面。而消极体验常常使个体产生一些逃避性的、避免受到伤害的行为。

增进积极体验有助于纠正消极体验形成的消极意象，是辅导中改变情感体验的正向引导。对于一个学习能力不足、整体表现不佳的学生来说，最好的改变办法不是说上一百次“我能行”，而是让其有一次微小的改变带来的积极体验。这种体验可以是一次竞技夺冠，可以是一次特长展示，还可以是一次助人行为。对于正在成长中的少年儿童来说，这种获得积极体验的机会肯定找得到。在某方面获得的积极体验有一种迁移的作用，会促进一个人的整体意象的改善。

（二）注重积极赋义

情感体验与自我认知相伴相生。积极体验伴随着积极的理性认知，消极体验伴随着消极的非理性认知。人与人所以不同，除了遗传基因的差异外，还在于个体在成长中所形成的认知系统相去甚远。认知影响行为，这一点，理情行为疗法已经做了很好的阐释。

积极心理辅导同样正视问题，但是它重在对于问题和困惑的积极改变，而不是囿于问题的解释和抱怨。对于少年儿童来说，很多所谓问题不需要追问太深的原因，它们可能只是成长中、探索中的错误尝试。积极心理辅导的目的应该是：怎样可以改变？

人对于外界的探索不完全取决于外界给予的信息反馈，而是个人的信念。有一个“功亏一篑”的寓言说明了这个道理：一个人在挖一口井，已经挖得很深了，再挖下去就能见到水了。但是这个人认为这个地方没有水，于是换了一个地方去挖井。下一个地方挖得快见到水了，这个人又不再坚持，于是再换一个地方挖井。关于这个寓言的问题是：在不知道挖下去是否会见到水的情况下，是挖下去，还是换个地方再挖？这个问题没有答案。但需要问另一个问题：这个人抱持什么信念？这就是积极赋义的隐喻所在：什么人做什么事。一个抱持积极信念的人会采取积极行为，积极行为有助于产生有益的结果。

（三）培养良好自尊

前述提到，心理咨询期望的改变无非是三个方面：认知方式、情感体验和行为方式。从某种意义上说，行为是人格品质的外化。对某种行为特征的关注也是对某种人格品质的关注。而自尊是个体人格的核心因素之一。培养良好自尊是培养良好行为的内在基础。

马斯洛认为，自尊是人类的基本需要之一，具有似本能性质。自尊是一个真正意义上的社会人必不可少的一种需要。它成为个体适应基本生存、适应社会环境的心理根源。儿童早期与母亲的依赖共生阶段，最重要的事情是给予充分的爱抚和满足，将他自尊的“蓄水池”填满。

自尊是心理健康的核心。心理学家拜德纳（Bednar.R. 1989）曾指出，人都有一种保持积极、健康、向上的自我形象的需要，这种需要既是防止与避免生存环境带给人伤害与压力的有力武器，也是个体发展的基本力量。这个观点很符合“积极人”的假设。自尊促使人去追求和呈现一种良好的个人形象，从而更好地适应社会环境。

如果自尊不足甚至缺乏，人就无法正确地对待自己和他人的评价，不能适时恰当地对社会环境的要求或事件做出合理反应。低自尊的人呈现给社会的通常是不好的自我形象，具体表现出两类行为或态度：一类是指向自我的自伤性行为或态度。其表现有自暴自弃、自怨自艾、自轻自贱等，甚至可能放弃生命。另一类是指向外界的自恋式行为与态度。可能出现不负责任、自我中心、冷漠待人、敌视他人、报复社会等偏激行为和犯罪行为。大量的实证研究证实，自尊与心理健康的关系极为密切。这一方面包括低自尊与许多消极表现如抑郁、焦虑、自杀意念、机能失调、问题行为有紧密联系，另一方面也包括拥有高自尊经常与积极的心理健康和主观幸福感密切相关①。

培养良好自尊作为积极心理辅导的基本途径，也作为学校教育的基本原则。它应该在班级心理环境的建设当中体现出来。自尊有两个维度：能力和价值。培养学生的能力感和价值感是培养良好自尊的关键，体现到教学和日常生活中就是给学生以成功和爱的体验。自尊是个体与社会环境交互作用的结果。自尊的培养和提高必须在个体与环境的良性互动中才能有效进行。

如果说自尊是心理健康的核心，那么可以说，自尊教育是心理健康教育的核心。自尊教育要求教师尊重每一个学生的个性特点，尊重每一个学生的独特需要与选择，甚至尊重每一个学生的不足和缺点。这些也是积极心理辅导应该把握的。

三、积极心理辅导的基本原则

我们是在班级心理辅导的语境中讨论积极心理辅导的，班级中的个体心理辅导是由班主任主持实施的，辅导对象是中小学生。因此，积极心理辅导的基本原则特别强调要控制教育性的观念和面向未成年人的设置，并体现“积极人”的信念。

（一）助人自助

助人自助的含义是指通过心理辅导帮助有需求的学生增强自己帮助自己的能力。中小学生是未成年人，心智尚未成熟，他们需要学习各种社会性技能，学会处理各种涉及自身的问题。班主任常常会以教师的身份表现出助人的行为，指导学生如何处理事情。但是在心理辅导过程中需要注意，班主任要在助人的过程中帮助学生提高自助的能力，而不是简单地解

① 从晓波，田录梅，张向葵. 自尊：心理健康的核心［J］. 东北师大学报（哲学社会科学版）. 2005，(1).

决当下的问题。班主任开展心理辅导的目的不是直接为有需求的学生指出解决问题的办法，而是引导学生自我成长、自我觉知，从而提高解决自身问题的能力。

（二）积极关注

积极关注首先是建立良好辅导关系的需要，同时也是来访学生的心理需求。班主任应尊重来访学生，热情接待，耐心倾听，适度共情，理解支持，让来访学生感受到自己是被关注的，在遇到问题时是有人在主动提供帮助的。

（三）适当主动

在成人的心理咨询中，来访者必须建立在完全自愿的原则上，这是建立咨访关系的必要条件。但是在班级心理辅导情境中，这个设置需要适当打破。其原因是班级心理辅导的对象是中小学生，一方面班主任有作为教师的责任，有一个师生关系的前提；另一方面，中小学生的心智尚在成熟过程中，有些学生对于自身的心理问题还没有求助意识。因此，如果班主任认为某个学生需要帮助，就可以主动提供心理辅导，然后在辅导过程中做出是否需要继续辅导的评估。

（四）非指导性

非指导性是指班主任对来访学生的问题不做直接的指导性建议。班主任在进行心理辅导工作时有一个特别的设置，需要做出一个作为心理辅导员的身份转换。但其特殊之处在于，这时的“心理辅导员”仍然在兼任着班主任的身份。这就需要心理辅导员身份对于班主任身份的指导性教育行为有所警觉和节制，克制自己的班主任形象对学生的权威性影响，把自己当作学生信任的、可以平等交流的好朋友。非指导性充分诠释了“积极人”的信念，相信学生具有主动成长的积极动力。

（五）保守秘密

作为心理辅导员有责任对来访学生的辅导内容给予保密。由于班主任双重身份的特殊性，来访学生会对涉及自己的隐私问题有所顾虑。班主任要在辅导开始前向来访学生解释并保证辅导的内容是保密的。班主任在工作中要妥善保管来往信件、测试资料、咨询档案等材料，不在任何场合谈论来访者的隐私；在内部的专业场合需要作为案例交流时，要隐去案例中来访学生的全部个人信息。

第 8 章

积极心理辅导方法

积极心理辅导并不是一种单一的方法。本章以积极心理辅导的基本特征为依据，选择 4 种积极心理辅导的方法进行阐述。不同的方法可以针对不同的问题情境使用。熟练掌握之后，它们完全可以相互组合使用。

希望心理辅导

一、希望理论的基本内容

（一）希望理论的基本观点

塞里格曼把积极情绪划分为三类：与过去有关的满足和满意、与现在有关的充盈和快乐、与将来有关的乐观和希望。其中关于希望的研究不断得到一些学者的关注。希望作为人类的一种重要心理特质，是个体对将来的一种积极体验。希望一直是哲学、宗教等人文学科讨论和关注的焦点。在古希腊宗教神话中，“希望”是宙斯创造的第一个女人潘多拉留在魔盒里的最后一件东西，寓意人类最后抱守的是希望。人的本质同希望有着不可分割的联系。人的未来有多种可能性，在现实中实现哪一种可能性，取决于人的希望目标指向，也取决于人的主观意志和克服发展障碍的能力。

（二）希望理论的三个要素

希望理论的代表学者斯纳德（Snyder.R. 1994）教授认为，

人的生活是以目标为基础的。这种有关目标的希望理论有三个要素：目标、路径思维和意愿信念。

1. 目标

每个人的人生都是朝着某一个目标方向成长的。目标是希望的核心部分，是人们精神活动的支点。目标对个体必须是有一定价值的，这样才会引发个体去追求。目标既不是百分之百的必得之物，也不是毫无可能的幻想之物，而是通过个人努力可能获得之物。目标是个人的希望、理想、愿景。目标的大小在于个人设置，而目标设置的适当程度决定着希望水平的高低。

2. 路径思维

路径思维是个体认为有能力找到有效路径来达到目标的认知。对于怀有希望的个体来说，一旦目标产生，设计实现能够达到目标的路径是一种本能的思考。路径思维就是开发大脑中的预测能力系统，在头脑中产生出如何实现目标的计划和方法。

3. 意愿信念

意愿信念是指支持个体向着目标、沿着既定的路径持续前进的动力系统。这个系统不仅是个体的路径设计和计划过程，同时也是个体坚持到底的意志过程。意愿信念能够让个体在遇到困难或障碍时保持信心，并坚持对目标的追求。

二、希望心理辅导方法

把希望心理辅导作为积极心理辅导的一种方法，是因为它具有基本的积极元素。希望心理辅导产生于积极心理学本身，它包含了充满意义感的积极情绪体验，也包含了朝向未来的积极认知和高自尊行为。希望心理辅导的主要特点是重建指向未来目标的成长活动，这种成长价值的辅导更符合青少年阶段的心理特点。希望辅导过程可以分为培育希望、确立目标、加强路径思维、加强意愿信念四个方面。希望辅导常常用于那些成长目标缺失、生活遇到挫折、行为陷于消极的个案。

（一）培育希望

希望对于儿童来说具有重要意义。一个人从小就充满对未来的希望，会对其成长产生长久性的积极影响。对将来抱有较高希望的儿童能更好地应对生活中的挫折。他们的焦虑情绪较少，即使面临困境，他们也能很好地调整自己的行为灵活适应环境。同时，他们也比对将来抱有较低希望的儿童更能积极要求和激励自己。斯纳德的研究表明（Snyder，1997），个体的希望和其智力并没有多大的相关性。只要是一个正常的儿童，他们的智力都足够使他们成为一个充满希望的人，而且在这方面男女童之间也没有任何差异。不过，希望在不同年龄儿童身上的变化却比较明显。一般来说，儿童年龄越小，其希望的性质就越偏向于积极。可见，培育和保护儿童早期的希望十分重要。

在一个具体的辅导过程中，培育希望是指咨询师通过特定的方法让来访者对未来生活的改善产生积极的预期。叙事疗法是培育希望中常用的技术。叙事疗法是个人通过讲述自己赋予意义的故事，进行自我了解和自我整合。在希望干预的初期，咨询师引导来访者讲述生活中发生的重要事件，一起探讨来访者过去曾经拥有过的希望，这些希望是如何产生和消退的，是什么阻碍了希望的实现等。咨询师与来访者一起对来访者的故事进行重新解释，以帮助来访者重新发现个人希望的成长点，并一起分析可行的路径和潜在的意愿，让来访者对改变未来的生活产生积极的预期。

（二）确立目标

目标的大小远近会影响希望水平。希望辅导需要帮助来访者发现和制定清晰可行的目标。

首先，要了解和明晰来访者的兴趣和价值观，这是一个基本前提。只有当目标的设立符合来访者的兴趣和价值观时，才能最大限度地激发来访者的希望。然而，这却不是一个轻而易举的事情。很多人的兴趣和价值观有一个付诸实践尝试探索的过程，并非通过设想形式的谈话可以彻底明晰。上了大学不喜欢所学专业、大学毕业改换专业方向的例子比比皆是，这其中主要就是兴趣和价值观发生了变化。不过，促动来访者了解或形成自己当下的兴趣和价值观十分必要，哪怕将来它们会有改变。因为这是一个来访者的自我探索和自我成长的过程。

其次，选择积极地趋向目标而不是消极地回避目标。事实表明，希望水平高的学生更多地选择积极趋向目标，而希望水平低的学生则更多选择回避目标。而积极地趋向目标有利于来访者成长。譬如说，人际交往上增加与他人交流的目标要好于减少和他人冲突的目标；学习上扬长且补短的目标要强于扬长却避短的目标。

第三，制定清晰可行的目标。来访者有时会把梦想当作目标，比如将来做一名科学家或企业家。这些目标虽然积极正面，但是过于长远。在希望辅导中，咨询师应帮助来访者把长远的宏观目标分解为当前的具体目标，并设置具体的行动计划，以便来访者明确如何通过可行的方式朝向目标努力。

（三）加强路径思维

设置具体的行动计划是一个加强路径思维的过程。路径思维要考虑的基本问题是：通过什么途径可能达成目标？需要分成哪几个阶段目标去实施？过程中可能遇到哪些困难？有哪些解决困难的方法和对策？

希望辅导借用了行为塑造技术中的小步子原理。把一个任务较大的、时间较长的目标分解成一系列小的目标。比如学习困难的辅导，常常需要把进步的台阶放低、放缓，减小进程中的困难难度，并注重学习方法的改进，使得克服学习困难的路径可行。

（四）加强意愿信念

意愿信念主要是提供追求目标所需要的信心和动力。希望辅导中，回顾成功经验、获得积极体验、发展积极思维和选择难度适当的子目标都是加强动力思维的有效手段。

首先，回顾成功经验。咨询者让来访者讲述过去生活中的成功经历或积极因素，尤其是通过自己努力的成功经历。回顾成功经验或积极因素有利于来访者形成积极的自我意象，增强追求目标的信念。

其次，获得积极体验。在生活中让来访者实施一些可以完成的项目，这些项目可以按照来访者的长处和意愿选择。来访者通过自身的成功实践获得自我价值感的检验，增加自我认同与提升追求理想的信念。

第三，发展积极思维。希望水平低的来访者常常有一些消极的思维方式。通过归因方式的训练可以改善来访者消极的思维方式。塞利格曼发展的 ABCDE 认知疗法是另一种学会乐观的积极思维的方法。在 ABCDE 疗法中，首先通过让来访者识别和评估不幸事件（A）、对事件的认知（B）和结果（C），然后通过与自己的消极观念辩论（D），从而激发（E）积极的动力和行为。

第四，制定适合难度的子目标。维果斯基的最近发展区原理指出，当来访者通过适当地努力可以完成当前的学习任务时，该学习任务最能激发来访者的学习兴趣和动机。同时也能增强来访者的自我效能感。因此，对来访者来说，把目标分解成难度适中的子目标是增强动力思维的有效途径。

三、希望心理辅导案例

(一) 学习的动力从哪里来?

初二的小王是一个出了名的嗜睡王，上课时无所顾忌地梦会周公。他还是一个挂了号的违纪王，三天两头学校的公示栏里就会出现王氏大名。他的学习一团乱麻，大考、小考频亮红灯。因为经常犯错，所以他常常会被请进办公室听各科老师训话。俗语说，死猪不怕开水烫，后来，连他自己都认为自己不可救药了。有一次我问小王：“你怎么想自己的学习？将来你希望做些什么?”小王脖子一梗：“什么希望？我没希望!”（这是使用希望辅导针对的问题特征）

没有希望也就没有学习动力。怎么能够让他重新点燃希望呢?

小王的运动技能很好，篮球打得不错。一次校际篮球赛，关键时刻主力队员却受伤了，他临危受命替补上场。当时场上比分很接近，争夺十分激烈。小王刚上去，对方又投进一个三分球。这时我班的啦啦队员情绪激昂，呐喊助威。小王仿佛换了一个人，抖擞精神，左冲右突，身如矫虎，连连扣篮得分，终场获胜。场外的同学们激动得雀跃欢呼，小王成了大英雄。球赛后，我抓住这个机会大做文章。在总结会上我让他与同学们分享体验、让大家纵情赞美，并特别引导大家肯定小王的积极精神和顽强斗志。小王美美地体验了一次自我价值感。（先从培育希望开始，在生活中寻找能够让小王获得积极意义的叙事）

僵化系统的改变就从一个小小的刺激开始。小王明显有了朝气，上课注意听课了，不再与老师对抗了，知道维护同学关系了。小王成长的自尊被唤醒了，生活的希望被点燃了。

培育希望要趁热打铁。我特意召开了一次“说说他（她）的好”主题班会。班会之前，我事先安排了几个同学，让他们一定要说说小王的好。班会上，这几个同学配合默契，把小王夸得飘飘然，比如血性男孩、敢做敢当、乐于助人等。班会过后，“众口铄金”般的团体动力开始起作用了。小王知道，有同学关注他、喜欢他，他不好意思再表现得不如人意了。为了给他学习上成功的体验，在小考前，我给他专门辅导。结果有两次小测验，他竟然考到了70分以上。从此，他学习开始有了热情和自信。

我跟小王聊天。“小王，你将来想做什么？”（第二步，要帮助小王确立目标）

“我能做什么啊，成绩这么差，大学也很难考上。”他有些沮丧地说。

“先不考虑考大学，你最想做什么？”我用期望的眼神望着他。

“啊，那……我最想开飞机了。”他很神往的样子，“开飞机多酷啊。”

“是挺酷的！”我说：“可是，开飞机可不容易啊。它需要很多知识哦。”只要有希望的目标，就可以有改变现实的动力。

“我知道，老师。可是我成绩太差了。”他再次低下了头。

“现在你才上初二，未来的路还很长。给自己一个机会，好好努力好不好？”我用肯定的眼神望着他，尝试着让目标明确起来。

“好！”他的语气显示着不同以往的坚定。

看似随意的谈话点燃了他心中的希望。有了梦想，就会有追求；有了追求，也就有了学习的动力。

制定学习计划、上课积极参与、每天完成作业。一天天的积累、鼓励、督促。渐渐地，小王自我约束的意识增强了。尽管他学习成绩还不好，但他开始不放弃学习了；他偶尔还违纪，但已经有了改错的意识；他对同学、老师的态度也慢慢友善了。（要帮助小王加强路径思维和意愿信念，这是一个具体细致的过程）

后来初三毕业后，他参了军。去年春节见到他，他还在为他的飞行员梦想努力着。

（深圳菁华中学王香美提供素材）

（二）泥巴糊上墙

倪仔是班里典型的捣蛋学生，上了初一了，行为习惯还像低年级小学生。上课时捣乱说话成习，下课时欺负同学成癖，学习成绩在班里倒数。班里的同学都躲着他，背后叫他“烂泥巴”。

老师找到倪仔，问他对自己学习的事怎么想？倪仔说：“什么也没想，反正学习也上不去，家里不好玩，学校没意思，天天没奔头。”（这是一个对学习缺乏兴趣、对生活失去希望的孩子）

老师知道，倪仔的成长需要家里的力量。倪仔小时候跟奶奶一起生活，小学五年级才回到在深圳打工的爸爸妈妈身边，家里靠一个小菜摊过日子。倪仔妈妈平时较少理会这个孩子，最近主动跟老师打电话。老师抓住这个机会，约家长到学校来谈话。

倪仔妈妈一脸的焦虑。倪仔居然屡屡从家里偷钱。倪仔说是拿钱买零食、买饮料。他自己吃喝不算，还要送人，说是交朋友，花钱可大方了。还有一个更离谱的事。倪仔跟他朋友不知为什么打赌，输了，结果给人家花 800 元买了双名牌跑鞋。倒是人家好心的家长给送了回来。你问他为什么出手这么大方，人家说是不给买鞋就跟他绝交！我家周边的环境就是一个大村子，比不上城里的社区。出去就跟外边的一群半大小子瞎混。这孩子一天啥都不想，由着性子来。人家吹号他就冲锋，人家放线他就咬钩。整个一个没头没脑、没心没肺的浑小子。天天跟着他提心吊胆，不知道啥时候就给你惹祸。

老师与倪仔妈妈聊了起来。

倪仔的心里像装着一群小兔子，它们多数是本能的欲望。小兔子在心里跳来跳去，倪仔就被牵着跑东跑西。他对这个世界有很多好奇，但是并不习惯很多做事的规矩。看到商店里的一些新鲜东西，他甚至想伸手拿了就走。当然倪仔很快就明白了，有钱就可以换到自己喜欢的、需要的东西。倪仔觉得学习是一个束缚人的事，不能任性所为。都说学习好了将来才可以去做事，可倪仔实在想不到那么远。倪仔需要有朋友。倪仔希望自己是一个重要的、被尊重的人。很遗憾，倪仔在学习上找不到这种感觉。倪仔喜欢跟朋友在一起，因为朋友才会重视他。所以，倪仔每次买零食都愿意与同学分享，他甚至愿意在同学买零食时他来买单。当同学投来感激的目光时，倪仔觉得十分惬意。

老师与倪仔妈妈讨论：倪仔需要改变这种散漫任性的生活。做什么事情能让倪仔向上发展？倪仔的希望成长点在哪？倪仔喜欢做什么事情？倪仔能做好什么事情？一定有的。对了，一个爱好，或者一个特长，让倪仔学着做。跳舞吗？运动吗？表演吗？下棋吗？学会了，会做了，自尊就有了，自强就有了，希望也就有了。学习方面也可以这样引导，找到一门倪仔学得好一些的学科，让他从中得到乐趣，找到成功的感觉，慢慢地向上走。不过，培育好倪仔的心理成长点不是倪仔一个人的事，而是整个家庭的事。特别是父母营造的温馨而有序的家庭环境。

倪仔妈妈想了半天，说："倪仔就是喜欢出风头，好像挺仗义的，可又不会做。"（通过这个过程探讨倪仔可能拥有的希望，寻找希望的成长点。）

老师心里有数了。倪仔的希望之火需要在生活中点燃。为此，老师策划了一个"心中有棵希望树"的心理班会活动。班会活动中设计了一个哑剧小品《浪子回头金不换》。老师特意找到倪仔，希望他来表演。当然，这正中好出风头的倪仔的下怀。认真准备之后，倪仔把一个回头浪子表演得活灵活现，博得满堂喝彩。其时，被小品触动心灵的不是别人，恰恰是倪仔自己。老师幽默地送上夸奖："我班的表演天才潜伏太久啦！"倪仔感动地跟老师说："我不是在演别人，而是在演自己。"（抓准希望的成长点，利用生活中的机会培育希望）

事后，老师找到倪仔，充满信任地说："其实你能做好很多事情。"倪仔眼神不再躲闪了："老师，我想将来做演员！"（第二步，生发梦想，形成希望的成长点）

老师很高兴："那我将来做你的粉丝！"

"那你现在该怎么做呢？"老师不失时机地跟上去。（开始进行路径思考的讨论）

“多练习表演，还要，把书读好。”有了梦想的倪仔自己知道做什么。“可是，我的学习差得太多，别人都叫我烂泥巴，糊不上墙。”倪仔又畏难了。

老师笑了：“只要你找到方向了，一切都来得及。知道泥巴能干什么吗?”老师停了一下说：“专门糊上墙。”凡事从积极的方面看，含义就不同了。(强化追求梦想的意愿信念)

在后来的日子里，倪仔经常跟老师一起商量学习上的事情，生活中的事情，慢慢回归到有规律的生活、有意义的生活。(在这个过程中，帮助倪仔不断加强着路径思维和意愿信念)

倪仔后来有没有成为演员已经不重要了，重要的是倪仔在追梦过程中获得了成长。

(根据教师心理教育培训作业整理)

叙事心理辅导

一、叙事心理辅导的基本理念

叙事心理辅导诞生于20世纪80年代，创始人和代表者是澳大利亚临床心理学家麦克·怀特（Michael White）及新西兰的大卫·爱普斯顿(David Epston)。它是后现代主义思潮渗透到临床心理学领域的产物。现代主义和后现代主义的主要区别在于对“真实”的不同看法。现代主义者崇尚客观的真实，认为客观的真实不会因为观察者看法不同而有所不同。而后现代主义则注重主观的事实，认为事实无法真正得到，所谓事实会随着观察者的看法不同而不同。事实取决于语言的使用，并且大部分人受到人们所处环境的影响。在心理学领域，社会建构论代表了后现代主义的立场。社会建构论认为：我们的知识并不是对真实世界的准确反映，而是我们自己或社会用语言建构出来的。它们的意义因时、因地、因人而不同，因而真理离不开特定的历史场合和价值体系，真理存在于我们的语言和文化之中。

源于社会建构论的叙事心理辅导有四个基本理念：

（一）现实是语言建构的

叙事心理辅导认为，语言不是描述现实，而是建构现实。每个人描述的不是其生活的真实写照，而是带有个人情感和理念的主观“现实”。每个人的记忆都有选择性和建构性，来访者描述自己的故事也有选择性和建构性。所以，我们不可能通过语言的叙述了解到其所代表的真实世界，而只能去认识与语言的表达不可分割的意义和世界。

对咨询师而言，语言的改变就意味着信念、关系、情感或自我概念的改变。语言的变动性使咨询师与来访者之间的对话充满建构新语境的机会，因而可以把有问题的信念、情感和行为通过语言的改变得以转化，以新的语言描述自己的生活经验，重建积极的生活。

（二）“问题”是一种“问题”叙事

问题本身不是问题，叙述中的问题才是问题。咨询师并不关心来访者现实中的问题，与来访者毫无联系的现实问题并不存在。咨询师关注的是问题叙事中的问题，即关注问题是如何被来访者的语言建构起来的，且关注来访者的问题叙事对于来访者的特殊意义。

与现代范式的心理治疗着眼于个体的感受，把心理问题定位于个体内部有所不同，叙事心理辅导把心理问题定位于人与人之间，即以语言为媒介的种种关系构成的社会空间，强调的是语言的社会过程。这也是问题在叙事中的含义。

（三）主流叙事影响个体叙事

叙事心理辅导认为之所以出现“问题叙事”，是因为个体叙事与主流叙事的关系发生矛盾所致。怀特认为，个人问题的形成与主流叙事的规范和控制有关。人们赋予生活的意义将决定他们的生活方式，但在很多情况下，人们意识到的意义并不是自己真正想要实现的意义，而是社会主流叙事“指定的人格与关系的规范”规定的意义。于是人们必须接受自身的生活处于外界对个体的权力控制中，结果形成了某种受到强势干预、而自己不期望的问题叙事。

（四）给予来访者主导地位

叙事心理辅导关注的问题本质是：来访者是如何组织自己的故事并赋

予意义的。对于来访者的生活本身，咨询师在倾听之前无从知晓。咨询师必须放下一切先入之见，走进来访者叙说的故事世界。每一个来访者的故事都是独一无二的，只有来访者清楚自己的故事和赋予的故事的意义，也只有来访者愿意开始改变叙事，改变才能发生。所以说，只有来访者才是解决自己问题的专家。

咨询师需要赋予来访者辅导中的主导地位。咨询师是倾听者、引导者和叙事中的共述者。咨询师协助来访者进行解读和建构，成为叙事过程的同伴，但始终不超越来访者。这与罗杰斯的以人为本治疗方法很相似。

二、叙事心理辅导的操作特点

所谓叙事心理辅导，是咨询师通过倾听他人的故事，运用适当的方法，帮助当事人重建具有积极意义的生活故事，并以此为契机重新建构生活意义、唤起当事人发生积极改变的过程。不过，叙事心理辅导并非一种有固定步骤的辅导方法，而是一种突出叙事特点的辅导模式。叙事心理辅导可以把其他辅导方法组合在自己的辅导过程中使用，也可以在其他辅导方法中加入叙事辅导方法。作为一种在班级中实施的积极心理辅导的方法，叙事心理辅导特别注重在生活中辅导的理念，通过生活本身的重设来重构积极意义的故事，它带来的是积极理念、积极情感的建立和积极行为的形成。叙事心理辅导主要把握三个操作特点：

（一）故事叙说

过去的生命历程便成为故事。我们都是自己生命意义的创造者，我们有一种体验之后就会给它附加一种意义，这就是故事。哲学家萨特说过：人类一直是一个说故事者，他总是活在自身与他人的故事中。他也总是透过这些故事来看一切的事物，并且以不断地重新述说这些故事的方式生活下去。或许这也是历史常说常新的缘故。

叙事是一种话语，它既是文本又是一种思考的方式，因而叙事成为一种隐喻的表达。叙事隐喻认为人们通过故事来组织生活经验，进而形成人们的生活方式。叙事中隐喻了丰富的生活图式。

咨询师与来访者坐在一起，故事叙说就开始了。咨询师关注的是关于来访者在什么地方、什么时间、跟什么人形成什么关系、发生了什么事情，以及来访者如何解读这个事情。咨询师不是消极的倾听者，而是通过主动倾听和解构式问话来开启新故事空间，尝试从不同的角度重组和诠释来访者的故事。解构式问话是来访者叙事中若提到一个主动改变的事件，即有意切入："说说当时的改变是怎么发生的？""当时想了些什么才这样做？"咨询师在重组和诠释故事时始终要关注来访者是否愿意接受，从而引导来访者重新叙说一个积极的故事。

（二）问题外化

问题外化是叙事心理辅导最具个性的操作特点。它是怀特在多年的家庭治疗经验基础上提出来的。其理念是：人不是问题，问题才是问题。问题外化是把问题与人分开，让问题是问题，人是人。问题外化之后，问题和人分家，人的内在力量才会被重新唤起，转而有能力去解决自己的问题。

例如，一位成绩差的学生把自己看成是"差生"，这是把问题作为标签贴到了自己身上。老师在辅导时首先要做的是把成绩差与学生本人相剥离：成绩差并不是学生本人差。面对成绩差的学生只需要具体讨论：那一科成绩下降是从什么时候开始的？需要怎样行动可以发生改变？

（三）叙事重构

所谓重构，就是努力打破原来僵化的叙事图式，让更多的生活体验进入来访者的叙事中，重构一个积极意义的叙事。叙事治疗的研究学者波金霍恩（Polkinghorne，1988）说："一个人的过去是不能改变的……但是如果有一个新的事件加入，则对过去事件的解释以及它具有的意义便可以此改变了。"对于班级心理辅导来说，叙事重构更注重在生活中进行。

叙事重构是一个多种方式尝试改变的过程。这一过程从来访者叙事就开始了。来访者主动叙事的动机就是在寻求改变，只是他自我禁锢在自身叙事中。在重构中，咨询师需要加入叙事。除了伴随来访者叙事加入一些积极的扰动外，还可以借用积极心理治疗的跨文化观点，就来访者的叙事，寻找类似的积极叙事尝试加入，促进来访者发生改变。类似的积极叙事可以是别人的故事、还可以是寓言故事。在叙事文本的选择上也是开放的，比如，以文字的方式进行交流；推荐一本有关的书；观摩一场有关的电影；参加一次相关的活动，在生活中构建新的事件等。

有些来访者会以一种深深的情结陷入僵化的叙事，束缚在一种不能自拔的顽固力量中。如果咨询师使用重组或诠释的方法仍然不能奏效，就要帮助来访者在生活中寻找叙事重构的机会。叙事的真正重构一定要在真实生活中发生新的故事，从而使得过去的经历获得新的诠释。从某种意义上说，叙事重构就是通过真实的生活进行的。比如，一个小男孩不情愿地做了包皮环切手术。手术后，小男孩一直耿耿于怀，担心性功能受到影响，为此焦虑不安。咨询师与小男孩在咨询室里进行叙事重构，几番叙事来去，小男孩仍然焦虑不减。最后，咨询师回到小男孩的生活中，设法找到一个同样做了包皮手术的大男孩，让其现身说法。小男孩方才一释重负，重构叙事了。

三、叙事心理辅导案例

（一）走出那场惊恐的噩梦

高三的女生小青如约来到释心室（心理咨询室），她轻轻地叫了一声“老师”，泪水就止不住流了下来。我感到她一定是遇到了很委屈的事情，于是赶忙上前轻轻抱住她，她的身体在微微地发抖。我一边拍拍她一边轻轻地说：“心里很难过是吧？”“我好害怕！”“怕什么呢？”“我不敢说，也不想说！”小青似乎还处在一种遭遇不测后的惊恐之中，小青慢慢冷静下来，讲述了两天前发生的一件事情。（她的叙事情感表明她建构了一种严重的问题）

星期日晚上 9 点多钟，小青走在返校路上，发现有一男子尾随身后。路上行人稀少，她非常紧张。快要走进校门时，男子突然径直冲上来，一把抱住她欲行非礼。小青吓得大叫，奋力挣扎跑开，直奔学校，在学校门口惊魂未定地向保安求救。保安追出去，发现有几个男子正在校门口张望。小青一眼认出非礼者。保安抓住那个男子，正好遇到巡逻警察赶来，将男子带去派出所受审。小青受到惊吓后一夜噩梦不断。两天里，她在一种惶恐不安的状态下度过，学习无心、饮食无欲。她不敢迈出校门一步，头脑里不断想象非礼者等在校门外伺机报复的可怕情景。她一直在焦虑地说："是我指证了他，使他挨打，被抓，他出来后一定会找我报复的！""我不能学习了，我肯定完了！"(叙事中出现了非理性观念)

在叙述的过程中，她两手紧握拳头，在关键的细节上不愿涉及。我静静地陪伴着她叙事，感觉她还处在强刺激的余悸中。我有意跟她聊一些日常的轻松问题，缓和一下叙事的氛围。等她稍稍平静后，我说："这只是一个突发事件，它与你的学习是两回事。我们一起来解决它，好吗？想一想，这个事件中你是受害者，他是非礼者，你指证他是应该的，他应该受到惩罚。他就是出来也不知道你是谁。况且还有警察呢，这次他刚一图谋不轨就被抓个正着，哪里再敢以身试法？"(引导来访者改译叙事和非理性观念，并把问题外化)

小青情绪反应虽然有所减轻，但看得出来，她还处在心理危机的应激状态。这个叙事的重构还需要时间采用其他不同的方式。我给予她情感支持，之后约她第二天再来。(现在应该做的是情感宣泄和给予共情和支持)

小青走后，我设计了一个在情境中重构叙事的方案。第二天，小青如约来了。我约她一起到学校外面走走。来到校门口时，她开始犹豫，环顾四周，迟迟不肯迈步。我拉着她的手将她牵了出去，有意带着她向出事的路上走。虽然一路上都是下班的路人，我也有意地与她聊天，但是，她仍然十分敏感，紧扣我的手，手掌冰凉。只要后面有人，她马上掉头看。走了一段路她就要求回去，仍然感到恐惧。我坚持拉着她向前走，并继续与她聊班上的事情，慢慢地她的语气轻松起来。尽管天渐渐暗下来，她却神态自如，手虽然还挽着我，但不再冰凉。就这样一路走一路聊，再回到学校时，感到她已经不再紧张了。我问她："现在还害怕吗？"她说："说着话就忘了。"我让她再环顾四周，问她有什么感觉？有什么可怕吗？小青有点不好意思摇头说："还好了。"我肯定她的积极改变，并鼓励她继续这样慢慢恢复平静。(情境重现是很有力度的一种叙事的改译)

小青后来又为高考复习的事前来咨询，我又询问了她对此事的感觉，她很平淡地说，没什么事了。

这是一次成功的心理危机干预案例，而用情境重现的办法重构叙事证明是很有效果的。

（深圳市育才中学肖一帆提供素材）

（二）仇恨女人的男孩

三年级的小洋是一个聪明的男孩，对很多事情颇有自己的观点。他对班上的男同学很友好，可是对女同学却很不客气。有一次，他的文具盒被一个女同学碰到地上，他一把把那个女孩子推倒在地。而这些竟是在我的眼前放肆作为。我压着火对他说："小洋，你怎么可以这样对待一个女孩子呢？""谁叫她把我的文具盒弄到地上！""她不是故意的，捡起来不就可以了吗？你不能那样把她推在地上啊！"没想到小洋忽然哭着大叫："女人没一个好东西！""怎么啦？小洋！"我吃了一惊。一个年仅 9 岁的孩子说出如此话来，这里面一定有隐情。（辅导对象在用情绪和行为表达一种问题叙事，老师需要有足够的职业敏感）

下课了，我让小洋跟我到办公室聊聊。我先了解小洋家庭的一些情况："你上学一直都是爷爷接你吗？"我观察到来接小洋的是一个年近七十的老人，这里面或许有些原因。"天天都是我爷爷接我回家。""那你妈妈呢？""我妈妈跑了，爷爷说妈妈把家里的钱全拿跑了。"小洋恨恨地说。事情初露端倪。我决定到小洋家家访。（这里表述了问题叙事的原因，但是需要做进一步了解）

晚上，我来到小洋家。小洋的爷爷说，在孩子很小的时候，他妈妈就"跑"了。小洋爸爸很受打击，无心照料孩子。小洋是爷爷带大的。爷爷对小洋的妈妈很有怨气，难免在孙子面前提起旧事。我与小洋爷爷提出建议：平时不要在孩子面前说他妈妈的不是。大人的事情尽量不要让孩子知道。多培养孩子一些好的习惯，多让孩子亲近他人。小洋爷爷表示要改进教育方法。（孩子的问题叙事与成人问题有关，孩子的叙事重构需要从成人的叙事重构开始）

在平常的班级生活中，我开始对这个特殊的孩子进行心理辅导，注重让他在班级相互关心与尊重中体验相互信任的人际关系。我经常鼓励他在学习上的进步，引导他参加班里的活动。我特别叮嘱两个座位邻近的女同学与他友好相处。为了方便与他交流，我想了一个特别的方式，在他的作文本上简短留言。就这样，小洋与我在作文本上说起了悄悄话。渐渐地，小洋对人友好起来。有一次，我故意问他："你跟男同学一起好玩呀，还是跟女同学一起好玩呀?"小洋笑嘻嘻地回答："都好玩。"（在生活中重构叙事成为生活的真实体验，有一种更强的辅导作用）

教师节这天，小洋神秘兮兮地来到办公室，要跟我借一百块钱。他向我保证不会花掉，而且一会就还给我。我说，我知道你是一个值得信任的孩子。但还是心存疑惑地借给了他一百块钱。十分钟功夫，小洋跑了回来。他让我闭上眼睛，说要送我一颗心作为节日礼物。我张开双手接过来一看，原来小洋用向我借的一百块钱折叠了一颗心还给了我。小洋真诚地说："谢谢老师对我的好，我用一百块心谢谢你!"眼前欢悦的小洋再也不是那个满腹恨意的男孩了。

（深圳市南山区育才一小谭方提供素材）

焦点解决心理辅导

一、焦点解决心理辅导的基本理念

焦点解决心理辅导是指以寻找解决问题的方法为核心的短程心理辅导技术，是20世纪80年代初期由斯提夫·迪·沙德（Steve de Shazer）和茵素·金·伯格（Insoo Kim Berg）夫妇及其同事在短期家庭治疗中心发展起来的。焦点解决心理辅导的产生深受后现代主义的影响，与叙事心理辅导有相通之处。其基本精神是：焦点指向如何解决问题，而非追究问题发生的原因；引导来访者重新叙说有正向意义的故事；以朝向正向目标的积极态度从小改变的发生入手。这种注重潜能调动、强调积极改变的辅导思想诠释了积极心理辅导的基本工作要素。

（一）从正向意义出发，寻找正向的意外表现

许多问题的发生往往是系统的产物，是若干因素相互影响的结果。而且很多问题本来就是生活自身的内容，是我们每天要办理的事情。尤其对中小学生来说，他们的问题大多是发展性心理问题，极少有严重的心理问题。在辅导中与其耗费时间去寻找原因，不如指向目标，尽快寻求问题解

决。因而，焦点解决心理辅导注重的是来访者的问题情形将发生什么变化、解决问题的必要条件是什么。在实施中，焦点解决心理辅导强调调动来访者的正向力量，而不是去看他们的缺陷与不足；强调他们曾经的成功体验，而不是挫折经历；强调来访者改变的可能性，而不是他们的限制。

焦点解决心理辅导认为凡事都有例外。只要有例外发生，就能从例外中找到解决方法。因此，焦点解决心理辅导特别持续地注意“例外”的存在。如果问题是“黑”的话，焦点解决心理辅导则强调引导来访者看到自己的“白”，并利用自身资源努力增加自己的“白”。对于那些认为自己已经毫无办法、病入膏肓的来访者，尤其要鼓励他寻找问题的例外存在。其实只是来访者深陷困境，往往看不到希望而否定自己而已。例外能够让来访者看到自己的能力和资源，引导问题的积极解决。

（二）小改变带动大改变

一个僵化系统的改变需要从一个可能的小改变开始，就像一个蝴蝶效应的初始。小的开始是解决整个问题的开端，可以使来访者增加解决行动的信心与动力。其实小改变可能就是曾经发生过的成功的例外，从这里入手更容易带动大改变。在辅导过程中，咨询师要引导来访者看到小改变的存在，看重小改变的价值，促进小改变的持续发生，形成蝴蝶效应，从而改变整个系统的功能。比如，在班里遇到那种“没精神、没兴趣、没动力”的学生，老师要做的就是从微小的事情上引导其发生小改变，可以是表扬答对了一个简单的问题；可以是赞美做了一次助人行为。老师要有坚定的“积极人”信念，微小的改变途径总是可以找到的。

（三）来访者是自身问题的专家

焦点解决心理辅导认为来访者有能力自己解决问题，这一理念与叙事心理辅导相同。辅导中，咨询师应从强调来访者的优势着手。这一理念突出表现在焦点解决心理辅导技术要因人而异，不必苛求统一的模式。特别要关注来访者的特长、爱好与价值取向。在焦点解决心理辅导的基本精神中，不去深究问题行为的根源，而是相信来访者本身具备所有改变现状的资源，强调利用来访者本身的资源达到改变的目标。咨询师更多的是引导来访者去积极发现改变的线索，其问题解决的线索来自来访者本身。这样，咨询师与来访者的就是一种合作互动的关系。咨询师要与来访者建立信任，富有同理心地倾听来访者述说自己的故事并引导来访者积极地叙事。在过程中咨询师要使用可能的有力手段，促进来访者的进一步思考和改变。咨询师师使用的手段不是强加给来访者的，而是顺应来访者的思维与行为习惯进行。

二、焦点解决心理辅导的基本技术

焦点解决心理辅导可分为几个基本的阶段：

问题描述阶段。咨询师首先要对来访者的问题有所了解。这一阶段是通过亲近来访者，让其不受干扰地表述问题。咨询师需要询问一些问题的性质与事件的细节，但不追究问题的成因，在倾听的同时，计划如何使辅导过程导向解决问题。

设定正向目标。辅导过程朝向来访者的正向目标进行，咨询师在尊重、共情、关注的态度下，引导来访者澄清他想要达到的目标，并建立工作目标。

探索例外。此阶段集中寻找与讨论来访者生活中的各种例外经验，并且追溯来访者是怎样做到让这些例外经验发生的。由于来访者往往不易看到例外的存在，咨询师需要敏感地关注出现例外经验的表述，并有意停顿和表示惊奇、赞许，让其描述例外发生的细节、条件和个人感受，使来访者有信心、有能力让这些例外再度发生。

结束前的正向回馈。咨询师需要回顾和整理来访者在前面阶段所提到的有效解决的途径，然后以正向的反馈、有意义的信息及家庭作业的方式将这些信息提供给来访者，以促使来访者继续达成目标。

三、焦点解决心理辅导案例

（一）想到了爸爸妈妈的好

这是学生的心理周记引出的故事。老师在回复学生的心理周记时，看到了一段文字：“我越来越不喜欢那个冰冷冷的家了。爸妈跟我说话，永远只有学习、作业。为什么他们就不能来问问我过得开心不开心，快乐不快乐？好窒息的家，我真的想离开，去找一个放飞心灵的地方。可是，爸爸妈妈，我爱你们啊。怎么办呢?”这是小丽，一位情感丰富、又有些多愁善感的女孩。她生活习惯很好，热心班级工作，成绩也很优秀，而且比同龄人显得成熟一些。但似乎她的家庭并不温暖，她的诉说给老师冰冷、孤独的印象。看来这次不是一般的抱怨，老师在第二天放学后约小丽单独来谈。

老师从寒暄的问话开始：“今天找你来聊一聊，近来好吗?”

小丽：“老师，我没有拿到周记。”

老师顺势切入主题：“哦，还在老师这里。谢谢你对老师的信任，把你内心深处的心事与老师分享。老师感觉你不太开心，可却不知道发生了什么事。今天请你来，想看看老师能不能帮助你。可以吗?”

小丽有些不安和犹豫：“嗯。”

老师给小丽倒上水，营造气氛：“喝水吧。从周记中看，老师感觉你的情绪有些低落。是吗?”

小丽不由得低下了头：“嗯。”

老师尝试着直接面对：“你慢慢地告诉老师，发生什么事了?”

小丽仍然低着头，一阵沉默之后，开始说了：“爸爸妈妈都不管我的，每天回去就只有我一个人，吃饭是一个人，做作业也是一个人。我已经厌倦了这种生活。这个周末，爸爸又去上货，妈妈在家忙店铺。我感冒了也没人管，自己很伤心。”

小丽低着头诉说，一颗颗泪珠滴落下来。老师轻轻地把纸巾递过去。

15 分钟过去了，老师以陪伴者的口气问道：“所以，在家里你的希望是——”老师故意停在这里。(问题已经明朗，问题描述可以完成了)

“我希望得到爸爸妈妈的关注。我宁可不要物质上的，我只要爸爸妈妈多问问我内心是怎么想的，而不要老是说我的学习。”

“哦，老师明白了，你渴望得到爸爸妈妈的关心，可是你说爸爸妈妈太忙，没有关注你。你不想要自己很孤独地待在家里，所以不开心。对吗?”

小丽抬头看了老师，很快地点点头。（小丽说出了问题的原因，也说

出了解决问题的目标）

老师引导着说：“好的，小丽。现在重要的不是发生了什么，而是如何把事情解决好。因为事情已经发生了，我们还要往前走。对吗？”（这时可以指向解决问题了）

小丽点了点头。

老师说：“我们一起来解决这个问题。离开这个家，能不能解决问题呢？”（接下来要跟小丽一起商量解决问题的办法）

这是一个不现实的办法，当然不能。小丽摇摇头。（老师在用列举法提出解决问题的办法，目的是为了理性地思考。）

老师继续引导：“哦，那就是说离开家无法解决问题。你也不会有这样想法的。那么，爸爸妈妈这方面，可以改变吗？你觉得？”（老师在把小丽看作是解决自己的问题的专家）

小丽快速地摇摇头，口气坚决地说：“不可能改变。”

老师接着试探：“为什么你会认为爸爸妈妈不能改变呢？或许老师可以跟他们谈谈，从老师的角度跟他们谈？”

“因为他们非常忙，他们不可能每天待在家里。他们要赚钱。他们不可能改变现状的。老师你不要跟他们谈，谈了他们会骂我，说我乱说话的……”

老师尊重小丽的看法，于是接着探讨：“哦，你不希望老师插手，那么你觉得还有谁可以解决这个问题？”

沉思片刻，小丽有所触动地说：“只有我自己。”（这是辅导中可喜的变化，说明小丽开始调动自身的力量了）

“很好，那你觉得你可以怎么做？”

小丽一下子话多了起来：“老师，我做了很多的，我希望爸妈跟我沟通，我就故意把日记本放在客厅茶几上或是饭桌上，可是他们根本当没看见，看都不看。他们根本不想知道我在想什么。有时候他们说话，我说了两句，他们就说：大人说话，小孩别插嘴。他们不会跟我沟通的……”（听得出，小丽仍然在抱怨）

老师说：“也许爸爸妈妈那时候真的很忙，而且在讨论一些生意的事

情。其实他们是关心你的。而且，你是不是也要关注一下爸爸妈妈的事情呢？”（老师在正向引导重新叙事）

“嗯。”小丽低头若有所思起来。

老师开始引导：“小丽，现在我们换一个角度看问题。你闭上眼睛，想象你最熟悉的爸爸妈妈，他们每天的身影。除了你刚才说的那些事情，再想想你和爸爸妈妈其他的事情。”（寻找例外）

小丽闭上了眼睛。似乎过了很长时间，周围很安静。老师坐在她身旁，没有任何言语。小丽似乎颤抖着。忽然间，一颗颗泪珠再一次倾落下来。老师轻轻地握住她的手，感觉很热很热。

老师把纸巾放在小丽手心，轻轻地说：“你流了很多泪。告诉老师，你现在有什么感觉？”

小丽拭着眼泪说：“很温暖，很温暖，一种很舒服的感觉。”

“刚才想到了什么呢？”

“想到了爸爸妈妈的好……”一行眼泪又似断珠般倾泻而下。

太棒了。老师握紧小丽的手：“也就是说，你想到了爸爸妈妈的好，你就很温暖很温暖，爸爸妈妈确实对你很好，对吗？”

“嗯。”小丽抬起了头，眼中充满了温情。

“那么，是什么改变了呢？”

小丽想了想，清楚地说：“是心态。我换一个角度看问题了。其实爸爸妈妈对我很好，是我的心态不好。我用积极的心态想爸爸妈妈，就不会再有离家出走的想法了。”

老师说：“你今天谈得真好。心态改变了，想事情就不同了。就带着积极的心态跟爸爸妈妈生活，同时也关心爸爸妈妈的事情，好吗？”（给予正向回馈）

（深圳市松坪中学古军芳提供素材）

（二）明天上学来

开学一周了，初一班级名册上的鹏鹏竟然还是没来上学。老师打电话询问情况。鹏鹏妈也很着急，经介绍，给学校心理老师打了电话。心理老师约鹏鹏和鹏鹏妈来到学校心理咨询室。

两个人七嘴八舌地说了一件令鹏鹏至今不能释怀的事情。鹏鹏小学五年级时与班主任有一场冲突。鹏鹏说因为上课与同学说话，就被班主任揪住不放。而且班主任竟然煽动同学孤立自己。同学们也因嫌弃自己而不理睬自己，还经常在背后议论。鹏鹏一直对此事耿耿于怀，并认为发生冲突是班主任的责任。鹏鹏还说自己因此学习成绩直线下滑。鹏鹏妈也补充那场冲突的很多细节。说到这件事时鹏鹏和鹏鹏妈有点收不住，一致缠在一个话题上：老师应该向鹏鹏道歉。

老师用澄清式的语言问道："刚才讨论的是两年前的事情。现在主要解决什么问题？是让老师道歉，还是尽快上学？"（这时需要把辅导主题引向解决问题）

两人理了理头绪，认为当然是应该尽快上学。

老师问："如果明天来上学，鹏鹏感觉会有什么问题呢？"（在解决问题的主题下讨论遇到的问题）

鹏鹏说："我课程拖欠太多，怕跟不上被老师看不起。还有，怕进教室看见新同学。"

鹏鹏的恐惧心理产生与两年前的事件有关，也与自我评价过低有关。谈话中，鹏鹏一直在说自己无用，自卑心理较重。

老师问这种心理何来？鹏鹏说父母对自己经常批评、很少肯定。在咨询中鹏鹏妈也看到了自己对孩子的影响。

老师让鹏鹏找出自己的三个长处。鹏鹏开始有些茫茫然。一阵启发之后，鹏鹏说："我是一个诚实的人；对文学有一定兴趣；还有喜欢思考，特别喜欢思考一些社会问题。比如，小学那位班主任，一定是她心理有问题，非要跟我过不去。"鹏鹏又要把话题绕回去。老师把话题拉回来赞许地说："这些长处说明鹏鹏比较成熟，某种程度上超过了同龄的孩子"。(从正向意义出发，寻找自身的积极力量)

"明天试一试来上学好不好？落下的课程可以慢慢补。"老师又把话题集中迫在眉睫的事情上。

"那，如果班主任还像小学那个老师怎么办？"鹏鹏的恐惧心理在泛化。

“你看我像你上小学的那个老师吗?”老师在用事实反驳鹏鹏的非理性想法。

“当然不像。但是我还是害怕，如果还是那样的老师呢?”鹏鹏绕在这儿了。

老师把这个话题搁置一下，换一种方式，让鹏鹏闭目感受：想上学的意愿有多强？不上学行不行？把想上学的意愿与恐惧见新老师、新同学的心理比较一下，哪个更强？(老师意在唤起鹏鹏的正面力量)

看得出，鹏鹏的心里很矛盾：很想上学，又有顾虑。

“鹏鹏你看，今天你能主动来学校咨询，这说明你对新环境、新老师并不恐惧。这样，只是试一次看一看。或者，你可以只见班主任。而且，我可以向你保证，你班的班主任是一位很好的老师。”鹏鹏需要在新的情境中慢慢改变，重要的是能否跨出第一步，而不必在“如果还是那样的老师”的问题上纠缠。鹏鹏妈也不失时机地鼓励鹏鹏。(寻找正向的意外表现，期望从小改变开始)

“这样也好。”鹏鹏终于有些回心转意了。

心理老师事后与鹏鹏班主任进行了沟通。第二天，鹏鹏来到学校。顺利度过一天。

晚上，鹏鹏与心理老师通话，说新班主任挺好的。心理老师说：“你今天做得很好，这是你自己独立开始的新生活。坚持下去，你会有更多的改变。”(给予正向回馈)

积极信条辅导

一、关于信条的基本观点

积极信条辅导的理论依据取自 NLP 的研究和理情行为疗法的研究。NLP 的表述是：Neuro Linguistic Programming，可以译成“神经语言程序学”，它是研究人们如何形成自己的思维、语言程序，并影响自己的行为模式的。NLP 的创立是 20 世纪 70 年代的事情，归功于两位美国人：理查德·班德勒（Richard Bandler）和约翰·格林德尔（John Grinder）。NLP

建立了一套探索心灵和语言模式的原理、信念和技术，目的在于改变人们的思想和行为中不适应的习惯性模式，使人生更成功快乐。理情行为疗法致力于帮助人们将非理性信念转变为理性信念，进而改善他们的情绪和行为效能。艾里斯认为非理性信念主要是对自己、对他人、对周围的环境及事物的绝对化要求和歪曲的看法。

（一）人的信念系统

信念系统操纵着我们人生中的每一件事，是我们对事物做出判断的依据。人在长期的生活中形成了自己习惯的行为方式。比如，早晨驾车出行上班，在街边的小餐店用早餐，与同事合作开展工作，购物用银行卡刷卡付款。支持这些日常行为的就是人的信念系统。与这些日常行为有关的信念内容是：这些还没有发生的事情应该这么做，延续着过去的环境是可以信任的。信念是人们相信事情应该如此的判断，其判断来自人们过去的各种积累。它们曾经如此，它们还将如此，这样做是对的。设想一下，如果没有信念系统，人们做每件事都要先考察求证，确定基本准则之后再去做，显然这样成本太大、效率太低。信念系统是人们在生活中不断生成的，它帮助人们简捷有效地适应生活。

信念系统中包含着信念、价值和信条。价值是信念的支柱，是人们为之付出的意义，或为之付出能够得到所需。信条是基于信念形成的各方面的处事原则和行为准则。

信条无处不在，无时不在。比如，一个地铁施工工地给人们出行带来很大不便，施工单位便在围墙上写道：美好生活就在不远处；一切为了你明天便捷的生活。这些信条就在给人们传递一种地铁施工的不便是为了明天更好的生活的价值。再如，一个学生上课串座位，老师发现后严厉批评。学生脑子中浮现的念头是：串个座位怎么了，干吗对我这么凶？这个念头中包含的信条是老师不应该很凶地对待我。

（二）信条形成的途径

人们每天的生活被各种信条支配着，它们在不断生成，也在不断改变。信条形成的途径主要有下面四个：

1. 本人的亲身经验

本人亲身经历形成的认识是最深刻的，对于信条的形成最重要。如小时候被热水烫过，便知道热水不能用手碰；讲话粗言粗语遭人反感，便知道对人讲话要注意礼节。但是本人的亲身经验往往具有特殊性，仅就个人经验归纳生活信条，有时候会导致偏颇。如学生在学校跟老师发生了矛盾，遭到老师的偏见，于是认为“老师都对我有坏看法”。这就形成了消极信条。人的很多消极信条主要是在个体生活中经历了挫折性质的事件形成的。

2. 观察他人的经验

信条是习得的，其中通过观察学习是一种重要途径。如，见到同学因不遵守纪律而受到惩罚，于是知道某些行为不能做；见到某个同学因刻苦训练而在赛场取得优异成绩，于是知道“只要努力就一定有收获”。通过观察他人的经验学习，大大丰富了个人信条的积累。

3. 接受重要他人的灌输

所谓重要他人指个人依赖的、有重要影响的人，主要是父母、老师，还有好朋友。他们会用自己的亲身经历告诉你他们认为有用的生活信条。如父母告诫孩子上学路上不要听信陌生人的话；好朋友告诉你喜欢的事情就坚持去做。这样也是拓展了个人的生活经验。

4. 牢记前人的生活箴言

凡能流传下来的前人的生活箴言总有其道理，它们在一辈又一辈人的人生经历中得到验证。例如，做人要谨慎，“害人之心不可有，防人之心不可无”。为人要谦虚，“三人行必有我师”。做事要勤奋，“一分耕耘，一分收获”。那些成功的人物留给后人的也常常是励志的信条，如爱因斯坦所说：“想象力比知识更重要”；如哥白尼所说：“人的天职在勇于探索真理”；如歌德所说：“如果是玫瑰，它总会开花的。”

（三）基本的积极信条

依据 NLP 中的基本精神（李中莹，2001），我们在积极心理辅导实践中做一些整理，形成下面一些基本的积极信条，第 6 章已经提到了它们。实际上，它们还可以在生活中衍生和扩充。

1. 我好，你好，世界好

追求共赢的局面，这是处理人际关系的一条至善的原则。这个信条最具有建设性，最具有免疫力，也最具有亲社会情感。每个人都是这个社会中不可分割的一员，作为个体必须考虑如何处理个体发展与他人的关系。不受欢迎的发展是损人利己的发展，值得提倡的个人发展是利人利己、利于社会进步的发展。这个信条可以有很多变式，比如：我好，你好，大家好；我好，你好，全班好；大家好才是真的好。

2. 我的看法是积极的，我的生活就是积极的

看法决定做法，这是积极信条辅导的基本逻辑，也是理情行为疗法的基本观点。一个人充满快乐地做事时，头脑中一定被积极的看法支持着；而如果个人出现了消极行为或情绪困扰，那么就要停下来自我检查一下，头脑里一定有消极看法在作怪。

3. 我只需管理自己，努力做得更好

一个人首先要对自己负责任，首先要自己做出努力。每个人的信念系统只对自己有效，不应该强迫别人接受。头脑中出现责备别人的念头，就会出现充满抱怨的负面情绪。怨天尤人是一种十分普遍的心理隐疾，要走出抱怨的陷阱，就从实践这一信条开始。

4. 我已具有了让自己成功快乐的源泉

如果我快乐，就没有谁能让我不快乐；如果我追求成功，就没有谁能让我不去追求。成功与快乐，它们只决定于我们内在的信念、价值与信条，而不是我们每天遇到的事物。快乐不快乐，这是生活中很重要的一件事。成功与否，快乐与否，它们首先是我们自己的选择。

5. 凡事必有至少三个解决的方法

我们有时会陷入困境，似乎山重水复疑无路。如果这时认为没有办法了，就会停止继续探索；如果这时坚信总会有办法的，就会继续努力，其结果当然不同。大发明家爱迪生在寻找灯丝的过程中，一直试验了6000多种纤维材料才初步获得了成功。世界上很多事情没有答案，它们决定于我们怎样努力。在我们的信条里没有“挫败”，只是需要改变做法。不懈求索是一种积极的人格特征。

6. 尝试新的做法就会得到新的结果

我们在生活形成了很多习惯，它们使得我们的生活有规律、省精力。然而，世界每天都在变化，人的成长本身也意味着变化，遵循旧习惯意味着不改变，不改变便会感到外界变化的压力。我们应该坚持在开放中灵活改变的态度。如果按照习惯做法做事没有效果，如果希望得到新结果，那么就要尝试新的做法。开放能够让人生更灵活地建构自己，探索未来，去适应甚至主动开拓新的世界。

7. 有效果比有道理更重要

这是一个价值取向问题，也是一个极易陷入的误区。我们小时候被教导了太多的规则，很容易接受有道理的价值观，且多半认为，有道理就等同于有效果。一个学生上课偏偏要看课外书，老师批评是有道理的事。但对于学生来说，可能看课外书是有效果的事。所有的讲道理都是在判断是否遵守人为制定的规矩，而讲效果则是在判断是否趋向努力的目标。改革开放初期，邓小平提出“抓到老鼠的就是好猫”的观点和“不争论”的原则，正是强调了讲效果的价值观。讲道理是对他人而言，易陷入外部原因的纠缠与抱怨；讲效果是对自己而言，会积极地做出自我调整和努力。

8. 坚持追求目标就有成功的希望

做事能否坚持表现了一个人的意志品质。在积极的人生信条里，一定要有这样一条激励自己坚持追求目标的。没有一蹴而就的成功，成功本身就在于有一种不放弃的追求。一个人做很多事情并不难，难的是一辈子做好一件事。大画家齐白石从小务农，27 岁才正式学画。除了不得已的原因，他从来都不间断绘画。据说在他数十年的绘画生涯中只有十余天没有作画。这一信条有很多个性化的表述方式，如：确定了目标就决不放弃；不达目的，决不罢休；坚持就是胜利；坚持成就梦想。还有很多简捷的成语表达：坚持不懈、持之以恒、锲而不舍、水滴石穿、绳锯木断。

9. 用行动兑现承诺

这是一个独立的人应当秉持的信条。选择积极生活的人是主动负责任的人，做一个负责任的人需要有这种信条。用行动兑现承诺要求要有计划力，更要有执行力。

10. 选择对自己最有价值的行为

世事纷繁，各理其事。每一个人做事一定是出于内心的某种需要。或者进一步说，每个人的行为，一定符合自己潜意识的价值观和意义追求。有时人难免被幻象诱惑，被杂事纷扰。一个积极的人要经常反思和鞭策自己：希望从该行为中得到什么价值？有没有在做有用的事？经常督促自己去做有用的事。

二、积极信条辅导

NLP 的改变信念系统的技术与理情行为疗法的改变非理性信念有相通之处。积极信条辅导汲取了两者利于实践操作的内容。

（一）找出消极信条

人的信念系统中还有大量的消极信条，这也正是积极信条辅导存在的意义所在。对自我的消极认知、对自己经验的消极解释、以消极的态度认识未来，其背后一定都有消极信条在作祟。消极信条主要是对自己、对他人、对自己周围的环境及事物的绝对化要求和歪曲的看法。形成心理困扰的消极信条主要有 4 类：绝对化欲求、歪曲化感知、消极性思维、非理性应付。

1. 绝对化欲求

绝对化欲求是过高而不切实际的绝对化的欲望与追求，是未成年人中普遍存在的一种非此即彼的认知方式，即要求事情必须按自己的意愿发生，它们应该如此，否则就是不应该。如“我必须上重点大学”“别人必须尊重我”“社会应该是公平的”等。须知一个人能够选择的只是自己的态度和行为，他人的行为和周围的事物并不在自己的控制中。绝对化欲求是一种不合理认知。固守绝对化欲求的信条，无论是对他人的评价或是对自己的评价都容易走极端。这类人容易有挫折感，稍不如意，就会产生焦虑情绪。

2. 歪曲化感知

歪曲化感知是主观上对现实歪曲的感知反映，常常表现为一种以偏概全的认知方式，是未成年人在成长中易出现的思维误区。它常常指个体对自己或别人不合理的评价，其典型特征是以个人的片面感受来评价他人与事物、以局部事件来评价整体价值。持这种信条的人对待挫折事件要么是自责自罪、自卑自弃，要么是一味责备别人、迁怒他人。比如，一个学生受到某位老师的不公正对待，就认为“老师都对我不好”；一个学生连续遇到心理创伤事件就认为“老天爷对自己不公平”。歪曲化感知是人们在挫折心态中倾向于做出非理性归纳思维所致。

3. 消极性思维

消极性思维是对自己和与自己有关的事物做出的低下、无力的判断或评价，常常表现为一种局限性思维。局限性思维主要有三种情况：第一种是关于“能力性”的局限思维，认为“我没有能力”，如一门学科不如意就认为“我没有能力学习好”；第二种是关于“可能性”的局限思维，认为“我没有可能……”，如一次高考名落孙山后就认为“我没有希望再上大学了”；第三种是“资格性”的局限思维，认为“我没有资格……”，如连续遭遇家庭亲人去世就认为“我的命生成这样，应该受苦”。消极性思维主要与自卑情结有关。

4. 非理性应付

非理性应付是对现实问题及情绪问题持有的消极或无价值的不理智应付意向。它常常表现为对事物的可能后果进行非理性放大坏处的评估。非理性应付往往伴随着无可作为的消极性抱怨、责备、焦虑情绪。比如，一个学生在全校演出中因紧张忘了台词，伴随着非理性应付的抱怨可能是：“我真是糟透了”“我简直一无是处”。非理性应付表现为一种消极性情绪的宣泄和对问题的一种无能为力的状态。

（二）消极信条的改译

当来访者表达被一种莫名愁绪所困扰，陷入一种不断抱怨的消极状态时，咨询师可以提醒来访者打断思路，与来访者讨论出现了什么消极信条。接下来与来访者一起讨论改译消极信条的方法。改译的过程要顺着来访者的思路引导，常用的方法有下面一些：

1. 意义转换法

尝试把消极评价的意义直接改变，其改变原则是：不改变事实，只是改换成有利的解释，这种改换实际上是赋予原来的消极评价以积极的价值，其效果是完全不同的。比如，一个学生因不愿做作业而苦恼，但又认为不能不做。其心中的想法是：“不按要求完成作业的学生不是好学生，老师会不喜欢的。”改变一下评价可以是：“不按要求完成作业是为了按照自己的思路做功课，更有利于自己学习。”一个爱好体育的学生，主科成绩不太理想，他会想：“爱好体育有什么用？学习上不去全是瞎扯。”改变一下评价可以是：“发挥体育的特长，同样可以学有所成。”

2. 归至谬误法

不合理认知、歪曲性认知和消极性情绪的表达，它们肯定是与现实不相符，甚至是相悖的，只要追问一下就会发现，它们的逻辑很荒谬，其实是一种退行的、不成熟的表现。比如，一个学生为了摆脱同桌的嬉闹想调换一个座位，而班主任偏不同意。这个学生就很有情绪：“老师都这么不近人情！”对此，咨询师稍一追问就可以了：“是这样吗？老师都不近人情？”这就引导学生换一个角度想问题，然后学生自己会发现原来的想法很荒谬，其实老师有很多可亲之处。再稍稍冷静换位考虑一下，可能班主任对于此事的协调要考虑多个学生的因素，不能有求必应。

3. 寻找例外法

当一个人经历了较多的挫折事件，或者消极体验和消极信条已持续了较长时期，其消极信条的改译就不是一件容易的事情。如果已经是一片黑，就要努力在一片黑中寻找例外的一点白，然后让这点白慢慢变大。比如一个学生遭遇父母离婚而被冷落，同学关系也不好，于是他对老师说：“没有一个人对我好。”老师则可以说：“不是这样吧？现在老师对你很好，对吗？”但是这个学生不会因此而很快改变消极信条，因为他在自己生活环境中的体验还没有改变。然后老师要花一些时间营造对这个学生的成长尽可能有利的环境，比如让父母重新关爱他，让班级同学都来关心他，让他慢慢重新形成对生活的积极体验，重新形成“我好，你好，大家好”的积极信条。

4. 换位思考法

消极信条的产生常常是因为不能从他人的角度考虑问题所致。而如果人们都从个人的角度考虑和处理问题，这个世界便会纷争不断、灾难频生。换位思考是人类经过长期博弈，付出惨重代价后总结出的黄金法则。没有人可以孤立生存，社会是一个利益共同体。换位思考是人与人之间的一种将心比心、设身处地的心理体验过程。它要求人们将自己的思考与对方联系起来，站在对方的立场上体验和思考问题，达成一种新的理解。比如某学生抱怨现行高考制度不合理，老师便启发学生换位思考：如果你做教育部长，有没有什么好办法进行高考改革？讲公平、讲效率、出人才都要考虑。这样换位一想，学生抱怨高考的消极念头就改变了。

（三）坚持实践自己的积极信条

人的信念系统中，积极信条和消极信条是并存的。而且人常常是“到什么山唱什么歌”，坚守积极信条常常会遇到消极信条的挑战。

坚持实践积极信条要明确自己的价值追求，一个有明确价值目标的人能够更好地坚持自己的积极信条。对于很多中小学生来说，他们还不足以形成明确的价值观，但是他们会有生活追求，成人的价值追求正是在青少年时期的生活追求中积累的。在一种有序、向上的生活环境中更有利于坚持实践积极信条。

坚持实践积极信条关键是在逆境中不为情境所动，能够坚强地坚守自己的价值方向。要学会积极心理辅导的技巧，知道如何改译自己可能出现的消极信条和如何积极赋义。

在班级生活中坚持实践积极信条还要营造一种积极的团体成长环境，通过团体动力机制使得积极信条形成集体的信念。在一个团体中总可以发现积极向上的榜样，他们是带动团队形成积极信条的火种。

三、积极信条辅导的案例

（一）我只需尽力去做

高考压力问题可以预设 4 个方面原因进行分析：来自父母或重要他人过高期望的压力；来自认为高考考不好影响一生发展的压力；来自应该达到自定的较高要求的压力；来自对于在考场上可能出现的紧张反应的焦虑。

小池是一个长得瘦高的高三学生，最近经常失眠，面临高考感到压力大，周末赶来咨询。

在咨询室里，小池眉头微皱。谈到高考压力，他只是说感到处于一种无法摆脱的压力之中，但具体说不上压力是什么。平时感到复习任务重，每天很少运动。谈到高考4个方面的原因，小池说：主要是他希望考到想去的本科高校，理想分数应该是580分以上，而现在考试估分在520分左右，担心考不上本科。平时考试时就会紧张，常常手心出汗，有时把卷纸都弄湿了。

一番分析，原来小池的压力源来自绝对化欲求的“我应该考好”和“考场紧张”两方面。下面是一段改译消极信条的对话：

小池：“我应该考到580分以上，否则就很糟。我感到自己没希望，不知道怎么办。”

老师：“你根据什么说应该考到580分以上呢?”首先让小池对自己“应该怎么样”的想法开始反思。

小池：“没根据，只是希望那样。”（这个回答给下面改变绝对化欲求做了铺垫）

老师：“设想一下，考不到580分会怎么样？会没希望吗?”（老师希望改变小池的非理性应付的消极情绪，让小池设想一下结果会不会很糟）

小池：“上不了想去的本科学校喽。”看来还是可以接受的现实的。

老师：“总会有书读的，对吗？上不了想去的学校会影响一生吗?”（继续探讨结果会不会很糟）

小池：“那也不会，后面还可以自己努力的。”（只要回归理性思考，就会说得很明白。还好没有出现歪曲化的感知）

老师：“那就是说，情况不会很糟，而且只要努力就会有希望。”（老师接下来与小池谈一些“例外”的叙事，那些考上了很一般的高校的人后来也很有作为）

小池并没有完全出来：“但是还希望考试如愿一些。”（当人被消极情绪控制时，那些消极的信条并不容易改译，这时需要找到一个可以替换的积极信条）

老师："希望考试如愿你就应该考好，这是关注过程还是关注结果？"

小池："当然是关注结果。"

老师："可是考试的结果你能够完全把握吗？一个人能够自己完全控制的事情有多少呢？"一番讨论让小池明白了，对于过程的关注更重要。

老师接着说："如果关注过程应该怎么说？我——"老师停下来期待小池接下去。

小池想了想说："我尽力去做。"聪明的小池自己就说到点子上了。

小池明白了："我应该做好"是关注结果，实际上过程不由个人完全控制，结果当然无法把握；"我尽力去做"是关注过程，过程中仍有不确定因素，努力后就接受最后的结果。老师让小池在头脑中分别出现这两个想法时体验自己的情绪变化。小池说出现"我应该做好"时情绪较紧张；出现"我尽力去做"时情绪较轻松。

小池情绪不再像刚来时那样焦虑了。趁热打铁，老师与小池讨论如何坚持实践"我尽力去做"的信条。

小池还有考试紧张、手心出汗的现象。老师让小池合上眼睛，放松呼吸，采取冥想放松的方法让小池现场体验放松的感觉。

最后，老师安排小池回去后的作业：自己经常做一做调节呼吸的放松练习，如果在考场上出现了紧张反应可以现场操练。头脑中有消极信条出现时，就坚持想"我尽力去做"的积极信条。另外，每天要劳逸结合，适当做一些室外运动。

(二) 吹口琴的男孩

班里有一个叫杨光的男孩，瘦瘦高高的。乍一看他平平常常，可是稍加观察，就会感觉有些不对劲儿。说是"阳光"，可杨光经常面无表情，无论老师和同学对他多热情他都没反应。而且对周围的人保持高度的警觉。他上课经常趴在桌上，课后不完成作业，课余独自一人发呆。偶尔跟同学说话，他态度很不友好。杨光经常挂在口头的话是："没一个好东西！""我就混日子了！""关你屁事！"他给人的感觉是压抑、孤僻、消极，心里似乎隐藏着深深的创伤。

老师到杨光家里跟杨光的父母交谈，了解到了一件事情。杨光在小学四年级时，有一次被社会上的几个小青年勒索钱财，并被扒掉了裤子。杨光回到家时脸色阴沉，但当时父母以为只是跟同学怄气，没太在意。后来他们发现儿子慢慢地变得沉默寡言，对外界充满了敌意。上了初中以后，杨光越发消沉，满脑子消极、灰暗的念头。（这是一个通过个人经验形成消极信条的男孩）

这事情过去几年时间了，看来，要改变他歪曲、消极的想法，可不是谈谈心那么简单。该从何处入手呢？老师从杨光父母那里了解到杨光很爱吹口琴，而且是无师自通。在家里时，他经常在自己的房间里一个人吹口琴，直到入夜很晚。（这是一个难能可贵的自我积极调节方式，也是一个积极心理辅导可能的切入点）

老师曾尝试着跟杨光接触谈心，没想到他根本不领情，说没有人可以改变他。于是老师变换方式，改变杨光身边的人际环境，叫对音乐有兴趣的同学向他学口琴，并让他参加班级小乐队。尊重是最有效的力量，被他人需要是最友好的接纳。杨光脸上渐渐阳光起来，对同学开始热情了，而且学习也不像以前那样消极了。（既然杨光通过个人的消极体验形成了歪曲化感知和非理性应付，还是让杨光通过亲身积极体验感受友好的人际环境来改变）

看到杨光有了一定的积极心态，老师让班干部鼓励他参加班级活动。校运会上，杨光充分发挥了瘦高身材的优势，居然拿下了跳高亚军！场外的同学像发现第二个刘翔一样为他喝彩。（被同伴群体接纳是最好的意义转换）

老师主持了一个“你好、我好、大家好”的主题班会课。在班会课，老师特意安排杨光表演吹口琴。一曲流畅的《莫斯科郊外的晚上》震惊了全场。许多同学为他狂呼起来，甚至吹起口哨。当最后老师让大家一起喊出“你好、我好、大家好”时，杨光的眼里分明流出了热泪。

第 9 章

中小学生几种心理问题的专题分析

真实的心理辅导是以来访者为中心、同时也以心理问题为核心进行的。辅导过程要在现场与来访学生的互动或问题的展开中灵活地使用方法，也要对问题涉及的专题背景有系统的掌握。考虑类型问题发生的普遍性和专题理论背景的专业性，本章内容筛选出中小学生 5 种心理问题：人际关系的问题、网络成瘾的问题、关联家庭的问题、非自杀性自伤的问题、抑郁情绪的问题。针对这些问题，关联班级生活背景，以具体的案例为引导展开专题讨论，并渗透着积极心理辅导的理念进行分析。

人际关系问题的辅导

一、案例分享

（一）谁愿意跟我一起玩？

又是一个新学期，学校的教室、走廊重新充满欢笑与嬉闹。同学们三五成群，看上去，一切交往都那么自然。可是仔细观察，却发现同学的交往神态各异：有的细语说笑，有的吵闹冲撞；有的偏爱张扬，有的默然独处。谁的感受谁知道。真正的交往并不简单，故事一大把。

小达是一个 10 岁的男生，说起来让老师头大。他上课经常捅来捅去，惹得前后左右不安宁；他遇到不如意的事便是摔东摔西，有一次竟然摔裂了座椅；他在班里与同学冲突不断，同学课余活动都不肯跟他在一起。小达受到班里同学的排斥，成了班里孤立无援的刺头。问一问小达为什么这样，他的怨气大得很：“谁都不愿意跟我一起玩!”

老师仔细观察小达的表现，发现他很希望得到同学的好感，却又拿不出赢得别人好感的强项，于是常常拿出拳头来逞强。当用另类的方式表现自己时，他有一种获得关注和赢得上风的得意。当然，他也有一种愈加被同学排斥的苦恼。

老师了解到小达家里的情况。小达的爸爸是一个自营业者，妈妈的文化水平不高。平时，父母忙于自家商铺，对小达的管束少一些。放养大的小达生活习惯比较散漫。在妈妈眼里，小达是一个经常打架惹祸的孩子。而每当小达在外面惹麻烦的时候，爸爸便是直截了当地一顿皮肉处理。男孩子嘛，不打不成器。

小学校园，是孩子学习走向社会生活的场所。孩子开始生活在一个跟自己年龄相仿的群体中。每个孩子都知道自己此时不是一个倍受呵护的特殊成员，而是身份平等的小学生。于是孩子们都努力藏起童年的任性幼稚，努力地融入这个同辈群体，同时很渴望自己是这个群体中受欢迎的一员，最好是有优越地位的一员。其实，这不是坏事，因为这正是成长的力量。而无法融入同辈群体就成了严重的事情，甚至成了成长路上的阻碍。小达就是这种情况，他在用特别的方式表达心理离群的焦虑。

既然是人际环境中的问题，就要用改变人际环境的方式解决。

老师与小达父母交流，希望家里的氛围能有一些改变。小达父母正为小达的事情一筹莫展，若改变家庭氛围就能改变孩子，何乐不为呢？给一些关注，多一些肯定，讲一些规矩，没问题。

老师与班里几个同学暗中商议，让他们帮助老师做一个小实验，与小达交朋友，并观察小达会发生什么变化。

老师给予小达正面关注，肯定他身体灵活的长处，让他参加班里的篮球队。同时还给小达一些交际指导，你对人家好，人家才对你好。遇到人际矛盾了，试着商量解决问题。

一段时间后，小达慢慢变得温和了。老师故意问小达："有谁愿意跟你一起玩吗?"小达竟然神气得有些不屑："当然有!"

(二) 没有朋友的兰兰

兰兰上了初一了，高高的个头，漂亮的脸蛋，在人群中很惹人注意。不过，更惹人注意的是她那经常低头的神态、木然的表情。一看就是一肚子心事。

老师找到兰兰问："最近好像不开心，老师能帮你吗?"

兰兰认真地看着老师说："我想换一个班，在这个班里我没有朋友。"

老师理解兰兰孤独的心情。但是怎么想到换班解决问题？兰兰怎么理解朋友呢?

老师问："你希望有怎样的朋友?"

兰兰说："那种互相信任的，互相保守秘密的，绝不能把朋友的秘密出卖给别人的!"她有些激动。

老师听出来兰兰话里有事，问："你有过这样的朋友?"

"有过。"兰兰哽咽了，说了一件令她至今伤心不已的事。

兰兰在小学时有过一个无话不谈的好朋友。有一次上课，兰兰旁边的同学在聊天，老师发现后，误把兰兰也批评了。兰兰课后跟好朋友诉说心中的不满。实在想不出老师怎么就知道了，叫兰兰去"沟通沟通"。兰兰认定是好朋友出卖了她，十分伤心。从此，两人像是冤家对头，互不理睬。兰兰不再相信朋友，不过，没有朋友的兰兰也经常不开心。

老师说："重新开始吧，你在这个班可以交到新朋友。"

兰兰不悦地说："我感觉同学喜欢在背后议论我，好像在躲着我，根本就没想把我当朋友，所以我想换一个班。"

老师让兰兰再想一想自己应该怎么做，约定下次再谈。

老师跟其他同学了解情况。同学们纷纷说，大家跟兰兰哪有什么矛盾，只是兰兰从不主动跟同学打招呼，一身孤傲的样子，于是大家不好去"惹"她。

人际环境像是一面镜子，你如何对别人，别人就会怎样对待你。你是积极的，你感受的环境就是积极的；你是冷漠的，你感受的环境就是冷漠的。对人际环境的感受不取决于人际环境本身，而是取决于你自己加入人际环境的态度和方式。兰兰在小学阶段与好朋友之间发生了不快，因而对朋友产生了歪曲化的消极看法，使得她在新的人际环境中仍然不能释怀。

老师做了一个小小的安排。

老师再次与兰兰谈话。兰兰先开口道："老师，我知道是你关心我。班长主动问我喜欢与谁同桌，这是为什么？"

老师笑道："班级同学互相关心不是很好吗？班长这么做，你的感受怎么样？"

兰兰有些不解："当然感觉很温馨。不过，我不关心别人，只会遭大家白眼，凭什么让大家来关心我呢？"

老师说："大家在一个班级里生活，互相关心是应该的。其实，大家都很在意你。在一个环境里，主要是看自己怎么做。你对大家好，大家自然就会对你好。你封闭自己，大家也就不能走近你了。你不是要交朋友吗？试着走近大家看看。"

一周之后，兰兰主动来找老师说："我去找了原来小学那个朋友，我俩又好上了！"

以后的时间，经常可以在班级里看到兰兰高高的身影，那身影分明透露着活跃与快乐。

二、专题分析

我们用同伴关系这个说法，谈谈中小学生在学校的同辈人际关系的问题。就人的社会性成长来说，人在关系中成长，人是关系中的人。客体关系的理论对此有一种更确切的表达：儿童的内在世界是一个人际关系的世界；心灵的构成材料多与关系的内化有关；人类精神本质上基本是关系的①。这个专题最具有普遍性，同时也最凸显班级心理辅导的优势。

良好的同伴关系能使学生在班级群体里形成安全感和归属感，有利于学生的社会化。当学生受到同伴的肯定时，他会感受到接纳和尊重，从而

① 谢尔登·卡什丹（Sheldon Cashdan）. 客体关系实务与案例［M］. 中国水利水电出版社，2006.

愿意参与群体的活动，并自觉遵守群体的规范。学生需要通过他人的眼睛看自己，所以同伴关系的好坏与学生的自我概念有联系。在少年期被群体孤立的体验将导致自卑感，受同伴欢迎的学生其自我评价更积极。有这样几种类型的学生易出现同辈人际关系的问题。

（一）以自我中心的学生

“以自我为中心”是指做事情从自己的角度出发，只关心自己的兴趣和利益，而不考虑别人的兴趣和利益。以自我为中心的人不懂得换位思考，很少为别人考虑，也很少顾及别人的感受。这种学生常常受到同学们的疏远，人际关系不融洽，同学之间时而发生矛盾。

导致出现以自我为中心的原因常常是，有些家庭对孩子过于呵护，对孩子过分保护与溺爱。家庭中以孩子为中心，也就导致孩子形成“唯我独尊”的心理。

班主任的辅导对策：与家长适当沟通，建议父母做出亲子关系的调整，让孩子在家中学会体贴他人。在班级里安排他们负责班级某些方面的事务，学会为大家服务。引导他们去参与志愿服务活动，如：卫生劳动、公益活动等，在活动中学会合作和助人，学会从他人角度看问题，融洽同学关系。

（二）经常与人打架的学生

学生打架现象很普遍，而且年龄越小发生率越高，这可以看作是青少年好动好斗的年龄特点。但是有些学生经常惹是生非地与人打架，这就要给予关注了。一般来说，经常打架的小学生可以追溯到家庭中的教养方式的原因。简单粗暴甚至打骂的关系模式，更易导致孩子在学校出现打架行为。还有是受尊重的需求得不到满足，企图通过打斗的方式制服他人，结果是人际关系越来越糟。案例一中的小达就是这种情况。

班主任的辅导对策：了解学生在家的亲子关系，与家长共同分析问题的原因。理解和接纳这样的学生，通过辅导疏导情绪和学习一些人际交往技能，通过调整班级的人际氛围对其形成正面引导，使其回归班级群体中来。

（三）孤傲敏感的学生

有一种学生，学习成绩不错，可是在班级里却不愿意和同学交往，也不懂得关心别人，对待同学显得傲慢，尤其是更看不起学习差的同学。他们在班里显得形单影只，跟同学关系疏远甚至发生矛盾。但是这种学生内心又非常在意他人如何看自己，往往因对他人有看法而形成内心冲突。这种学生的家庭往往是较重视孩子的学习，而忽视孩子的人际交往。

班主任的辅导对策：跟家长做必要的交流，提示孩子人际交往的重要作用。开展人际关系的个体心理辅导。通过班级活动拉动这样的学生融入同学群体。

（四）自卑退缩的学生

自卑退缩的学生多数比较孤僻、内向、不合群、不敢探索、遇事退缩，回避与他人的交往。他们常把自己孤立起来，与他人缺少心理沟通，心态和举止常常表现得消极、灰暗，严重的不能跟同学建立正常的交往关系。

导致自卑的原因主要是个人和家庭方面：自我认识消极，缺少成功体验，能力不强，不被父母接纳，常遭父母训斥，从小没有体验到足够的爱，缺乏安全感。

班主任的辅导对策：让自卑的学生更多地从积极方面看待自己，放大他们身上的优点。了解他们的兴趣特长，肯定和鼓励他们身上的些微进步，采取特别措施给他们展示的机会，促进他们与同学建立同伴关系。

网络成瘾问题的辅导

一、案例分享

（一）魔幻世界中的迷失

小秀早早就醒了。她被一夜的噩梦折磨得昏昏沉沉，一身解不脱的疲惫。翻身起床，披上被子，插上电源，打开电脑，只十几秒钟，小秀就进入了精彩纷呈的魔兽世界。她兴奋起来，脸上凝结起特有的专注神情。而这一切都是不假思索进行的。

门外好像有声音，但是外面的世界小秀意识不到了。“咣！”门被猛烈地推开了，小秀身体一抖。妈妈一脸怒气：“我就知道你又玩网游！不看看这是什么时候！还上不上学！”小秀一下子变了一个人，脸上黯然无色，神情呆若木鸡，动作机械笨拙。接下来的事情她已经不知道是如何完成的了：凌乱穿衣、胡乱吃饭，被怒气未消的妈妈数落着一路“押着”去学校。

小秀是五年级的学生。这一段时间她的学习状况有些糟糕，几次单元测验一次比一次差。她上课常常走神，有时候身不由己就走进了“神马”世界。妈妈因此脾气大发，骂她不懂事，白吃粮。小秀日渐心绪烦躁、情绪低沉、食欲不振、睡眠不佳。一次，小秀听同学绘声绘色地讲起了魔兽世界，于是特意注册了“无敌秀”杀了进去，哈，果然好玩。她因此还交起了网友。小秀上网的时间越来越长，开始是 3 小时，后来是 5 小时，再后来，周末时间陷在网游里超过了 10 小时。每次痛快地玩过之后，从网上下来又觉得无聊。

小秀无法在现实生活中找到认同，却在网游中感受到了莫大的慰藉。游戏公司设计的网游给了小秀所有期望满足的东西：成就感、认同感、控制感、发泄欲，及至财富的欲望。只是，那是一个脱离生活的虚幻世界。

小秀在老家时本是个人人夸奖的好孩子。她性格乖巧、做事认真、学习优秀，只是不太主动交朋友，团体活动参加得少一些。五年级时，小秀转学到了深圳，一下子有些不适应。她要好的朋友不在身边了，而且英语原本没学过，学习起来很吃力。更糟糕的是，小秀感到自己不像以前那样优秀了，经常有一种被冷落的感觉。

小秀的父母工作较忙。早出晚归，跟小秀的交流少一些。由于小秀学习日渐下滑，被急躁的妈妈又怪又骂。小秀真是感到苦闷极了，不知道如何改变这一切。她选择沉默地与这一切对抗。跟同学发脾气，跟妈妈冷战，不完成作业，沉溺在网游世界中。

老师发现了小秀的变化。

网瘾产生的原因并不在于网瘾的行为本身，而是现实生活当中家庭亲情、同伴交往、自我认同等成长的元素出现了问题。面对这些现实生活中的问题，有些孩子选择了逃避。而网络则成了孩子现实生活的避难所。老师要帮助小秀做一个并不复杂的事情，在现实世界中重新找到自我，回到成长的轨道。

老师跟小秀妈妈做了交流：完整地欣赏和期待自己的孩子，这跟学习如何无关。孩子上网成瘾一定要在现实生活中找原因。要做温暖生活的太阳，不是做吹走网瘾的北风。妈妈的态度开始变化了。

老师与小秀讨论自己擅长写作的优点，由此建立起成长的自信。老师还鼓励小秀主动交朋友，重新找回童年的快乐。

小秀开始做自己生活的主人了，笑容重新洋溢在脸上。

怎样才能战胜网瘾呢？小秀跟大家分享一个小秘密：对付魔兽玩家，无须费心劳神，不战既为胜算。

(二) 阿辉的生活排序

在读初二的阿辉让妈妈一筹莫展，问题就是阿辉如妖魔缠身一般陷入了网游。

阿辉上周有两天没上学，原因很简单，夜里忙着打怪，早晨怎么叫都不起床。学校老师已经无力管束了，软软地捎个话来：作业不交就不交吧，来学校上学可以吗？其实，阿辉的学习还可以。英语成绩在班里可以排到前十，其他学科差一些。阿辉爱好足球，是学校足球队的，经常参加区里比赛。

近来一段时间，阿辉迷上了一款游戏，用手机玩，有真人对手，可2—3人一伙，对方也是2—3人。平时是每天玩1—2小时，周末时间要玩4—5小时。每天晚上玩完后8点多再做作业。这时候哪里还有精力做作业？阿辉满脑袋都是网游的画面，学习频道迟迟调不过来，经常做不完作业。

孩子这么痴迷网游，家长当然要管。妈妈早就顶不住了，频频向爸爸告急。爸爸在广州上班，要每周回来深圳。爸爸回来一次，就是对阿辉一顿拳脚，曾打得阿辉鼻子出血，屁股瘀青。结果呢，阿辉反而以此为由，调理疗伤，不上学了。

阿辉幼年阶段由爷爷奶奶抚养，到小学二年级才回到父母身边。那时妈妈总觉得孩子一脸漠然的样子，似乎对什么都不在意。学习还能跟得上，跟妈妈关系还行，跟爸爸就有些生分。

班主任了解了这些情况，也有些无奈，推荐妈妈找心理老师咨询。

心理老师把目光瞄准了阿辉的生活，看看阿辉的生活哪里出了问题。

心理老师让阿辉把一天的重要事情排个序，阿辉是这样排的：上学、踢足球、玩网游、做作业。看看，网游是比做作业更重要的事。心理老师试图通过生活中的问题突破，问网游的感受，说感觉有趣；问足球的感受，说感觉好玩；问学习的感受，说感觉无聊。

阿辉提到，现在只是历史老师对他好，跟英语老师 3 个月不说话。发现问题了，原来是跟英语老师因为作业的事发生了冲突，就此心生怨恨。先是不好好上课了，然后就不好好做作业了，再下来更是波及其他学科。家长面对孩子的问题是怎么做的呢？妈妈说要听老师的话，爸爸懒得管阿辉的事。孩子应付不了这个问题，于是逃避，于是玩网游，成了现在的样子。现在孩子希望怎么办呢？阿辉说如果换一个班就行。如果换一个班，每天的事情怎么排序呢？上学、踢足球、做作业、玩网游。

阿辉网络成瘾，既有与老师的关系问题，也有与父母的关系问题。家长要做的是当阿辉与老师发生矛盾时，要及时出面协调，给予阿辉心理支持，重新建立与老师的信任关系。网瘾其实只是问题的表象。

二、专题分析

网瘾指由于各种因素导致个体过度沉迷于网络，从而造成生理、心理及社会功能受到负面影响的成瘾行为。网瘾不仅会导致个体产生神经功能紊乱、免疫低下等生理症状，还会引起认知能力下降、焦虑、抑郁等心理问题。13—17 岁的青少年是网瘾的高发年龄段。

（一）网络成瘾的原因

网瘾产生的原因是当事人不能很好地化解生活压力与烦恼的消极表现。在现实生活遇到了问题，没有很好地解决，而网游又如此诱人，有些学生就逃避现实，遁入幻界了。现实生活中的问题主要的是家庭氛围、亲子关系，然后是学校中的师生关系和同学关系。有以下几个方面：

亲子关系疏离。80%的网瘾孩子早年有亲子关系疏离的经历。这种经历造成孩子安全感不足。尤其是父亲严重缺位，特别容易造成孩子安全感不足。婴幼儿时期长期寄养在祖父母家里的孩子，也会造成安全感不足。

父母关系糟糕。由于各类家庭矛盾，比如父母离婚或者长期冲突的情况，孩子被充满矛盾的家庭氛围搅得痛苦不堪，无力相助又无力逃避，容易沉浸到网络中缓解焦虑。

亲子关系不良。父母对孩子过度管制且缺乏关爱，会让孩子感到不自由，而玩网游能够体验到掌控感和控制感。精神需求得不到满足的孩子容易依赖网络。

学生成长挫折。学生学习动力受挫，在成长上得不到肯定和成就感，或与老师形成冲突矛盾，转而到网络上寻找肯定和成就感，包括攻击性的满足。这种缺乏成就感的学生，其父母也多是采用批评型的教养方式。

（二）网络成瘾的应对

认知行为干预。个体对自我及现实世界的看法和感受发生改变，如成瘾者认为只有在网络世界中才能得到别人的尊重，在现实世界中没有人喜欢自己。因此，当他们在现实生活中遇到困难和挫折及人际冲突等方面的问题时更易沉迷于网络。帮助他们解决在现实生活中遇到的问题，同时管控网络使用时间，他们才能从网瘾状态回归到现实世界中。

运动可以有效降低青少年网络成瘾水平。运动可以引发积极的心理和情绪体验，能提高青少年的自尊水平，降低青少年的应激反应，改善心态，降低焦虑。网瘾青少年，需要的是一个在生活中可以调适心理压抑、宣泄不适情绪的替代方式，而运动就是一个积极的选择。

改善家庭功能可以有效降低青少年网络成瘾发生率。父母疏于关心，不能及时关注到青少年存在的成长问题或者家庭关系不和谐，往往会使其沉迷网络。成瘾行为的形成是一个长期的心理发展过程，家庭生活环境对这个过程有重要影响。家庭所提供的情感支持及榜样作用对于成瘾者行为改变有重要意义。

综合干预措施对青少年网络成瘾的效果最佳，重要的是了解当事人成瘾的原因。在现实生活中可以根据实际情况采用合适的措施进行成瘾干预。

关联家庭问题的辅导

一、案例分享

（一）报复父亲的孩子

初一新生入学刚刚完毕，班里分来一个远近闻名的学生——龙飞，人称“龙老大”。他还没进班，老师就有耳闻了：纪律涣散、抽烟喝酒、欺小凌弱、蛮不讲理。他还与社会上一伙混事青年在一起，聚众斗殴。小学六年级时将一名学生打伤住院，家里用钱摆平了才算了事。

还是眼见为实。龙飞上学第一天就开打，对邻座同学拳脚相加，原因是看人家不顺眼。看来他要给人下马威，树立自己“龙老大”的地位。龙飞这种报复的心态从何而来呢？

龙飞原本有一个幸福的家庭和快乐的童年。但是在他读四年级的时候，父亲有了外遇。从此家庭吵闹不断。接着父母离异，家庭分解了。龙飞跟着父亲生活，但是忙生意的父亲很少有时间陪他。龙飞心里恨父亲，常常夜不归宿。龙飞跟妈妈很亲，愿意听妈妈的话。

老师开始关注这个特殊家庭背景的学生。有一次家访，老师跟龙飞父子做了长谈。

父亲很不解：“我一天到晚忙着赚钱，还不是为你好，什么时候缺过你的钱，你为啥不学好？”

龙飞满腹怨气：“你毁了我的家！我学好干什么？我就是要报复你！”父亲听了很震惊。

老师跟龙飞说：“你是一个很爱家的孩子。可是，你这是为家在伤害自己。”

一个正常的三口之家好比是一个系统，一家人的命运联结在一起。如果这个系统的哪一部分病了，其他的部分也会关联着生病。有很多类似的三口之家界限不清，有很多类似的孩子纠缠在父母的系统里，有很多爱已经演变成了恨，有很多不健康的家庭关系缠住了孩子的心。

老师跟龙飞的交流多了起来。老师让龙飞明白一些道理：父母有自己的生活选择，那是他们自己的事，你也要有自己的健康生活。妈妈很爱你，你也很爱妈妈。你的生活要让妈妈放心，不是吗？龙飞被触动了。

老师像一个常年值班的QQ窗口，让龙飞与父母之间经常见面、通话，化解龙飞对父亲的怨恨，增进对母亲的感情。同时老师还要发挥班集体的温暖力量。在体育活动中，老师让龙飞充分展示篮球特长；在班级组织中，让龙飞担任了班级的体育委员。

当一切似乎顺利进展的时候，发生了一件意想不到的事。那是一次体育活动，两个班级比赛打篮球。龙飞与对手班的一个队员争执起来，后来竟然大打出手。龙飞把对方打得鼻青脸肿。老师听了这消息，又气又急。而且，龙飞这时既不在班里，也不在家里，竟然找不到了。

老师尝试顺着网吧的线索找了半夜，终于在一家网吧找到了龙飞。龙飞乖乖地接受老师的一顿批评，默不作声。他知道老师的一番苦心。说起事情原委，龙飞开口了："他不该骂我妈妈！"说罢呜咽起来。

这是一个有情有义的孩子。

龙飞离开校园，原本再也不想回到学校，现在感到这样做很对不起老师。后来，龙飞跟父亲一起上门，向那位同学赔礼道歉。这件事情给了龙飞很大的震动。他终于明白一个人做事关联着很多人，一个独立的人做事要承担责任。

龙飞开始遵守纪律了，开始关心同学了，也开始努力学习了。到了初三时，龙飞还被评上了优秀学生。

现在，"龙老大"已经是一名正义果敢的武警战士了。

（二）如何冲破成长的茧？

茜茜是一个乖巧、秀气的女孩，在读高二。茜茜的父母都是各自公司的中级职员，父亲做办公室工作，母亲做财务工作。两个人工作兢兢业业，生活规规矩矩，为人本本分分，过着普通人的幸福生活。工作生活都没什么操心事，女儿茜茜便成了他们最大的期盼，也是茶余饭后最多的话题。

最近茜茜有点莫名其妙的麻烦。她说自己老是反复不断地想事情。她在想有一次在教室里与帅气的男生班长撞在了一起，胸部被戳了一下。不知为什么，以后总是觉得怪怪的，该怎样与这个男生交往呢？她在想放学就应该按时回家，可是最近经常有同学招呼自己放学后去一起搞活动，是同意还是拒绝呢？她在想上课时总是这样控制不住地想无关的事情，影响学习该怎么办？茜茜被自己想事情的念头折腾得失眠了。

一向善于观察女儿的父母当然在第一时间感觉到了女儿的问题，于是将其列为家中第一要务。两人分析，女儿的情况肯定与学习压力过大有关。视女儿为心头肉的父母开始想尽办法为女儿减压。

每天要为女儿精心调剂饮食。香辣口味调适好，荤素营养搭配全，勤快手巧的母亲乐得做这些拿手活。每天要为女儿营造温馨的氛围。晚饭时分，要与女儿说一会儿闲话；9时左右，要为女儿热一杯牛奶。善解人意的父亲把晚间时光安排得妥妥帖帖。精心的父母把茜茜像贵宾一样招待。

一天晚上，茜茜在房间里做作业有点发困，坐在那打个盹。忽然，她感觉身后有一个人，不觉惊得浑身一抖。身后那个人温和地拍拍茜茜肩头："是爸爸，是爸爸。有点累了吧？"

茜茜很爱自己的家庭。她感到不能与父母分开太长的时间。每天放学，她一定要准时回家。其实已经习惯了，从小学开始就一直是这样。每天，茜茜会把学校里、班级里的事情讲给父母听。当然，茜茜也会把心事讲给父母听。茜茜对父母也很关心，她感到家对她来说太重要了。她像父母体察自己那样去体察父母。在茜茜的眼里，妈妈是一个贤惠的妻子，能干、麻利；而爸爸是一个温和的丈夫，细心、体贴。妈妈有点像爸爸的角色；爸爸有点像妈妈的角色。而不管父母怎样，茜茜感到自己总是处于家庭中被关爱的位置。得了心病之后，茜茜对于父母的关爱更加敏感。她不希望让父母为自己太操心。有时晚上父母在客厅里轻声细语地说话，她会警觉地想听清楚：是不是又在说自己？有时晚上想咳嗽一声也会努力克制住，不然又会招惹父亲推门问个究竟。

如此小心翼翼地生活了几个月，茜茜的失眠并没有减轻。她感到父母像探照灯一样照着自己，越想克制失眠越陷入失眠的泥淖。她感到自己像晴雨表一样感应着父母的心情变化，竟然为父母对自己的焦虑而焦虑。

班主任发现了茜茜的焦虑，与家长交流，却感觉找不出头绪，便把一家人推荐给了学校的心理老师，与老师的一番对话让他们重新反思自己的生活。

一个家庭的关系应当是这样的：夫妻是最紧密的一对，然后才是父母与孩子的关系。每个家庭成员都有一个独立的心理空间，别人不要过度介入。随着孩子的成长，他（她）的心理空间也渐渐有独立的需要。可是，孩子的心理空间却常常被父母监视着。

丑巴巴的毛毛虫变成美丽的彩蝶是昆虫进化的一个奇迹。虫蛹经过数番奋争与挣扎，终于破茧而出、羽化成蝶，这是蝴蝶“成蝶之美”的一个必需的经历。而人的成长也必然需要有这样一个经历。这是一个需要自己完成的独立的过程。

茜茜的父母在反思：我们在生活中确实忽视了夫妻生活的内容，我们太在意孩子了，虽然我们知道孩子并不是家庭生活的全部。我们把家庭的重心全部放在孩子身上时，结果却成了敏感性关注，把孩子的问题放大了。孩子已经到了青春期，应该给孩子自己的空间，让她更多地去与同伴们交流共事。我们深深地互爱着，结果也让爱把我们粘在一起，纠缠在一起，敏感地互相感受着，也互相牵扯着。好像在做一个茧，在孩子该破茧而出时还让她束缚在茧里。茜茜的父亲回忆自己原生家庭的经历。自己是老大，家里还有一个妹妹，爸爸妈妈经常很忙，所以自己小时候就习惯照顾妹妹。妈妈为此很是赞许他。

茜茜在反思：我原来感到家有一种力量，让我在迷茫时、弱小时可以获得支持。其实我很想独立，但是总怕失去家的护佑。为什么我怕长大？总是放不开自己？总是除了上学就想回家？其实我已经有力量独立面对外面的世界，其实我喜欢男孩子那种洋溢活力和阳刚的形态，其实我渴望探索充满诱惑、充满乐趣、充满挑战的外部世界。温馨的家如同一个茧，温暖、安全，但是，那只是幼儿的摇篮。现在我长大了，该破茧而飞了。这不正是父母所期望的吗？破茧的彩蝶会遇到风雨，也可能遭遇凶险，但是，除了学会去冷静、勇敢地面对，难道还退缩不前吗？对了，长大就要做长大的事情。

接下来一家人开始学习完成自己的任务：夫妻学习重新亲密地生活在

一起，茜茜学习走向外面的世界。

二、专题分析

这是两个不同的案例，却都是反映出了家庭系统的问题。我们开始就提到，家庭和班级两个小环境对于人的成长特别重要。现在的问题是，孩子带着家庭中的问题来到了班级，这两个小环境发生了交集。班主任对家庭这个小环境也要有所了解，了解家庭问题的表现与解决的方法。在最后一章将讲述关联家庭的孩子成长，这里主要介绍关于解决家庭问题的基本思路，了解一下家庭治疗的概念①。家庭治疗的系统思路对班级中的心理辅导也有启发。

（一）家庭治疗的关系思维

常见的心理辅导是面对个体的辅导，个体辅导主要采用的是线性思维形式。线性思维的表达是：原因 A 导致了问题 B。

家庭治疗是治疗师与整个家庭系统共同工作，是关系思维形式。不是某个家庭成员的问题，而是家庭系统的关系出了问题。需要改变的是他们之间的互动关系。是关系的改变，而不是某个人的改变，关系的改变促成了人的改变。

家庭问题的形成是正常关系发生了异化，异化成了怨恨的、缠结的或疏离的关系。案例一表现的是怨恨的关系，案例二表现的是缠结的关系。关系异化之后进一步僵化，形成持续性关系，但却没有改变自己的方式。于是，家庭中便以某个人个体问题的方式呈现出家庭系统的问题，这个人常常是孩子。家庭问题的形成还会出现结盟关系，比如母亲与孩子联盟，共同对付父亲。

（二）家庭治疗的工作概念

1. 人际背景。家庭中个人的心理或行为问题不单纯是其个人的问题，而是关联其家庭人际关系，同时最佳的解决办法也是基于人际背景产生

---

① Salvador Minuchin，Michael P. Nichols，李维榕. 家庭与夫妻治疗：案例与分析［M］. 华东理工大学出版社，2007.

的。家庭是解决与家庭相关联的个人问题的治疗场所。

2. 互补性。互补性则强调家庭成员的动态交往和相互影响，指的是家庭人际关系中的交互作用。家庭中的角色是相互强化的，会出现角色互补。比如妻子越唠叨，丈夫越回避；而丈夫越回避，妻子就越唠叨。

3. 循环因果。线性的因果消失在相互影响的循环之中。治疗过程没必要去追溯起始原因。循环因果表明家庭问题存在于所有家庭成员一系列行为之中。家庭治疗的目的在于改变这一系列导致问题的循环互动关系。

4. 三角化。三角化是指通过家庭第三者的介入而转移两个人之间的矛盾，一般状况是子女介入父母关系中，三方形成纠结关系。比如父亲出现外遇，母亲拉近女儿结为亲密关系，对付父亲。这种关系是不正常的，夫妻之间的关系处于问题状态。三角化的存在有其合理性，其意义在于形成异化的稳定关系而避免直面冲突。

5. 症状的意义。目标病人的症状常常有稳定家庭的影响。在夫妻的紧张关系中，孩子常常成为出现行为问题的成员。这时，夫妻不得不将他们的注意力转移到孩子身上，使得他们自己的冲突暂时消失。而这正是孩子希望看到的，结果是孩子的问题症状将会维持下去。

（三）四步工作模型

这个模型被称作结构式家庭治疗的操作步骤，可以在辅导工作中借鉴。

1. 拓展目前的主诉。呈现问题并与症状者进行个体性讨论，探索症状出现的家庭背景，将治疗转化成以家庭为背景的治疗。案例二里，咨询师先是跟茜茜交谈，在谈到茜茜的问题时自然转到了跟爸爸妈妈的互动情景。

2. 着重探索维持问题的互动。探索家庭成员的哪些言行维持了现有问题持续存在。案例二里，爸爸妈妈听到茜茜说“像被探照灯照着一样”的感受，有所触动。

3. 结构化地集中探索过去。探索核心家庭成员的原生家庭。帮助他们理解他们现在的问题状态是如何形成的。案例二里茜茜的爸爸回忆自己原生家庭的经历，理解了自己习惯照料女儿的源起。

4. 探索相关的改变方式。讨论谁需要改变，谁愿意改变，改变什么。重新界定问题，探讨更多选择改变的可能性。案例二里茜茜一家人有所醒悟后，都在考虑如何从自身开始改变。

非自杀性自伤问题的辅导

一、案例分享

（一）划伤自己为哪般？

阿杰，13 岁，读初二，单薄而清瘦。父亲说孩子性格比较内向，和同学关系不怎么好。有两次考试下来排名倒数，他居然发怒用剪刀划破左手手腕。父母发现孩子割手腕，吓得不轻，有点不知所措了。

母亲对孩子一直管教很严，事无巨细都要干涉，孩子经常跟妈妈顶撞。父亲之前不太赞同母亲过激的教育方法，会出面制止，但近期孩子学习成绩下降，情急之下也会打骂孩子。

母亲在原生家庭是老大，从小要带弟弟妹妹，是自己母亲在子女中树立的一个榜样。自己母亲对她的教育也是说一不二，原则性很强。现在在孩子的教育上，对孩子的控制欲很强，希望孩子能按照自己的意愿和要求行事，一不听话就控制不了情绪要去骂他、打他。

阿杰从小一直由外公外婆带大，外公外婆跟着父亲母亲一起生活。阿杰性格固执倔强，在家自私、霸道，经常自恃外公、外婆庇护而不听妈妈管教。母亲为此很烦恼，特别是当外公、外婆出来为孩子辩护时，母亲不愿顶撞自己的父母，就会把气转移到孩子身上。孩子进入青春期后逆反心理增强，母子的冲突越来越频繁和严重。母亲也意识到这种方式对孩子的教育已经没有效果，但是感觉无计可施。

班主任发现了阿杰自伤的情况，也了解到了阿杰成长的过程，做出了一系列的调整。跟家长进行沟通，讨论可能改变的亲子关系；经常与阿杰陪伴式聊天，接纳他的感受并讨论他感兴趣的话题；安排学生跟阿杰交朋友，改善同学关系；经常安排阿杰喜欢的打球活动，使得压抑的情绪得到合理宣泄。阿杰慢慢恢复常态了。

（二）我就是一个多余的

小君，一个毫不起眼的女生，读高一。一天老师发现她居然在课堂上抄作业，于是制止她这样做。小君用不屑的眼神一瞥说："能做你的作业就不错了。"老师感觉小君的表现有些不对，于是细心观察。小君平时独来独往，很少与同学交流，各科作业经常不完成，成绩也是班级倒数。近来上晚自习经常发呆，昨天晚自习，老师发现小君的胳膊上有一些明显的血痕。再一问，说是自己割的。

小君自伤了！老师感觉小君心事很重，但又不想深谈，于是推荐小君来找心理老师咨询。

小君并不拒绝，她也很想找人交流一番。跟心理老师简单交流之后，小君第一句切入主题的话竟是："老师，我觉得我就是一个多余的。"

话出有因，小君的困惑并不在学习上。原来，小君家中兄弟姐妹较多，她有 1 个哥哥，1 个姐姐，1 个弟弟。她排行老三。家中除了她之外，其余都是香港户口。小君认为自己在家里简直就是一个异类。不仅如此，另外 3 个兄弟姐妹学习都很优秀。在小君看来，妈妈根本没把她放在眼里。特别是有了弟弟之后，什么都是先满足弟弟的需要，而且，还经常让小君来照顾弟弟。上周末回家时，妈妈无意中对她说："你会干家务活，生活方面比你哥哥姐姐弟弟强，就是学习上不去，将来家里养着你吧。"

就这一句话，让小君纠结得痛苦不堪。这样被妈妈无视、嫌弃，感觉人生灰暗无望。

青少年期父母对孩子的接纳和认同也很重要。而家庭忽视孩子则会起到相反的作用，是影响孩子发育的常见形式，可对孩子的认知、社会情感和行为发育造成不良影响。特别是发生在婴幼儿时期的心理忽视将会对孩子以后的发育产生更为严重的危害。

心理老师跟班主任沟通，在班里给予小君特别关注与接纳，弥补家庭关爱的缺失。

二、专题分析

非自杀性自伤行为一般指无自杀意图的，故意、直接对自己身体进行伤害且不被社会所允许的行为。我国大陆中学生非自杀性自伤总检出率达

27.4%。男生高于女生；非独生子女高于独生子女；农村高于城市[①]。近年来，青少年的自伤现象呈增加趋势，已逐渐成为一个重要的公共卫生问题。对于班主任来说，这类案例处理起来比较棘手，但又不能不面对，有必要专门加以讨论。

（一）对于自伤的理解

一个文静的女生来到咨询室，谈及用刀片的自伤行为，平静地说："划的时候会痛，但是，很爽。心情不痛快的时候还会划。"人们不禁会问，孩子这样到底想表达什么？

他们想要摆脱一些内心的纠结却无法摆脱，比如悲伤或抑郁的情绪、愤怒的感觉、压抑的感觉、绝望的感觉。当内心很痛感觉无法承受的时候，主动用身体的痛作一种替代式转换，内心的痛便得到了缓解。痛也便成了"爽"的感受。

对生活的无助与空虚感——看不到希望，找不到目标，不知道自己存在的意义，出现现实感的问题。这种感受在那些生活优渥、品学兼优的好学生身上也会出现。长期枯燥而紧张的学习生活，让一些学生感到心灵被禁锢，自由的灵魂在消失，觉得变得麻木，伤害自己能帮助他们重新体验到真实感。

还可能是对某个深深依恋的人感到异常失望和愤怒。比如，有的孩子感到愤怒时，那种愤怒不能向对方表达，便采用伤害自己的方式来表示攻击和控制那个亲近的人；还有的孩子似乎感受里只剩下深深的依恋却无法满足，便也选择伤害自己让亲密者产生怜悯之心。

（二）导致发生自伤的原因

发展需要受到抑制。发展是人的基本需要之一，青少年期间的发展需要尤其强烈，如果受到抑制人会感到压力和痛苦，呈现焦虑和烦躁的表现。迟迟不能满足的发展需要可能会导致异化，造成各种不良行为表现。案例中的阿杰就是在学习方面的发展受到了抑制。自伤自虐是一种转移压

---

① 韩阿珠，徐耿，苏普玉. 中国大陆中学生非自杀性自伤流行特征的 Meta 分析［J］. 中国学校心理卫生，2017，38（11）.

力的不良发泄方式，通过增加自身肉体的痛苦来减轻精神的痛苦，转移糟糕情绪带来的感受。

长期不被关注、信任和尊重而心理压抑。孩子内心有着过多的负能量，于是利用自伤来发泄。有些孩子在父母负面评价中不停地受挫，体验着挫败感和卑贱感，感到无助无能，而且在情感上被忽视，时间长了就会失控和绝望，产生心理危机。于是他们就可能通过自伤行为来表达自己的存在和尊严，也意在引起亲人的注意或控制亲人。案例中的阿杰如果只是学习成绩上不去，也不会导致自伤，阿杰的妈妈是一个控制欲强的人，使得阿杰心里倍受压抑。

有过童年创伤性的遭遇。这些遭遇如父母离异，家庭暴力，在学校常受侮辱、嘲弄等，这样的孩子自卑心理严重，自我价值感低，总觉得自己不如人。当遇到困难障碍时，他们就不自觉地采用自伤的消极方式来宣泄压力。

青春期的特别时期。初中生的孩子正处于“心理断乳期”。他们一方面认为自己长大了，希望尝试自己独立面对社会；另一方面处事中又显出幼稚和无助，会更多地面对打击和挫败。由于自我的不成熟，他们就会出现焦躁的心态，特别有一些自伤者往往具有容易生气、冲动、焦虑、好斗的性格，出现自我伤害行为。案例中的阿杰正处于青春期的自我困惑阶段，本来就有些性格倔强，再加上跟妈妈的冲突，导致了自伤问题的发生。

（三）对于自伤问题的应对

班主任首先要感同身受地接纳自伤学生的情绪，尝试着与他在一起，倾听他的心事，陪伴他面对生活，跟自伤学生一起去寻找一些别的办法来替代自伤。

要尊重信任自伤学生，关注其内心的成长，增强自伤学生的自我价值感。自伤者的自我价值感太低，他们常常认为自己是坏的、有缺陷的，因此在遇到挫折时他们用自伤的方式来惩罚自己。

跟家长做必要的沟通。分析可能导致孩子自伤自虐的家庭原因，提示家长改善婚姻关系和亲子关系，给孩子宽容的成长空间。在孩子成长的过程中遇到挫折、困难和压力时，家长要做孩子经验成熟的支持者，跟孩子一起讨论应对方法。让孩子有这样的信念：方法总比困难多。在孩子面前，父母要学会控制自己不良的情绪，不能把孩子当作出气筒。让家长努力为孩子创造一个温馨的家庭氛围。

抑郁情绪问题的辅导

一、案例分享

（一）不想跟父母说话的林林

林林来咨询，自诉非常难受。曾去医院就医，诊断为中度抑郁。

林林读高二，男生，10岁前跟父母在深圳生活，但是由奶奶照顾，10岁后完全跟父母生活。家庭富裕，父母工作忙。林林说父母不怎么管自己，从小就很少沟通交流。妈妈经常发火，林林和母亲在一起经常吵架，长大后不想和父母说话。

林林说初二的时候大家就认为学习才有用，学习不好大家都瞧不起。林林现在也想要好好努力学习，但学习起来又觉得太累。林林居然困在这个自我冲突里了，每次在学习时他都会有这样的冲突。后来开始出现自伤行为，用金属碎片划伤手臂。初二第一次谈恋爱。俩人在一起的时候，林林觉得这个女生的男性朋友比较多，特别是她跟隔壁班的男生关系非常好，然后两个人就因此争吵过几次，后来逐渐疏远，最后就分手了。这件事情给林林一个比较深刻的印记。对于林林来说，他跟初恋女朋友分手一个很大的原因，是因为老师的介入。老师反复强调学习的重要，搞得林林心烦意乱。林林把学习跟人际关系直接关联起来，认为如果不好好学习，人际关系也会受到严重影响。林林升到高中以后，由于高中的课业压力比初中要难很多，有心努力而又不想太累的内心冲突更严重了。林林形容自己像是随风飘卷的一团树叶，不知想做什么，也不知要去哪里。

林林的抑郁似乎看不出有什么直接的原因。家庭结构完整，父母关系不错，只是感觉家庭功能有些缺失，林林得到的关爱不够，对父母有些怨恨情绪。很多家庭好像都是如此。小时候，父母忙得管不上孩子。

林林的问题恰恰是要追溯到幼年阶段的成长经历。人的早年成长需要经历几个关键阶段：生命初期得到依恋关系的满足；幼年期完成与母亲的个体分离；在父母欣赏与肯定的关爱下完成自我认同，最后走出家庭。林林的幼年并没有完成这个过程。他对父母的怨恨情绪里包含一种自我的困惑。他不确定自己在父母的心目中是什么样的人，因此他也不确定自己是什么样的人，这使得他经常处于优柔寡断的自我冲突中。林林很形象地形容自己是一团树叶，他还没有把自己的内心整合成一个独立意义的整体，处理不好自己成长中的各种任务。

（二）佳佳心中的乱麻

佳佳 14 岁，在读初三，医院诊断为重度抑郁，中度焦虑。

佳佳最近如约到咨询室来咨询。

佳佳对自己的学习有些茫然，自己很难在课堂上坚持认真听课，听不进课就自己在纸上胡乱画画，有时候没有办法约束自己的行为，哪怕知道是不对的。自己每次这么堕落颓废的时候都会提醒自己要想一想未来，但是觉得自己的未来一片空白，想不到会怎么样。

佳佳数次自伤，手腕伤口很深，重叠伤口，想自己生日那天跳楼。说：选择生或死不是我的权力吗？

佳佳的家庭有些复杂，父母离异，各自再婚，跟父亲生活。现在家中三个孩子，亲弟弟和继兄。佳佳与继母关系不好，而父亲管教又严厉。家人描述其上初一后性格开始变化，像是变了一个人，平时回家与家人不接触，对家人情感淡漠，且撒谎较多，想法较消极，对家人描述多为负面。

佳佳小时候 10 个月开始在老家跟外婆生活，那是一段感觉孤单的日子，一直到上小学回到父母身边。但是佳佳感觉没有一个亲人爱自己，外婆爱吗？反正不在身边，印象也不清晰了。有些时候，无法爱父母，尽量不要沟通，沟通也没有用。

喜欢自己吗？不喜欢。佳佳说感觉每天的日子都是阴沉沉的，不想做事情，很多事情只是被牵着走，自己理不清，就是一团乱麻。

佳佳与班主任关系转变较大，以前很喜欢班主任，后来因恋爱问题班主任介入处理，觉得班主任不信任她，很难过，甚至想通过自杀报复班主任。

佳佳出现的是典型的抑郁症状：情绪低落，兴趣减退，精力下降，自己感觉无用、无望、无趣，甚至出现轻生的念头。家庭的一系列变故是导致佳佳抑郁的主要原因。本该是努力走向外面世界的阶段，可是佳佳却被缠在家庭的乱麻里。

心理老师帮助佳佳调整认知，自己的人生主要靠自己把握；又与班主任沟通，通过班级给予佳佳一种社会情感的支持。佳佳父亲了解了佳佳的情况，也表示努力改变家庭的氛围。

二、专题分析

抑郁情绪是青少年心理健康的突出问题，近年来，青少年抑郁症的发病率呈上升趋势。我国中学生抑郁症状总检出率为28.4%。我们的调查研究得到的结果为：中学生抑郁情绪检出率为32.2%；初中生抑郁情绪检出率显著高于高中生，女生抑郁情绪检出率显著高于男生；不同学业水平之间抑郁情绪有显著差异，学业水平越低，抑郁程度越高；家庭中的不良因素如父母冲突因素影响青少年抑郁情绪的发生①。基于现在青少年的抑郁症状已经发展到了抑郁症的程度，这里对于抑郁情绪的讨论也涉及抑郁症的范围。

（一）抑郁的特征

1. 心境或情绪状态。持续性心境低落，郁闷、压抑、消极、伤感、灰暗、自责、自卑、罪恶感；对大多数日常生活活动失去兴趣；焦虑也时常出现，如担心学习成绩下降；严重时有绝望感，产生轻生念头。

2. 思维或认知模式。表现为对自己、对当前、对将来的负性评价，反复出现的悲观想法。注意力无法集中、记忆力下降、意志力减退，不能持续进行较有难度的学习活动。

3. 行为方式。行为变化与心境、思维、躯体变化息息相关。家务和日常活动都懒得去做，整天无精打采、身心疲惫。害怕遭受同伴排挤而畏惧

---

① 王鉴，刘念，陶莉. 父母冲突影响青少年焦虑和抑郁：自尊的中介作用［J］. 中国健康心理学杂志，2020，28（11）.

或逃避上学；或认为没有人了解他、关爱他，与家人疏离，或离家出走；或叛逆违抗与权威对立的行为表现；也有转变为反社会行为，或沉溺网络，或物质滥用。

4. 躯体功能。身体不适，胃肠不适，可表现为食欲减退、体重下降，少数人食欲亢进、体重增加。睡眠障碍，通常是入睡困难、睡不踏实、晨醒过早难再入睡，少数人过度深睡或睡眠增加；疲乏；精力不济。

（二）抑郁的简易评估

下面是简易抑郁自评量表，根据过去两周以来的状况进行评估。

每一项目的评分等级：完全不会=0；好几天=1；超过一周=2；几乎每天=3

1. 做事时提不起劲或没有兴趣；
2. 感到心情低落、沮丧或绝望；
3. 入睡困难、睡不安稳或睡眠过多；
4. 感觉疲倦或没有活力；
5. 食欲不振或吃太多；
6. 觉得自己很糟，或觉得自己很失败，或让自己或家人失望；
7. 对事物专注有困难，例如阅读报纸或看电视时不能集中注意力；
8. 动作或说话速度缓慢到别人已经觉察，或正好相反，烦躁或坐立不安、动来动去的情况更胜于平常；
9. 有不如死掉或用某种方式伤害自己的念头。

结果评估：

1. 总分等级评估

0—4　没有抑郁（注意自我保重）

5—9　轻微抑郁（建议咨询心理医生或心理咨询师）

10—14　中度抑郁（最好咨询心理医生或心理咨询师）

15—19　中重度抑郁（建议咨询心理医生或精神科医生）

20—27　重度抑郁（一定要看心理医生或精神科医生）

2. 核心项目含义

项目 1、项目 4、项目 9，任何一题得分>1（即选择 2、3），需要关注。

项目 1、4，代表着抑郁的核心症状。

项目 9 代表有自伤意念。

（三）抑郁的原因分析

抑郁从何而来，究竟是什么导致了目前的问题状态？通常认为，抑郁症的发生是生物学因素、心理因素、社会因素共同作用的结果。患者成长的家庭环境、性格特征、健康状况等对于抑郁症的发生具有重要的作用。

抑郁症与大脑中枢神经系统的化学物质失衡有关。这也是为什么临床诊断为中度以上抑郁时要求酌情使用药物治疗的原因。儿童早期生活的稳定性对儿童身体和心理健康具有深刻的影响，家庭成员间发生矛盾冲突、不和谐的亲子关系、父母离异、母爱剥夺、虐待和忽视儿童都是抑郁症的危险因素。有抑郁病史的家族中，儿童期发生抑郁的风险增加。特定的气质类型如神经质是儿童青少年抑郁症的危险因子，情绪烦躁不安、消极认知模式、人际关系不良、低自我效能感、低自尊的青少年易患抑郁症。

（四）对抑郁的更多理解

我们更多地从心理学和社会学层面关注抑郁，这对于我们开展相关的辅导工作更有意义。

弗洛伊德提出，攻击性是人的原始驱力之一。一个人的攻击性无法向外释放，转而将攻击转向自己，就会出现抑郁。抑郁是一种处于长期的压力情境中，并失去掌控感，把压抑的愤怒转向自身的攻击。这就可以解释为什么那些抑郁的学生会出现自伤的行为，极端情况便会导致自杀。

有一个说法是，抑郁来自于自己跟重要他人界限不清，或者说关系纠缠。一种紧张、压迫的关系长期无法摆脱。一个儿子受到爸爸长期的严格管教，他用跳楼的方式表达抗议。他的逻辑是，我不该直接攻击你，但我是你的儿子，我可以用攻击你儿子的方式攻击你。这个逻辑也可以解释抑郁的学生用自伤的行为向班主任表达不满。

还有一个更加深刻的说法，抑郁来源于早年成长功能的缺失。早年的被忽视、被嫌弃，甚至被虐待形成心理创伤，没有完成自我的分离和认同，使得长大后一次次滑入未完成的幼年情结。这就提示我们要关注抑郁学生的早年成长经历，诱导出那些未完成情结。

内卷化的成长竞争导致社会性压抑，耗竭、燃尽式地努力之后遭遇挫败和绝望，长期处于压力和管控的状态下，青少年的抑郁状况出现恶化。内卷的通俗解释就是内部竞争，是互相倾轧式的竞争。有一句颇为有名的高考励志名句：多考一分，干掉千人。其结果是每个人都在为多考分而拼命。还有一句更要命：只要学不死，就往死里学。这种极端的竞争观念不断地渗透到家庭和班级中，其结果可想而知。

（五）如何走出抑郁

抑郁的发生往往受多种因素的影响，走出抑郁也应采取综合干预措施。

从改变认知和行为开始。当处于抑郁状态的时候，其认知是缺损的、消极的，同时行为的表现也会变得无力和怠惰。通过改变抑郁学生不正确的认知方式、思维方式，改善其应激方式，并提高日常生活的有序性行为，可以有效改善抑郁症状。在班级生活中，班主任要特别关注确诊为抑郁的学生，想办法给他们安排简单的事情做，让他们处于关注当下的有序状态，并给予适度的自由空间，让他们在选择中获得掌控感，以此唤醒被抑郁击毁的核心自我成分。

重塑良好人际关系。处于抑郁状态的学生往往有一个孱弱的自我形象，他们也常常在人群面前封闭自己。班主任要以班级作为“小社会”背景，给抑郁学生提供社会支持的环境。可以采用及时表扬的做法，关注他们生活的点滴细节，欣赏并表扬他们的些微进步。帮助抑郁学生树立起在班级同学心目中的良好形象，促进其与同学间的正常交往。

创建温馨家庭氛围。抑郁的学生多因家庭矛盾冲突环境和早年成长经历问题导致。班主任利用方便与家长交流的条件，帮助家长分析抑郁学生的发病原因，促使家长在婚姻关系和家庭生活方面主动做出调整，增强家庭支持，补足家庭功能，创建和谐的家庭环境。

还有一些具体措施，如坚持运动，身体运动有助于提升愉悦感；把复杂的问题简单化，简单的事情坚持做有助于恢复心理机能；规划自己的小梦想，达成可及的目标有助于提高价值感。日常作息有条理，有序的生活习惯有助于改善身体机能。

第 10 章

班级管理中心理辅导的应用

作为一班之主的班主任主要应该做什么事呢？当然是班级管理。班级管理主要抓什么？

新上任的班主任说：主要抓纪律，抓制度。学生们遵章守纪了，什么事都解决了。有些经验的班主任说：主要抓教学，抓学习。学生的学习抓好了，什么都不是问题。资深的班主任说：主要抓发展，抓成长。抓好了学生的心理成长，才体现了班级管理的灵魂。

对班级的丰富内涵和班级心理辅导有了更多的解读之后，希望了解班级管理中有哪些心理学的应用以及班级管理中的心理辅导如何开展。这个内容要从班级管理思想的演变和管理模式的变革说起。

班级管理思想的演变

一、赫尔巴特的系统的管理思想

传统班级管理思想主要是在夸美纽斯和赫尔巴特等教育家的研究探索中形成的。夸美纽斯初步阐述了班级管理的措施，主要包括：科学分班、经常对学生进行考查、重视纪律和规章制度的作用。系统的管理思想首先出自于赫尔巴特。赫尔巴特主张建立严明的规章制度，对儿童进行严格的管理，为顺利地进行教育和教学创造必要的条件；教师应当以慈爱对待儿童，使师生之间的情感和谐起来；管理方式要恩威并施；等等。赫尔巴特认为，管理是建立外部条件和维持外在秩序，管理本身并不构成教育和形成影响。赫尔巴特的以教师为中心的单向管理忽视了学生的参与；强调的如命令、禁止、惩罚等管理手段，表现了压制的特点。我国的班级管理最初主要受赫尔巴特的班级管理思想的影响，以及中国传统文化观念，特别是师道尊严等观念的传承，导致长期以来我国的班级管理主要是强调维护班级秩序和训导遵纪守法。

二、杜威的“教育即生活”的管理思想

约翰·杜威（John Dewey）是美国现代教育思想的奠基者之一。1896年，杜威在芝加哥大学设置了实验学校。学校的教育实验在杜威的指导下进行了 7 年。师生协作共同安排一切活动，成为杜威实验学校管理工作的主要内容。杜威主张“教育即生活”“教育即生长”“学校即社会”“从做中学”，学校应当与家庭和社会环境有着密切的联系，应当成为一个扩大了的家庭和一个缩小了的社会，应当成为儿童进一步学习和适应环境的工具。杜威的教育思想促使人们重新审视教育中的基本要素，包括教师、学生、课程、教学、教育目的以及班级管理等。按照杜威的观点，班级生活本身应当是学生生活的重要构成部分，而不是脱离生活的一个纯粹的教学空间。这对于班级管理是有启示意义的。杜威强调必须改变忽视儿童发展的、与外界隔绝的管理方式，提出改变教师的权威角色，改变教师通过直接干涉的手段维持教学秩序。杜威的管理核心是把儿童的主动发展放在一个重要地位，注重学校管理的科学化和民主化。杜威反对教育者在管理中人为假定儿童天性的做法，反对管理目标和管理手段的分离，强调管理者和被管理者建立在相互理解基础上的平等交往，强调管理方法要灵活多样，以保护而不是扼杀儿童的主动意识和创新精神。这些观点成为建构合理班级运作模式的指导思想。

三、马卡连柯的集体主义观念

20 世纪 50—60 年代，我国教育界一度受苏联教育思想的影响。马卡

连柯提出了“在集体中，通过集体和为了集体”这一基本观念。他强调组织性和纪律性，个人服从集体。集体拥有管理机构和协调机构，它们代表集体并行使各种职责。马卡连柯总结了集体主义教育的原则：一是依存和服从的原则；二是对儿童高度尊重与严格要求相结合的原则；三是平行教育影响原则；四是前景教育原则。在集体主义教育的方法上，马卡连柯特别阐明了纪律与要求、奖惩的关系。他认为纪律是一种自由，纪律把个人摆在更受保护更加自由的地位。可以说，那一时期班级管理的主要目的是建立班集体，以集体主义作为价值导向，强调维护班级纪律和集体荣誉。

四、苏霍姆林斯基的和谐发展思想

苏霍姆林斯基（B.A.Сухомлиский）是苏联著名的教育实践家和教育理论家。他提出了培养“个性全面和谐发展的人”的教育思想，并把“全面发展”“和谐发展”“个性发展”三者融为一体。“全面发展”是共性教育，“个性发展”是个性教育，“和谐发展”是“全面发展”与“个性发展”的统一。苏霍姆林斯基尤其重视班集体的教育功能。共同的思想、共同的智慧、共同的情感、共同的组织是建立班集体的基石。在培养班集体的过程中，教师是主导，学生是主体。班集体的建设围绕学生正常社会化和交往开展，这是班集体建设的内在机制。苏霍姆林斯基的教育管理有两个特点：一是注重情感管理。教师对待学生注重民主平等的理念和尊重关怀的原则。二是学生为本。教师充分尊重学生的爱好和兴趣，发挥学生自我教育的重要作用，开展班级活动以学生发展为核心。在全面发展的方向上，使学生个性得到充分的发展。

五、现代工商业的效率管理观

20 世纪 80 年代至 90 年代中期，随着改革开放的深入，现代工商业科学管理中的“效率”观念渗透到学校的班级管理之中。其管理重在保持班级秩序井井有条，目的是提高班级教学效率和升学率。同时，班级工作的整体价值观开始发生变化，其指导精神是集体主义与个性特长相结合，强调集体尊重个体的权利与价值，个体尊重群体的规范与利益。但是，在集体利益与个体利益发生矛盾时，个体利益需要服从集体利益。在班级工作的途径上，开始关注非正式群体。活动形式的变化体现为小型活动增多和丰富。这一变革趋势，呈现的是一种不断开放、趋向开明的改革气息。

六、“以学生发展为本”的理念

20 世纪 90 年代中期开始，“以学生发展为本”的人本主义理念逐渐达成共识。所谓“以学生发展为本”，就是把每一个学生看作发展中的人，确立和尊重学生在教育活动中的主体地位，尊重他们的个性特点，让学校的一切活动都为满足学生的成长和发展而设计和组织，着力培养他们的独立精神、全面的素质、鲜明的个性。进入 21 世纪，积极心理学思想逐渐走入人们视野。现代社会期望一代具有积极品质、开拓精神的新人成长。班级工作进入新的创新阶段。班级管理的价值追求随之趋向于重新确立符合时代要求的价值目标，以造就一代适应社会发展和适应个性发展的新型个体。这一时期的班级建设，追求以人的主动、健康发展为本，形成学生生动活泼、幸福健康的生活状态。

班级管理模式的变革

我国自清末开始实行班级授课制。受我国传统教育观念、西方国家教育思潮的影响，受心理学思想和管理学思想的影响，特别是受到当代中国社会深刻变革的强烈冲击，我国班级管理的实践形态发生了一系列的变革。主要有三种交递实施的管理模式。

一、以教师为中心的管理模式

我国的班级管理最初主要受赫尔巴特的班级管理思想的影响。赫尔巴特认为，教师特别需要有压倒一切的威信，使学生只服从来自教师的管理。在学生道德观尚未形成之前，教师必须对他们进行“管理”。而管理只是建立外部条件和维持外在秩序，管理本身并不是教育。管理并不要在儿童内心产生什么影响，而只是调节他们的外部行为，保障班级教学正常进行。

另外还有中国传统文化中师道尊严等观念的影响。师道尊严出自《礼记·学记》:“凡学之道,严师为难。师严然后道尊,道尊然后民知敬学。”其初衷是提醒我们要尊师重道。但同时也形成了教师相比于学生的居高地位和尊严身份。长期以来我国班级管理的原则就是要听老师的话、遵守老师制定的规章制度。

这种以教师为中心的管理模式把学生视为被管理的对象。班主任所关心的,是如何控制和矫正学生表现出来的形形色色的错误行为和利己意识,使其服从全班开展教育活动的需要。这种模式由于其简明易行而长期得以实施,但同时也由于学生受到压制而不断受到质疑。

二、以德育为中心的管理模式

1963 年 3 月中共中央颁布的《全日制小学工作条例(草案)》中第三章《思想品德教育》第十九条规定了班主任的职责。具体内容为:“班主任应该在少年先锋队辅导员和其他任课教师的协助下,经常了解本班学生的学习、思想品德、健康等各方面的情况,及时进行教育和帮助;组织和指导学生的劳动和课外活动;指导本班的少年先锋队工作;进行家长工作。”同时颁布的《全日制中学暂行工作条例》中第三章《思想政治教育》第二十条规定:“中学学生的思想政治工作在学校党组织领导下,主要通过班主任工作,共产主义青年团、少年先锋队的活动和政治课来进行。”第二十二条规定:“班主任应该在其他教师的协助下,对本班学生进行思想政治教育,指导学生的课外生活,组织学生的生产劳动,指导共产主义青年团、少年先锋队和班委员会的活动,进行家长工作,评定学生的操行。学校应该加强对班主任工作的领导,选派政治觉悟较高和较有教学经验的教师担任班主任。”

这样,我国中小学班主任制度开始从单纯的管理中摆脱出来,明确把思想品德教育作为班主任进行班级管理的首要任务,并进一步规范了班主任进行思想政治工作的一些方式和途径。同时,在那个年代,我国教育界一度受苏联教育思想的影响。马卡连柯的集体主义教育思想和纪律观念等成为我国德育工作的核心内容。

在班级管理的指导思想上，主张通过集体去教育个人，让集体对个人负责，个人服从于集体。集体教育力量的形成有赖于对学生的尊重与严格要求，有赖于自觉的纪律。纪律是个人自觉与集体要求的充分结合。自觉的纪律可以使个人得到保障，可以使个人得到自由和发展。可以说，那一时期班级管理的主要目的是形成班集体观念，维护班级纪律。这种以德育为中心的管理模式的主要问题在于，班级管理工作成了制造品德“标准件”的模具，忽视了学生集体是具有丰富心理需要和不同个性特征的能动的教育主体。

三、以人为本的管理模式

长期以来，班级管理的主体是一元化的，班主任在班级管理中充当权威角色，以班长为首的小领导“班子”只是“桥梁”和“纽带”。一元化的班级管理颇有行政管理色彩。20 世纪 90 年代以来，随着现代教育“以人为本”理念的深入，班级管理逐渐走向自主多元和民主开放。

其实，早在 1919 年，教育家陶行知就提出了“学生自治”的思想。在此后的几十年里，他坚持践行着这一思想，“学生自治”逐渐成为他的教育民主思想体系的一个组成部分。他提出的自治，“从学校这方面说，就是为学生预备种种机会使学生能够大家组织起来，养成他们自己管理自己的能力”。陶行知认为，自治是一种集体自律，自治达到的自律要优于独断的他律；自治是一种自我管理，它有利于促进学生经验的发展。用今天的眼光看，学生自治的根本目的在于发展学生的民主思想和培养学生的独立精神。

教育改革家魏书生在班级管理上取得了卓越的成效，他主张“以人为本”“以法治班”的理念，倡导学生自我约束和自我管理。他的“以人为本”最大限度地调动了学生参与管理的积极性、解决了学生服从管理，投入管理的问题；他的“以法治班”使班级管理形成制度化。两者结合，不仅没有损害学生的积极性，还解放了学生的个性与创造性，达到了理想的管理效果。他创立的以学生自我管理为主的民主自治模式有四个特点：一是全员参与，相互制衡。人人都是管理者，人人又都是被管理者。二是照章办事，责任明确。人人有事做，事事有人做。三是管理教学，相互结合。如把大量的课外教学活动纳入班级管理的轨道，定期定人检查作业批改作文，课前一支歌等。四是善始善终，持之以恒。凡制度不立则已，一立必坚持执行。

以人为本的管理理念强调尊重学生的主体地位。它把学生当作主体人，重视学生的主体作用，关注学生的潜能发展，尊重学生的个性差异。融入积极心理学的思想，以人为本的管理理念还强调正向关注，把学生当作积极主动发展的主体人，关注学生发展的成长动力和积极力量，相信学生具有自我管理的能力，培育学生的自尊意识。

以人为本的管理模式主要有三个方面：以人为本的班级组织建设、以人为本的班级制度建设和以人为本的班级文化建设。以人为本的班级组织建设强调淡化权力意识，强化服务和协调意识。班组织的产生可以采取“班干轮换制”，采取自荐、民主、集中相结合的方式，竞选产生新的班组织负责人。以人为本的班级制度建设主张强调学生主体意识。制度的制定过程让学生充分参与；制度的内容充分考虑学生的个性特点和成长需要；制度的执行以促进学生的发展为宗旨。以人为本的班级文化建设强调尊重每一个学生。尊重他们的正当爱好和需要，帮助他们创造发挥潜能的条件，让班级文化成为学生发展的沃土。

以人为本的管理模式更多地关注了人的心理层面，更多地体现了心理学的内涵，而非管理学的内涵。无疑，这使得班级管理进入了更深入和更丰富的空间。

以人为本班级管理的心理策略

一、班主任角色的重新定位

基于人本主义和积极心理学的思想，从班主任的视角讨论班级管理策略。从新的观念出发，班主任需要从新的角色起步。

（一）做民主型的班级管理者

班主任的教育观念决定着相应的班级管理心理策略。树立人本主义的学生观是班主任转变教育观念的关键。班主任需要把学生视为有积极成长动力和有自我发展能力的群体，用尊重、信任、平等的态度走近学生，用启发、鼓励、疏导等方法引导学生。班主任要摆脱“师道尊严”的观念和教导式的控制观念，代之以朋友式的讨论和沟通，重视学生的看法和意见，避免支配命令的专制型管理。需要指出的是，提倡民主的管理方式，并不意味着对学生的放任和迁就，以至于形成松散疏离的放任型管理。班主任对于学生中出现的不良倾向，必须加以引导和矫正。

班主任跟学生之间建立的朋友式平等关系常常带有个性色彩。班主任的形象不可能是十全十美的完人，而应该是有长有短的真诚友善人。有一位女教师身材比较娇小，以一种孩子气的个性表现与学生相处。她刚接手一个新班时，就跟学生讲，我是一个有点懒、还有点笨的老师，很多事情我都不会做，需要同学们自己来做。因为老师有点“懒”、有点“笨”，学生开始进行班级的自主管理。他们通过自荐和他荐选出了班干部，成立了班委会。班委会发动全班同学制定了班规、班纪。各科课代表负责抓好每天交作业工作和协助老师教学，学习委员负责汇报一周的学习情况，纪律委员做好详细纪律情况记录，劳动委员排好劳动值日表，小组长收好每天的作业。因为制度是同学们自己制定的，责任是同学们自己认定的，所以班级的管理很快就形成了良性循环。期末时，一个学生诚恳地跟老师说：“知道当初我们为什么喜欢你吗？你很有孩子气，就因为这一点深深吸引着我们。还记得我们调皮把你气哭的那一次吗？”其实，在管理上，弱势是一种温柔的控制。

（二）做学生健康成长的促进者

让学生健康快乐地成长是教育的一个基本理念。科学地教育引导学生，帮助学生排解心理成长的困扰，班主任必须提高心理健康教育能力，掌握心理辅导的相关知识技能，实现心理辅导与班级管理的完美融合。一个合格的班主任，除了具有良好的思想道德素质、业务素质之外，还要具有正直、开朗、自信、认真、热情、合作、乐观等健康的心理品质。只有心理健康的班主任，才能发挥自己的带动作用，做学生心理健康的促进者。

心理健康的秘诀是尊重。某学校的一项 500 个学生样本的调查表明：

85%的学生认为班主任最重要的品质是尊重学生。尊重存在于生活的每一个细节中。有一位中学教师每天上课都用亲切的笑脸面对学生。毕业时学生们留言说：三年里，你那张和蔼可亲的笑脸我们会永远记住。尊重还表现在“蹲下来”认同学生。有一位教师的班里有一个孤芳自赏的女生，对大家的关心总是不屑一顾。老师发现她的特长是“十字绣”，于是暗地里学了起来，三天后把一个刺绣小作品拿给这个女生交流。“蹲下来”尊重的结果就是赢得了相互的尊重。

（三）做积极生活的示范者

教育应回归生活，教育应尊重生命。作为班主任，应认识到教育是生命对生命的一种带动，是心灵对心灵的一种启蒙。中小学生正在人生的起步阶段，由于对生活缺乏必要的经验，他们的生活价值观和品德成长不同程度地受到重要他人的影响，而班主任就是学生的家长之外的重要他人。因此，班主任应该具有生命的活力，具有面对困难的乐观心态和面对有限的达观心态。班主任应感染和引导学生热爱生活，并鼓舞和激励学生创造生活。

班主任的身体力行、率先垂范表现在日常生活的小事中。一位班主任督促学生搞好个人环境卫生，要求每个学生桌面整洁。可是有一个男生就是不肯做。他的桌面乱七八糟，实在有碍观瞻。他与老师对抗说：“没办法啦，从小学到现在都是这样了。再说我这样招谁惹谁了？影响谁了？”老师采用“不争论”和“做示范”的办法，上去三两下就把他的桌面收拾干净了。后来每天下课后，老师就顺手把他的桌子收拾干净。如此坚持一周，这个有些叛逆的男生终于不好意思了，自己开始乖乖地整理桌面，并跟老师说：“不用麻烦您了，以后我自己的事一定会做好的。”

二、班级管理的心理策略

（一）师生关系中融入辅导关系理念

心理辅导关系，是指心理辅导教师与来访学生之间结成的一种相互接纳与相互信任的人际关系。这种信任关系的建立有助于学生改善情绪、减少阻抗、探索自我、增强自尊、提高自信。如果没有形成这种特殊的信任关系，来访学生就不会敞开心扉，就难以进行有效的心理辅导。良好辅导关系的建立可以通过辅导者对来访学生的积极关注、真诚肯定和同感理解等方式来进行。

辅导关系建立的基本策略可以借用于班主任和学生建立良好的师生关系。班主任对学生投以真诚、平等、尊重，就能够缩短班主任和学生代际间的距离感、陌生感，逐渐形成相互信任的心理和情感关系氛围，实现师生间有效的交流与沟通。班主任有意识地变命令为鼓励，变说教为赞美，让学生真正感到亲和、善良和美好，从而实现班级管理的民主与学生行为的自律，促使学生以积极的心态投身生活。

（二）班级活动中融入团体辅导技术

团体心理辅导是运用团体动力学原理，通过共同讨论、心理训练、情景体验等活动，促进团体成员的心理成长和解决共性的发展问题。团体心理辅导强调形成气氛融洽的团体氛围，设计贴近生活的情境活动，注重获得理解主题的情感体验。

班级活动如学习活动、文娱活动、体育活动、郊游活动等是班级生活的主要形式。这些活动有其直接的活动目的，而有意地利用团体辅导的原理加以设计，注重学生的自主意识和宽松氛围，班级活动就会增加人性化色彩和情感化成分，使得班级活动体现丰富的教育内涵。

（三）班级谈话中融入有效倾听技巧

班级管理的核心是人的管理，人的管理是人心的管理，其关键在于师生之间的心理沟通。有的教师与学生之间有隔阂，缺少交流，其原因就是教师不善于倾听和关注学生。而耐心认真的倾听比任何言语更能获得学生的认同。当学生取得成绩时，班主任要通过倾听，对其加以肯定、表扬。当学生遇到烦恼、挫折时，班主任要耐心倾听学生的苦恼及想法，及时帮助他们树立战胜挫折的自信心。当学生之间有了矛盾、冲突时，教师更要善于倾听不同的意见，然后综合评判是非，并不失时机地进行教育。

倾听作为心理辅导中会谈的基本技术，是一个耳、脑并用的过程，需要全身心投入，专注地听、认真地分析、思考，真正听出对方所讲的事实，所体验的情感，所持有的态度。对于班主任来说，倾听的习惯和态度比倾听的技术更重要。在现实的班级管理中，很多班主任习惯于说而不习惯听，甚至不愿意给犯了错误的学生以说话的机会。以倾听的方式改善班级管理中的谈话，班主任要能够给学生以表达、倾诉和辩解的机会。让学生感觉老师在和他感同身受。

有效倾听有如下一些技巧：(1) 当别人在讲话时，要专心倾听，边听边想，不轻易打断对方，做出必要的回应。(2) 注视对方，表示关注。这个姿态是对说话人的一种尊重和重视。(3) 注意观察非语言行为，即说话者的语音语调、身体姿势、手势、脸部表情等，理解这些因素带来的信息，让倾听更有效。(4) 听出对方的言外之意，比如“这个建议其实挺好”，言外之意是还有不足。倾听时，要全面体察和理解说话者的意图。(5) 在倾听时，不急于做判断和批评，而是设身处地地看待问题。

(四) 班级交流中融入心理沟通原则

班级教育教学的活动过程是一个交流过程。交流过程中的心理沟通十分重要。但丁说过：“最好的语言适合于最好的思想。”班主任期望和学生进行好的思想的沟通，但很多时候并不能得到好的效果。原因很简单，好的思想同样需要用好的沟通方式表达。

班级交流中需要掌握下面一些有效沟通原则：(1) 真诚。真诚是与学生进行有效沟通的第一要素。班主任的真诚不仅表现在与学生沟通时，而是在平时班主任就要说真话、办实事，给学生一个真诚、可信赖的印象。(2) 平等。班主任要把自己看作是班级中的一员，以一个朋友的姿态与学生平等地进行对话。平等包含着尊重。为此，教师要善于换位思考和协商沟通。换位思考和协商沟通容易和人拉近距离，让学生容易与教师达成充分的双向交流。(3) 适度。适度从时间方面说是选择恰当的时机与学生进行沟通，从程度方面说是沟通到恰当的火候。(4) 情理并重。“动之以情，晓之以理”是与学生进行有效沟通的法宝。没有情感的投入是无法走进学生心里的，但同时一定要注意“动情”与“晓理”二者的相辅相成。在“动情”的同时必须“晓理”，情理双管齐下，才有更好的效果。

(五) 班级激励中融入心理契约方法

“心理契约”理论是西方组织行为研究和人力资源管理领域中出现的

一个新兴的理论，组织心理学家阿基里斯在其《理解组织行为》一书中最早使用心理契约这个词，他强调在员工与组织的相互关系中，除正式组织雇佣契约规定的内容外，还存在着隐含的、非正式的、未公开说明的相互愿望，它们同样是决定员工态度和行为的重要因素。心理契约本质上是一种期望假设与主观约定，它所体现的是人的主观愿望、心理需求以及相约方的自我设定。

班级激励中的心理契约就是班主任把激励转为对于学生的一种心理期望，以及学生表达的一种主观承诺。班级激励中的心理契约取代了班主任管理班级的主观推动，以师生的平等对话取代了班主任的话语霸权，体现了信任学生发展潜能的以人为本的管理思想。

实施班级激励中的心理契约有以下几个步骤：(1) 了解需求，明确期望。在构建心理契约的过程中，班主任要充分认识班级学生的个体需求，对不同的学生采取不同的激励措施，调动其学习积极性。另一方面也要让学生了解班级以及教师对他们的希望和要求，最终使师生双方的需求达到和谐、默契的状态。这种契约越公开、越具体，它所发挥的作用越大。(2) 不断沟通，信守承诺。班主任一方面要善于表达自己及班级的愿望，使学生能正确理解与接受。另一方面，班主任要建立与学生及时沟通的渠道，使学生内心的需求得到表达，并能得到及时的了解、满足或消解。同时由于心理契约所隐含的期望与责任是双方的，所以作为班级的管理者首先要信守对学生的心理期望，并提供相应的行动条件，促成班级激励的良性运转。(3) 注重权变，柔性管理。心理契约的双方由于某些因素会产生一些不可预见的变化，所以在做好双方有效沟通，消除不可预见的要素对已有心理契约所带来的消极影响的同时，要及时有效地运用权变策略。另外，要实行柔性管理，创设宽松、民主、和谐的班级氛围，使学生个体人格得到尊重，情感得到呵护，使学生能够尽力发挥自己的潜力，为达成个人目标和班级目标积极努力。

班级管理中常用的心理效应

一、罗森塔尔效应

1968年，美国著名心理学家罗森塔尔做过一个实验。他和他的同事来到一所小学，从一至六年级中各选3个班，在学生中进行了一次煞有介事的“发展测验”。然后，他们将一张名单交给教师，嘱咐说这些学生是“有最佳发展前途者”，并要教师保密。8个月后，他们又来到这所学校进行复试，结果名单上的学生成绩有了显著进步，而且情感、性格更为开朗，求知欲望强，与教师关系也特别融洽。其实，先前的测验所得的“名单”只是罗森塔尔随意拟定的。罗森塔尔认为，这种效应是因为老师对这些学生态度发生了变化，是从教师的期望中产生的。人们称这种效应为“罗森塔尔效应”，后来被誉为“皮格马利翁效应”或通俗地称为“期待效应”。

“皮格马利翁效应”源于一个寓言故事。皮格马利翁是古希腊罗马神话中塞浦路斯的一位王子。他用象牙雕刻了一位美女，雕刻时倾注了全部感情和心血，雕成后每天爱不释手，深情凝望着它，终于有一天这个雕刻的美女活了，成为王子的妻子。皮格马利翁效应与罗森塔尔效应的寓意是一样的。

罗森塔尔效应留给我们这样一个启示：赞美、信任和期待是一种积极暗示的作用，它能改变人的行为，当一个获得另一个人的信任、赞美时，他便感觉获得了社会支持，从而增强了自我价值，变得自信、自尊，获得一种积极向上的动力，并尽力达到对方的期待。

在班级管理中，如果老师喜欢某些学生，对他们抱有较高的期望，给他们设定较高的标准与学习目标，并经常对他们进行鼓励、关注与更多的个别辅导，这些学生将会以较积极的态度对待学习，将会更加自信自强，将会更加努力和勤奋，就会取得老师所期望的提高与进步。

人们把罗森塔尔效应诙谐地总结为一副对联：“说你行，你就行，不行也行；说不行，就不行，行也不行；横批：不‘扶’不行。”

罗森塔尔效应的暗示作用与人的独立性有关。那些依赖性强的学生更容易受到教师期望暗示的影响，小学生比中学生更容易受教师期望暗示的影响。

二、霍桑效应

1924 年 11 月，美国芝加哥郊外的霍桑工厂内的研究者在本厂的继电器车间开展了厂房照明条件与生产效率关系的实验研究。研究者预先设想，在一定范围内，生产效率会随照明强度的增加而增加，但实验结果表明，不论增加或减少照明强度都可以提高效率。随后，研究者又试验不同的工资报酬、福利条件、工作与休息的时间比率等对生产效率的影响，也没有发现预期的效果。

1927 年梅奥等人应邀参与这项工作。从 1927—1932 年，他们通过改变或控制一系列福利条件重复了照明实验。结果发现，在不同福利条件下，工人始终保持了高产量。研究者从这一事实中意识到，工人参与试验的自豪感极大地激发了工作热情，促使小组成员滋生出一种高昂的团体精神。这说明职工的士气和群体内的社会心理气氛是影响生产效率的更有效的因素。在此基础上，梅奥等在 1928—1932 年中，又对厂内 2100 名职工进行了采访，开展了一次涉及面很广的关于士气问题的研究。起初，他们按事先设计的提纲提问，以了解职工对工作、工资、监督等方面的意见，但收效不大。后来的访谈改由职工自由抒发意见。由于采访过程既满足了职工的尊重需要，又为其提供了发泄不满情绪和提合理化建议的机会，结果职工士气高涨，产量大幅度上升。

这种由于受到额外的关注而引起绩效或努力上升的情况就被称为“霍桑效应”，又叫作实验者效应。在学校教育中的一个典型情况是设置实验班。有的设置实验班本身就可以产生实验效果，而不是实验内容。这就是由于实验设置形成的额外关注、同时学生认为受到额外关注的作用。霍桑效应告诉我们：从他人的角度，善意的谎言和夸奖可以造就一个人；从自我的角度，你认为自己受到善意的关注，你就愿意进行善意的改变。

霍桑效应与罗森塔尔效应有些相似，都是当事人得到了额外的重视。

有所不同的是，罗森塔尔效应强调的是“权威性谎言”的暗示作用；霍桑效应强调的是“权威性关注”的激励作用。

在班级生活中，班主任积极地关注到某些学生，并且让学生感受到这种关注，比如经常谈心，他们的学习生活就会更加乐观和努力，一段时间后学习成绩或其他方面都有很大进步，而受老师漠视甚至是歧视的学生就有可能从此一蹶不振。这就是霍桑效应在班级管理中的最大启示。

三、马太效应

在《圣经》中的“马太福音”第二十五章有这么一句话：“凡有的，还要加给他让他多余；没有的，连他所有的也要夺过来。”1968 年，美国科学史研究者默顿（Robert K. Merton）首次用这句话的意思来概括一种社会心理现象：“对已有相当声誉的科学家做出的科学贡献给予的荣誉越来越多，而对那些未出名的科学家则不承认他们的成绩。”默顿将这种趋向两极分化的社会心理现象命名为“马太效应”。马太效应尤其是经济领域内广泛存在的一个现象：强者恒强，弱者恒弱。或者说，赢家通吃。

班级管理中会有这样一种现象：那些成绩突出、表现优秀的学生会受到教师的喜爱，然后他们就会得到诸如三好学生、优秀团干部等更多的荣誉，成为越得到就越能得到的“宠儿”。而成绩较差、表现一般的学生则会因得不到而继续得不到，失去更多的成长机会。结果导致班级学生发展的两极分化。

班主任应杜绝班级管理行为中的马太效应，始终有“一碗水端平”的公平意识，发掘每一位学生身上的成长点。对于不同家庭、不同个性、不同特长的学生，班主任要充分接纳与肯定，给每一位学生均等的发展机会，这是“为了每一位学生的发展”理念的最直接体现。

四、晕轮效应

晕轮原指月亮被光环笼罩时产生的模糊不清的现象，晕轮效应又称“光环效应”。晕轮效应最早由美国著名心理学家爱德华·桑戴克于 20 世纪 20 年代提出。他认为，人们对人的认知和判断往往只从局部出发，扩散而得出整体印象，也即常常以偏概全。一个人如果被标明是好的，他就会被一种积极肯定的光环笼罩，并被赋予一切都好的品质；如果一个人被标明是坏的，他就被一种消极否定的光环所笼罩，并被认为具有各种坏的品质。

心理学家戴恩做过一个这样的实验。他让被试者看一些照片，照片上的人有的很有魅力，有的没有魅力，有的中等。然后让被试者在与魅力无关的特点方面评定这些人。结果表明，被试者对有魅力的人比对无魅力的人赋予更多理想的人格特征，如和善、沉稳、好交际等。

晕轮效应是一种普遍存在的心理现象，即对一个人进行评价时，往往会因对他的某一品质特征的强烈、清晰的感知，而掩盖了其他方面的品质。

晕轮效应是班级管理应该避免的，要注意这样一些方面：

第一，注意“投射倾向”。“投射倾向”是把自己的某些心理特点附加给对方的现象。人对他人的知觉包含着自己的主观意识因素，人常常看到的是自己能够看到的东西。比如，班主任从偏见出发，认为学习困难学生都会学习习惯不好，就看不到他们身上好的行为品质。所以，班主任要经常对自己内心的评价体系进行反思，避免因投射倾向出现各种偏见。

第二，注意“第一印象”。第一印象有先入为主的特点，往往比较深刻。如果第一印象好，就会给以后的交往打下良好的基础。从这个意义上说，注意给人留下良好的第一印象是必要的。但初次接触所提供给你的判断材料不仅十分有限，而且往往是比较片面的。班主任在接手一个新班时，要特别注意不要被不同学生的第一印象迷惑，不要轻易地出于第一印象过早地下结论，否则第一印象会成为产生晕轮效应的“温床”。

第三，注意“刻板印象”。刻板印象指的是人们对某一类人或事物产生的比较固定、概括而笼统的看法。刻板印象一经形成，就很难改变。刻板印象虽然有利于对某一群人做概括的了解，但也很容易产生偏差。刻板印象与晕轮效应有相似之处，是易于导致失真的一个“误区”。班主任要形成对学生全面、深刻的认识，一定要注意人的丰富多样性，不断地在班级生活中修正由于刻板印象所造成的片面认识。

五、破窗效应

美国斯坦福大学心理学家菲利普·辛巴杜（Philip Zimbardo）于1969年进行了一项实验，他找来两辆一模一样的汽车，把其中的一辆停在加州帕洛阿尔托的中产阶级社区，而另一辆停在相对杂乱的纽约布朗克斯区。停在布朗克斯的那辆，他把车牌摘掉，把顶棚打开，结果当天就被偷走了。而放在帕洛阿尔托的那一辆，一个星期也无人理睬。后来，辛巴杜用锤子把那辆车的玻璃敲了个大洞。结果呢，仅仅过了几个小时，它就不见了。以这项实验为基础，政治学家威尔逊和犯罪学家凯琳提出了一个“破窗效应”理论，认为：如果有人打坏了一幢建筑物的窗户玻璃，而这扇窗户又得不到及时维修，别人就可能受到某些暗示性的纵容去打烂更多的窗户。久而久之，这些破窗户就给人造成一种无序的感觉。结果在这种公众麻木不仁的氛围中，犯罪就会滋生、繁衍。

我们日常生活中也经常有这样的情景：一面墙上如果出现一些涂鸦，很快墙上就出现了更多的涂鸦。在一个洁净的地方，人们不会去扔垃圾，而一旦有垃圾出现，人们就会不在意继续扔更多的垃圾。这就是“破窗效应”的表现。

班级就如同一辆汽车，疏于管理就如同那辆车的玻璃被敲了一个大洞又得不到及时修理，给人一种出现无序的感觉。在这种氛围潜移默化地影响下，坏风气、坏习惯、坏想法就会滋长蔓延起来。因此，在班级管理中要注意及时解决那些看起来并不重要的问题，让大家都重视到“破窗”要及时补好，建设良好的班级风气。

六、鲶鱼效应

挪威人爱吃沙丁鱼，尤其是活鱼。市场上活沙丁鱼的价格要比死鱼高许多，所以渔民总是千方百计地想办法把沙丁鱼活着运回渔港。但由于沙丁鱼生性懒惰，不爱运动，绝大部分沙丁鱼在中途就会因窒息而死亡，而只有一条渔船却总能让大部分沙丁鱼活着回到渔港。船长严格保守着秘密，人们求解不得。直到船长去世，谜底才揭开。原来是船长在装满沙丁鱼的鱼槽里放进了一条以鱼为主要食物的鲶鱼。鲶鱼进入鱼槽后，由于环境陌生，便四处游动。沙丁鱼见了鲶鱼就十分紧张，左冲右突，四处躲避，加速游动。结果缺氧的问题迎刃而解，沙丁鱼也不会死了。这样一来，一条条沙丁鱼欢蹦乱跳地回到了渔港。这就是著名的“鲶鱼效应”。

用团队管理的语言来说，渔夫采用鲶鱼这个异质个体来作为激励手段，促使沙丁鱼不断游动，使沙丁鱼处于活跃状态，以此来维持沙丁鱼活得长一些。

在班级管理中，班主任会发现班级学生中也有鲶鱼型的人，他们表现活跃，思维灵活，在班里会引起竞争甚至引发冲突，从而导致班级氛围出现紧张局面。班主任对于鲶鱼型的学生要善加利用，而不能轻易使用干预手段予以控制。让他们成为班级的活跃因素和激励因素，保持班级的一种活力氛围或适度紧张氛围，并引导学生学会积极适应。

七、蝴蝶效应

美国知名数学家与气象学家爱德华·洛伦兹（Edward Lorenz）提出的“混沌理论”，被誉为 20 世纪最伟大的三大物理学发展之一。该理论最为人知的论述之一是“蝴蝶效应”。

1963 年，洛伦兹在一篇提交纽约科学院的论文中分析了这个效应。“一个气象学家提及，如果这个理论被证明正确，一只海鸥扇动翅膀足以永远改变天气变化”。在以后的演讲和论文中他用了更加有诗意的蝴蝶。对于这个效应最常见的表述是：“一只蝴蝶在巴西轻拍翅膀，可以导致一个月后德克萨斯的一场龙卷风。”这种关于“蝴蝶效应”的形象描述很有煽动性。以至于人们常常追问提出“蝴蝶效应”的真实情境。

1961 年冬季的一天，洛伦兹在电脑上进行关于天气预报的计算，用计算机求解仿真地球大气的 13 个方程式。为了考察一个很长的序列，他试图简化一下进程，从中段开始，把上次的输出数据直接作为计算的初始条件输入了程序，令计算机开始运行。然后他下楼去喝咖啡。一小时后，他发现天气变化同上一次的模式结果大相径庭，这大大出乎意料。既然初始条件仍是原来的数据，结果怎么会完全失真呢？经过进一步的仔细考察，他发现从中段开始与从头开始的差别在于，输入第一次仿真结果的数据是计算机运算结果小数点后3位的0.506，而非完整的小数点后6位0.506127。在洛伦兹的仿真系统中，这些微小的偏差每隔4天就会翻一番，直至新旧数据之间完全相异。最初的远小于千分之一的差异，最终却造成了第二次的仿真结果和第一次的完全不同，这就是“蝴蝶效应”产生的原委。

“蝴蝶效应”表达的含义是：一个复杂系统的事物发展的结果，对初始条件具有极为敏感的依赖性，即初值的微小变动或偏差，将导致未来结果的巨大差异。而实际上如天气预报那样的复杂系统中，初始的条件是难以精确设定的，其微小偏差是难以避免的，因而无法建立天气长期演变的真实方程，长期天气预报具有不可预测性或不准确性。即是说，复杂系统的变化会呈现一种不确定的混沌现象。

“蝴蝶效应”在社会学界、心理学界得到广泛认同：一个坏的微小的机制，如果不加以及时的引导、调节，会给社会带来非常大的危害；一个好的微小的机制，只要正确指引，经过一段时间的努力，将会产生整体性改良。

类似“蝴蝶效应”，西方流传着一首形象的民谣：丢失一个钉子，坏了一只蹄铁；坏了一只蹄铁，折了一匹战马；折了一匹战马，伤了一位骑士；伤了一位骑士，输了一场战斗；输了一场战斗，亡了一个帝国。其实，我国的俗语中也有形象的说法：差之毫厘，失之千里；千里长堤，溃于蚁穴；防微杜渐，见微知著；三岁看大，七岁看老……

在未成年人的成长中，生活中的微小事件都可能成为蝴蝶效应的起因。班主任做学生工作时要坚定一个信念，再顽固不化的学生都可以从细微的改变开始。一个人初始的微小变化，会引起整个人的心理系统发生趋势性的改变，最后发生整体性的变化。

班级管理中以人为本理念的体现

我们认同了以人为本的班级管理思想。我们知道，每个学生的成长要考虑来自自身的因素和来自社会的因素，既要考虑“这一个”学生的自我充分发展，又要顾及“每一个”学生适应社会的发展。可是，怎么做呢？有时，我们兼顾不到个别的需要；有时我们感到要更多地顾及教学；有时，我们感到有些个案的处理很棘手。

“以人为本”的班级管理主要强调三个理念：以人全面自主的发展为管理的最终目标；管理者充分尊重被管理者的主体精神，将弘扬他们的主动性、积极性、创造性作为管理的基本内涵；强调管理要符合“人文特性”，符合人的生存、发展规律。理想的班级管理应致力于良好班级心理环境的建设。本部分内容用案例的方式表述，虽然案例的表述难以全面，但是，会有举一反三的借鉴价值。

一、民主选举班级干部

以人为本的班级管理的核心就是要以学生的发展为本，把管理的自主权交还给学生，充分发扬民主，让学生做创造的主人。班级是一个小社会，这个小社会的管理就从民主选举班级干部开始。

老师提前一周在班上宣布将进行班干部改选。并让大家讨论班干部人选的基本条件，动员并鼓励有个性、有特长的学生积极参选。由于以往的小干部竞选也是采用类似的方式，但最终人选却由老师决定，所以大家对于这一消息并不感兴趣。这次老师在班上明确宣布：“本次改选当场唱票，决定权掌握在每一个同学手里。”

其中的重要场面是竞选演讲。第二周的班会课如期进行改选，凡有意竞选班干部的学生都要上台演讲。考虑到人数、时间的问题，演讲内容不作规定，全由学生自由发挥。

关键环节就是投票选举了。演讲过后，大家依据岗位的多少，把相同数目的名单慎重地写在纸上。当场唱票，老师则在黑板上写名字、画“正”字，并特别安排两个同学监督。当场唱票是体现选举过程公开的程序。重视这一程序是为了让学生从小建立规范意识，从小建立真正的民主意识。

最后的选举结果虽然与以往有所出入，但也在老师的意料之中。许多有特长、有个性的学生胜出了。最后，在征求各任课教师意见的基础上，召开全体小干部会议，通过讨论、协商，明确分工，正式任命。

新的管理模式卓有成效。小干部们都很珍惜这次机会，在各自的舞台各展其能，班级工作开展得有条不紊。班级面貌的迅速改观赢得了领导和同事的赞扬，而老师欣喜之余却惊讶于学生们无尽的潜能。

二、人人都是班级的主人

以人为本的班级管理要体现出人人都是班级的主人。每个同学都是班级重要的成员。学生不是班级管理的被动方，而是班级管理的主动方。班级的各项事宜应该是各负其责，但又是人人有责。有了主人翁意识的班级管理才是以人为本的管理。

（一）增设管理岗位，实行岗位轮换制

班级通过竞选选出的小干部，组成两个班委。小干部不能兼职。这样每个班委有15人组成，全班共有30位小干部。其中的宣传小组负责班级的宣传（黑板报、学习园地等）、布置（生物角、争章园地等），策划小组负责午间俱乐部、十分钟队会、新闻发布会等。让所有小干部职责明确，这样的管理不仅增加了班级的凝聚力，提高了学生集体的自我管理能力，还可以激发学生个体的积极性。如此一来，就真正把班级还给了学生，让学生成了班级的主人。所选的两个班委按月轮流管理班级，互相竞争，互相协助。每月的月尾召开一次两个班委同时参加的小干部会议。大家对自己的工作开展批评与自我批评，对别人的工作找优点，找亮点。班主任则对大家的工作进行总结和鼓励为主的评价，同时又对下一轮小干部提出相应的要求。

（二）开展值日班长活动

为了更充分调动学生的积极性，真正唤起每一位学生的内在动力，我们全班开展了“值日班长”活动，每天都让一位同学成为班上的“明星”。全班同学采取轮值的形式轮流做值日班长，负责管理当天班内的日常事务。每天同学们都以各种形式将值日班长隆重推出：首先是早上上课前由专人负责在黑板上介绍值日班长的资料，包括年龄、兴趣爱好、性格特征等。每一位同学都给予当天的值日班长足够的重视与关注。他们可以用各

种方式给值日班长鼓劲，包括喊口号（如：“Paul！cheers！”；“努力拼搏，做到最好！”；“你很棒，Yeah！”）和挂彩旗等。上午上课前，值日班长做详细的自我介绍，主要是对黑板上自己的介绍做必要的补充，然后谈当天值日设想，其他同学送给他/她值日赠言；下午放学前，值日班长谈值日感想，其他同学向其提出值日优点及建议。为了更好地鼓励值日班长出色完成任务，我们专门成立了发现团，每天专门寻找值日班长的值日特色、风格与优点，在当天的总结会上，每一位值日班长的特色与优点都会得到最大程度的宣传与赞扬。

三、人人都要遵守班规

学生是班级的主人，班规的制定也是他们自己的事。学校有学校的校规，学生有自己的学习任务。在这个前提下，班级的活动怎么开展、每天的生活如何进行，总要有个规矩才行。比如手机要不要带，恋爱能不能谈，要让同学们讨论怎么做更合适，然后定下规矩人人遵守。当然班主任要做好主流价值观的引导。

有一次春游，我早早来到学校做准备工作。几位小干部“鬼鬼祟祟”地来到办公室，我问他们有什么事？他们犹豫了一会儿，窃笑着说：“我们想检查你的背包。”我愣了半天不解其意。班长似乎是在鼓足勇气地说：“昨天，我们制定了秋游所带食物的标准，现在，我们要检查你带的食物是否超标。”我还没缓过神来，办公室内的几位老师都“啊——”地惊叫起来：“现在的学生不得了，不得了！”我连忙打开背包，乖乖地接受检查。在得到满意的答案后，他们才像英雄凯旋似的离去了。我暗暗庆幸所带食物没有超标。同事们都说小干部被班主任惯坏了，我则为之欣喜。看似“没大没小”的表现，实则是平等的、民主的师生关系的体现。规则面前人人平等。他们把教师看成是集体中的普通一员，教师也是班委的被管理者。我们应该尊重小干部的自主管理权力。

四、灵活有效的目标管理

一个健全的班集体应当有明确的发展目标，目标管理是班级管理工作中常用的一种方法。目标管理可以采用两种制度，行为目标考核制和行为目标承诺制。具体实施就是班主任或学校以学生守则和学生行为规范为依据，结合校纪班规给学生在校外、校内、课堂、作业、纪律、卫生、体育锻炼、礼貌等方面制定出标准，并分为A、B、C三个层次。学生根据自己的情况选择并承诺某一层次作为自己未来一周的发展目标，由班级成立考核小组对每位同学一周的表现进行考核。参照考核结果，学生可以定出下一周的目标。

班上的小李自己定的周目标最低，但是每周考核都不达标。小李对我说，一周的时间太长了，为什么不能一两天就考核呢？我想，制度是为人服务的，不妨试一试。于是我跟小李商定，自己定标准，一天一考核。小李第二天选择了B层标准，并保证“一定达标”。结果，他确实做到了。第二天、第三天，他仍然做到了。我想，这就是恰当地运用心理契约的效果。小步走、低台阶、快反馈，变化就在其中发生了。尽管小李后来有过多次反复，但日积月累下来，大家都说他变化很大。

五、用班徽凝结班级文化的精华

建设一个新班级，关键是要让大家拥有一个共同的理念，树立一个共同的目标，凝结共同努力向上的精神。这就是我们需要的班级文化的精华。

开学之初，我以制定班徽、班训和班级格言为契机，和同学们一起讨论、辩论、修正，塑造班级全新的理念和目标，形成有利的班级舆论和班级文化。

我班的班徽是一个圆形的红底，上面是一个弯弓搭箭的射手，像神话中的后羿。我希望同学们每天都看看这个勇士，从他身上吸取力量，做一个不断进取、不怕跌倒、信心十足的人。

班徽上有一行醒目的英文：Cheer for Ourselves！我们的理解是：遇到困难时，它是“为自己加油”；前进时，它是“为自己呐喊”；成功时，它是“为自己喝彩”；失败时，它是“给自己鼓励”！我们希望这行文字特殊的含义深入每位同学的心里，让它成为我们的信念，不管什么时候，我们都别忘了对自己说："Cheer for Ourselves!"

六、在网络空间上搭建班级文化的舞台

进入网络化的信息时代，网络的应用已经渗透到生活的方方面面，其中也包括班级生活。学生们把网络作为成长的人际空间和信息空间，自发地在网络上沟通交流。作为班级管理文化，网络空间成为一个新鲜而活跃的舞台。

早上，我刚来到教室，有四五个学生冲到我面前："老师，昨天晚上小月在QQ上骂我！"

"小月还说了很多同学的坏话！"

面对同学的指责，小月涨红了脸，急切地表白："没有，没有，我昨晚去上补习班了。"

我认真了解了情况。小月昨晚确实去了补习班。小月的QQ号和密码好几个同学都知道。原来是有人擅用小月的QQ骂了同学。

后来又发生另外一件事。小可的家长打电话告诉我，说小可的日志上有些让人担心的话，让我去看看。我根据小可妈妈提供的号码，请求小可加我为好友，她爽快地答应了。小可在《班上的八卦》中写道："班上的人很八卦，说谁谁跟谁谁怎么怎么了，把我也扯上了。小心惹火了老娘，明天放倒了你！！"

我跟小可在网络上聊了很久，她对我吐露了很多心事。我对班上的学生也有了更多的了解。

既然很多同学都在网络上交流，我想堵不如疏，利用网络搭建班级文化的新舞台。我采取了下面几种做法：

1. 把同学加为QQ好友。我在班上宣布要加同学为QQ好友时，学生们都很兴奋，学生都以能成为老师的好友为荣。我给大家提出几点要求：只能周末上网，要有家长监督，上网时间不能超过2小时。只有承诺做到，才能成为老师的好友。

2. 建立班级QQ群。班级一些学生原来建立了一个QQ群，我跟几个同学商量，把它改为班级的QQ群。大家都加了进来。我让任课的老师都

加了进去。我告诉学生，作业如有不懂，可通过 QQ 群问老师。平时在上面进行班级同学之间的生活交流。

3. 申请了班级信箱，开通了班级博客。我告诉学生和家长，这里是班级的家，是大家的心灵驿站，每一位同学都可以在这里抒发情感，诉说困惑，交流心得等。

一年多来，同学和家长都在我们的网络空间上留下很多“足迹”，尤其是博客深受学生的欢迎。他们的习作、日志等都往博客上传，就连转学的同学也常常“回家”看看。我也随时把学生在学校参加各种活动的照片发到博客上，大家相互了解和交流，分享成长的快乐，其乐融融。

七、把握批评的分寸与方式

表扬与批评都是班级管理中必不可少的教育方式。如果说表扬是温暖心灵的阳光，那么批评就是磨砺心灵的风雨。与表扬相比，批评更需要把握好分寸与方式。过度的严厉批评会造成抵触或逆反心理，过分的温柔则会达不到教育效果，简单的训斥更不可取。因此，批评需要三思而行，需要揣摩学生心理，基于理解和尊重的原则，采取恰当有效的策略。

（一）理解式的批评

我路过教室时，发现小丽耳朵里藏着一个 mp3，在课堂上沉醉地听音乐。她是一个小错不断的学生，没少接受批评。下课后我叫她来到办公室，这次我考虑换一种理解式的批评方式。

我问：“知道老师为什么叫你来？”小丽直爽地说：“知道，上课没听课，在听 mp3。”我启发性地提问：“你觉得这样做有什么不好吗？”小丽低下了头：“影响了学习。”看见小丽很诚恳，我便推心置腹地说：“其实老师看得出来，最近你一直在努力想做好，学习也有进步了。老师知道你喜欢听歌，但是在课堂上听就不对了。你说是吧？这样好吗？如果你能一周内管理好自己，上课不再听 mp3，你就把 mp3 带回去。如果你希望老师帮助你保管几天，你自己来增强自我管理能力，那你可以放在老师这。”

一阵协商之后，小丽决定还是自己带上 mp3，她主动伸出小拇指，跟老师拉钩说：“拉钩发誓，决不失言，老师你可以监督。”这样的批评包含了充分的理解与尊重，学生还能不接受吗？

后来，小丽果然没有再听 mp3，其他方面也在慢慢变好。

（二）体验式的批评

一天放学时间，我看见班上的小军在学校的塑胶跑道上骑自行车，这是有违校规的。我上去劝阻他，他高声说知道了。可是第二天我又看见他在跑道上骑车。我奇怪他为什么知错犯错？于是上去与他交谈。小军说："操场就是做运动用的，我骑车也是运动呀。外面的球场上也有很多人骑车，不是很正常吗？"原来他把水泥操场与塑胶跑道混在一起了。我让他用手摸摸塑胶跑道的感受，他说软软的有弹性。我再带他出来到操场上的水泥地面踏一踏，他说很硬。这时，没等我开口，小军恍然大悟地说："噢，我错了，塑胶跑道是软的，容易压坏，所以不能骑车，以后我不会骑了。"

（三）表扬式的批评

小毅有些懒散，开学来一连几天都上学迟到。我为此去做家访，发现谈话时小毅守在妈妈身边不肯离开。我意识到小毅是担心我来告状，于是夸奖小毅在学校好的表现，闭口不谈迟到的事。小毅对我投来惊喜的目光。但是，第二天小毅还是迟到了。早自习过后几分钟，他喘着粗气跑进教室。想到昨天家访时他的反应，我想与其批评，不如表扬。于是我笑着问同学："今天我要表扬小毅，你们知道为什么吗？"同学们先是一愣，接着一个同学说："因为他昨天迟到了一节课，今天他只迟到几分钟。"我大声说："说得好！你们看，他跑得上气不接下气，说明他已经尽最大努力了，我们大家都相信他明天一定不会迟到。"第三天，小毅果然没有迟到。以后，他也不再迟到了。

八、坦然地向学生道歉

班级生活中，难免发生磕磕碰碰、相互误解的事，而且这样的事也难免发生在师生之间。如果是老师误解了学生，那么老师就要真挚地向学生道歉。道歉是人际关系的润滑剂。老师向学生道歉是班级民主理念的体现，是尊重学生的体现，有利于师生关系的融洽。

一天早晨下着雨，小皮脚踏一双拖鞋，衣冠不整地走进教室。我问他为什么不穿球鞋，小皮竟气狠狠地说："没有球鞋，也不想穿！"我一气之下，停了他一节课。小皮是一个学习较差、行为散漫、脾气暴躁的学生。后来几天，我用各种方式亲近他。在课上我提问他最简单的问题，然后给予表扬；在课后，我与他聊天，表达我对他的希望。一天，他突然对我说："那天我没穿运动鞋，是我错了，可我不是故意的。头天晚上下雨了，运动鞋放在阳台上忘记收，被雨淋湿了。爸爸跟我发脾气，我跟爸爸吵一架，赌气不穿鞋上学。"噢，是这样！我赶紧向小皮道歉："对不起，我不知道这些情况，停了你一节课，还批评了你，真对不起。""没关系，没关系。"小皮没想到老师会向自己道歉，眼光透露出惊喜和感动。从那以后，小皮真的开始变了，学习上进了，与同学友好了。教师节那天，我收到小皮的一张自制卡片，上面歪歪扭扭写了几个字："老师，谢谢您对我好！"

班级管理中的棘手问题处理案例

班级管理中会遇到一些比较棘手或比较敏感的问题，对于这些问题的处理体现着对于人性的洞察，也体现着心理辅导的智慧和技巧。

一、巧设"善阱"处理学生偷拿的事件

学生偷东西现象并不少见，处理起来也比较棘手。偷窃行为往往与家庭不良的教养方式有关。处理此类事件的难点在于：不能不处理，又不能公开处理。不处理当事者得不到教育，公开处理会伤害当事者的自尊。本着有利于学生心理发展和保护当事人自尊的原则，处理此类事件要特别注意技巧。

小张5岁时父母就离异了，和爸爸一起生活。他从小沾染上了小偷小摸的坏习惯，这学期转来我班。第三天做早操时，一位女生放在书包里的10元钱不翼而飞，这种情况以前从来没有发生过。我从小张的神情中已经明白了八九分，可是不能简单从事。我对同学们说："有个同学的钱丢了，大家都非常关心，我现在告诉大家，已经有人拾到交给我了，这个人是

谁，我暂时保密。”这叫先把台阶铺好。

这天下午正好有节课外活动课，按照事先的安排，全班到公园里看荷花写作文。中午放学时，我请班上几位班干部到自己家里商量下午的活动内容，把小张也叫上了。下午准备去公园了，我对大家说：“这么好的天，到公园照几张相该多好啊，可惜我忘带照相机了，小张，你就辛苦到我家里取一趟吧！”我交给了小张家里的钥匙。这叫再给信任果吃。

小张有些不敢相信，但一看到老师那真诚、信任的目光，就从我手上接过钥匙，飞快离开了教室。下午，全班同学在公园里玩得可痛快了，老师为大家拍了好多照片，几乎每一张都有小张的镜头。回校途中，小张有几次欲言又止的样子，我特别关照他说：“你刚来，有什么困难尽管来找我，老师一定帮你解决，信得过我吗?”这叫做足情感铺垫。

这天晚上，我在家听到有人敲门，开门一看，竟是小张。他眼泪汪汪地站在门口，显然已站了好一会儿了。他一头扑进我的怀里，边哭边说：“老师，您这样信任我，我真不应该，那10块钱是我拿的……”我十分欣慰地安慰他，肯定他迈出了这可喜的一步。

第二天晨会时，我微笑着对全班同学说：“昨天，我曾告诉大家，有个同学拾金不昧，不愿留名，现在我已经做通他的工作，他就是咱们班新来的小张同学。”话音未落，教室里响起热烈的掌声。

可见，处理此类棘手的事件，老师对孩子施予信任和期待，方法上注意技巧，就会产生神奇的效果。

有些“偷窃”行为的发生还有深层次的原因，反映了当事人的心理需求。老师处理此类事件要对当事人的背景做深入的了解，而不是解决“偷窃”行为本身。

初二的男生小宁，生性腼腆，学习成绩很出色，给老师一种本分老实的印象。小宁对同学讲礼貌，话语少，也没有亲近的友伴。同学们感觉小宁过于拘谨，玩笑嬉闹时都不大搭理他。

有一段时间班上发生一些奇怪的现象，同学们老是丢钢笔、圆规之类的东西，三五天后又都莫名其妙地回到主人手中，弄得班里人心惶惶。同学们都报怨指责这个恶作剧的家伙。

有一天终于真相大白，这事居然是小宁干的！而小宁似乎也不想掩饰此事，一副好汉做事好汉当的样子。

我先是感到几分震惊，继而感到此事有些荒唐，决定对小宁的家庭情况做进一步了解。结果发现，小宁的父亲长年在外，母亲善良寡言。母亲只是过问儿子生活上的事情，很少和儿子有感情交流。小宁在家时经常一个人默默度过。

小宁有一次看到一个同学焦虑不安地找东西，似乎获得了某种暗示，开始把同学们的东西藏起来再放回去。小宁跟我吐露这样做的感受和想法：感到很刺激，自己的行为可以让人很慌乱，可以引起班上的不安和关注。我明白了：这是一个在偷情感的孩子，是一个渴望得到友情交流的孩子，他用一种特殊的方式希望在班集体中拥有一席之地。

这是令人酸楚的爱的需求。这是我作为班主任工作的疏忽。为此，我诚恳地向小宁道歉。小宁也承认了自己不正常行为给老师同学造成的伤害。后来，我把情感交流作为班级文化的重要内容，同学们有什么活动都有意识地拉上小宁。小宁慢慢地变得开朗、活泼了。

二、“以攻破攻”应对学生的欺负行为

欺负是中小学生之间经常发生的一种攻击性行为。欺负行为有三个特征：未受激惹；重复发生；欺负者与被欺负者力量不均衡。有些被欺负者频频向老师告状，老师常常对此类问题的处理感到棘手。有一位老师采用“以攻破攻”的思路颇有创意：教学生打架。

小林身体强壮，是一个为人霸道的初三男生，行为不肯受约束，转来不久与班上好几个男生发生冲突，在班上影响很坏。

第一次打伤一位同学时，我对他进行了严厉的批评教育，并要求他赔偿医药费。与家长沟通时，家长反映该生小学时就常有打架现象。

我想既然小学老师、家长都无法改变他爱打架的习惯，那么我如果也用常规的教育方法，恐怕难以奏效，需要另辟蹊径。与其堵，不如疏，立场站到同一边，我来教他打架。我单独找他谈话：首先，打架的前提是人不犯我，我不犯人；人若犯我，我才犯人。倚仗力气大以强欺弱，不算男

子汉。第二，打架的原则是：不做让自己后悔的事。打架如同打仗，不打无准备之仗，也不打无理由之仗。动手之前一定要想想，为什么要打？打了人家我会不会后悔？该打则打，但不该打时，坚决不打。第三，打架的分寸是：把后果控制在自己可以承担的范围内。所有的争斗都会造成后果，有时只是损害两人之间的关系，但更多的时候是要付出代价的，小则负担医药费用，大至接受处分甚至法律责任。好汉做事好汉当，想好后果再动手，你当得起当不起？

一番推心置腹，小林若有所思地点头。

这番“教导”之后，小林居然再没有打过架，而且他还告诉同在学校的弟弟不要再与别人发生不必要的冲突。

我把“打架论”继续在班里宣讲，结果班里的欺负现象也很少见了。

后来又发生另一件事情。班里体育委员小郑与外班学生打架，对方带了几个学生到我班教室门口挑衅，叫小郑出去说话，被拒绝后扬言要找人打他。两人是在篮球场打球时发生的冲突，情况是打球过程中发生肢体碰撞，对方不依不饶、蛮横无理，很凶地对小郑又推又踢。小郑回踢了对方一脚后回到教室。有学生说，闹事的学生在小学时就是一“霸”，没人敢惹他。小郑说：人若犯我、我才犯人，自己是还手自卫，并跟我说先不要管，必要时会寻求老师帮助。于是我密切关注此事。结果后来对方并未找人打架，只是虚张声势而已。

现实生活中有很多矛盾是不能回避的，冲突是人际交往中需要适当处理的内容，学生要学会人际交往，就一定要学会处理冲突。

三、阳光送暖消融消极型非正式群体

班里如果出现消极型的非正式群体是让班主任很头痛的事情。他们联合起来在班里闹事，比一个人更胆大妄为。不过，事物总有积极的一面。所谓消极型非正式群体的成员，他们其实也是有精力、有能力的孩子，他们也渴望得到尊重与重视。他们的长处正是用来转化的积极力量。

小宇是我班的“四大金刚”之一，他油腔滑调，不守纪律，做事、学习、作业等都得过且过。有时他犯错后会立刻很诚恳地向你承认错误，但很快就忘记了，又开始制造其他的麻烦，他的举动有时真令人无可奈何、哭笑不得。

小宇是“四大金刚”之首，头疼之余，我提醒自己从积极的方面观察小宇。我欣喜地发现，其实小宇也有许多优点。他乐观、开朗、聪明，自理自立能力很强，大胆能干，办事效率高。其他几个“金刚”都很服他。我觉得像吹北风一样筋疲力尽地与他们的消极行为冷对，还不如给他们阳光，让他们尝到被尊重、被重视的温暖。

如何重视合适？我想干脆就给他戴上一个大帽子，让小宇当班长。戴上班长的高帽，其实也是个“紧箍咒”。

于是，这学期，我改变以往班长自由竞选的做法，采用班主任直接任命制。如果不然，小宇不会参加自由竞选，参加了也不可能被选上。好在作为小学生，学生对老师还是比较依赖。我先跟小宇谈话，然后与原来的班委会商量好，在班会上直接宣布这学期先让小宇当班长。小宇不习惯这种被抬举的情境，有些受宠若惊。我在班上夸奖他的优点，为他树立一些威信，然后提示他这是信任，也是责任。小宇从未感受过这样被重视的感觉，一种潜意识中的责任感油然而生。经过我的一番鼓励，同学们报以热烈的掌声，通过了让小宇当班长的决定。就这样，小宇走马上任了。

果然，小宇开始按照自己职务身份的约束以身作则了，“金刚”们的问题也减少很多。尽管小宇的改变经历了一个较长的过程，但是显然，被尊重、被重视是一种让人难以拒绝的温暖力量，小宇的聪明、开朗和自立的长处充分地发挥出来。“小首领”最后终于变成了合格的大班长，昔日的小群体也融入班集体中了。

四、情感理解善调中学生恋爱

中学生恋爱是一个很敏感的话题，也是常常令教师谈之色变的话题。虽然社会足够开放，学校足够包容，但是班里出现恋爱现象仍然需要谨慎对待。中学生恋爱主要有这样几个原因：情感缺失，主要是家庭出现情感问题的学生；惺惺相惜，主要是两者都很优秀的学生；因怜生爱，主要是某方面比较优秀的学生产生的怜惜心理；因羡生爱，主要是某方面有所不足的学生产生的补偿心理；同病相怜，主要是两者同为后进学生。恋爱问题处理的难点在于它处在带有隐私性的情感区域，老师触碰这一区域要把握分寸和方式，并站在当事人的角度提供帮助。

初三班上的芳芳是一个优秀女生，学习拔尖，气质出众。她是学校大型活动的主持人，还是校舞蹈队的队员。令人费解的事情是，芳芳与班里的大力恋爱了。大力也很优秀，人很帅气，还是班里的学习委员。班里的同学对此事议论纷纷。

班主任先了解背景情况。芳芳是独生女，爸爸妈妈工作忙时自己会觉得孤独，小学时就有想认一个干哥哥的想法。最近妈妈竟然迷上了“开心农场”的偷菜游戏，冷落了芳芳。多愁善感的芳芳心情很不好。情感丰富偏又情感缺失，气质出众自然惹人喜欢。而大力是与爸爸一起生活的单亲家庭的孩子。这是一个情感缺失型的两情相悦。班主任一番考虑，觉得该从情感入手提供帮助。

班主任首先跟两个人谈话。芳芳并不遮掩：“我跟大力在一起感觉很安全。”大力也很大方：“人不开心时需要有个依靠。”班主任问要不要与家长讲，两个人都说自己可以协调好。班主任感觉到两个人都算懂事，目前交往还不算过火。于是做一个“悄悄话”的提醒：处于青春期的男女生彼此有好感是正常的，但是过分亲近会破坏好感。让他们考虑学习、注意影响、注意分寸。班主任又与芳芳妈、大力爸做例行联系，委婉地提出要与孩子多一些情感沟通。

芳芳与大力都是班里有影响的学生，对于恋爱的看法，需要有一个班级集体舆论的引导。接下来，在开展心理健康教育主题活动中，班主任特意设计了一次班会，让同学做一个开放的讨论：怎么看待中学生恋爱。处于青春期的中学生纷纷各抒己见，不同的观点一齐亮相。一种观点是：学习都忙不过来，没兴趣。一种观点是：能恋就恋恋，玩一玩。一种观点是：恋不恋别妨碍别人，自己把握。一番讨论下来，同学们都有触动。虽然芳芳和大力倾向于第二种观点，但是他们已经感受到班级团体的舆论压力。集体舆论或团体氛围对于其中的每一个人都有一种团体动力的作用。

在后来的日子里，班里加强了情感交流的活动，同伴之间正常的情感交往成为班级同学关系的主流。班主任对于芳芳与大力一直给予一种理解性关注的态度。生活波澜不惊地度过。或许，若干年后，芳芳与大力的恋爱就是他们青涩岁月的美好回忆。

渗透班级生活的心理辅导案例

每天的班级生活既是成长的环境，也是问题的环境。有经验的班主任不仅会看到一个教育学意义的班级，还会看到一个心理学意义的班级，而心理辅导就渗透在班主任的班级工作中和跟学生交往的细节中。学生的问题各形于色，班主任的辅导各成其巧。

一、建立师生关系从尊重开始

小川学习成绩较差，他母亲说他是一个没有自尊的孩子。我和小川第一次谈话时，他竟然对我说："我不知道什么是自尊，只要有人给我钱，我天天给他磕头都行!"在交谈中，我感到他对老师有一种对立情绪。这样一个自称没有自尊的学生，我该怎么跟他相处呢？通过家访我了解到，小川是在打骂中长大的孩子，是一个得不到尊重的孩子。俗话说，交人要交心，我想，既然小川说没有自尊，我就从欣赏和尊重开始。于是在学习生活中，我对这个学生时时留意，寻找亲近他的机会。

在一次讨论如何遵守规章制度的主题班会上，小川说："一个人干什么事之前，如果能站在别人的角度上考虑一下就好了。"这看似一句普普通通的话，可从小川口中说出来并不简单。我立刻在班上大张声势地表扬他。我感觉得到，那几天小川表现得特别好。我趁势找他聊天，肯定他的表现。小川诚恳地说："老师，您真看得起我。"他终于说出了我期待已久的话。亲其师才能信其道，我现在深深体味到了这句话的力量。之后，小川能主动和老师说话了，上课开始听讲了，作业也按时完成了。

后来，小川又有点故态重演，我便找他聊天，努力表示欣赏："老师对你充满了信心，我觉得你心地善良。记得汶川大地震吗？那天我在晨会上问同学有什么打算，你第一个举手说，想号召我班同学捐款，贡献微薄之力。我当时真的很感动。”“这点小事您还记得?”小川心有所动。我说:“当然记得，因为你在我心中很重要。你是一个有情义的人，你懂得尊重别人，一个尊重别人的人更知道如何尊重自己。你说对吗?”他没有说话，认同地点点头。

从那天起他像变了一个人似的。同学们反映说:“小川变了，不再自私，也不再孤僻。学习上我们有些做不出来的题，他都能做出来，还给我们讲解。”当我把小川的变化打电话告诉他妈妈时，那边的母亲已经激动得不能自已。

这些说起来都是微不足道的小事，但是一个孩子的改变与成长就是这些小事成就的。而且，改变和培养一个人，就要从微不足道的小事做起。

二、做一个“阳奉阴违”的老师

有这样一则小故事：上一年级的汤姆很调皮，常常让老师头痛不已。这天，因为他用毛毛虫吓哭了一位女同学，老师又把他叫到教导室训话。

老师：“明天让你爸爸来一趟学校，这事我非告诉他不可!”

汤姆：“老师，有什么事不能跟我说吗?”

老师：“这件事很严重，我必须亲自跟你爸爸谈!”

汤姆：“老师，为什么您每隔几天就要挑拨一下我们的父子关系?”

试想一下，汤姆说的挑拨离间不无道理。儿子总是被老师告状，父子关系不紧张才怪。

类似的情况，如果 A 同学向老师告状说 B 的不是，老师怎么处理呢?

小静是一个乖巧文静的女生，小武是一个好说好闹的男生，自从他们成为同桌开始，我的耳根就没有清静过。小静不断地向我告小武的状:“小武老是把手放到我的桌上!”“小武又打我了!”小武乱画我的本子!”我当然每次都把小武批评一通，但总是不能解决问题。于是我干脆把他们分开坐，问题算是解决了。但是冤家路窄，到了下一学期学生按身高排座位，小静和小武再次成为同桌。开始一周还好，从第二周开始，昔日宿怨再次重演，而且愈演愈烈。我仔细回忆处理他们矛盾的过程，感到其中与我的处理方式有关。我无意中充当了挑拨离间的角色。小静告状后我就批评小武，结果小武当然越发对小静有怨气。能不能让他们互相有好感呢？我试着干起了“阳奉阴违”的“勾当”。一天小静在课后又向我告状，被小武远远地看到了。我来到小武身边说：“你知道吗？刚才小静向我表扬你了。她说你这节课很认真，还举手发言了呢！”小武有些吃惊地望着我。我又加了一句：“你刚才上课发言说得多好啊，老师也觉得你很棒呢！”小武脸上泛起了笑意。我回头又找到小静，故作随意地说：“小武对我说你今天的语文作业写得很工整，他很羡慕你经常得到表扬。”小静也有些吃惊地望着我：“他怎么知道的？”我灵机一动说：“你们组的组长就坐在你们后面。今天早上你交作业时翻开作业本，被他看到了。”小静脸上绽开了一朵花。后面我继续找各种机会表演阳奉阴违的“伎俩”。

一天，我正在布置作业，小武突然告诉我小静病了，我赶紧让他扶小静去校医室。一会小武回到教室，很自然地把小静的作业登记本拿过来，帮助小静登记作业。这可是一个好现象！不久，小静回来了，我赶紧在门口拦住她：“小武主动帮你抄作业呢，记得谢谢他哦。”她回到座位上，对小武说声谢谢，两人相视而笑。从此，小静再也没在我面前告小武的状了。

看来，学生之间闹矛盾时，老师想方设法让双方互生好感才好，互相赞美对方就是一个好手段。在双方不能主动和好的情况下，老师就要从中斡旋，做一个讨好的第三方。不过善意的谎言要符合实际，不能“露了马脚”。

三、一匹黑马跑出来

学校将年度奖励的“三好学生”奖改为“鲲鹏奖”，并基于多元智能理论设置了13种单项奖。“鲲鹏奖”采用年初申报的方法。学生可以根据自己的爱好和特长，有选择地申报角逐适于自己的奖项，并把争取得到“鲲鹏奖”作为努力目标。班主任老师把“鲲鹏奖”作为班级激励的一种手段。

班上有一位吴姓女生，平时比较懒散。她常常不认真上课，不完成作业，课后更是不温习功课。如果让她留下来补做作业，她就很不情愿，草草完成就走人。由于吴学习动力不足，学习习惯不好，学习成绩很差。开学初申报“鲲鹏奖”开始了。班主任利用这个契机，鼓励吴申报学习方面的奖项。吴在老师的期望中申报了“学习进步——黑马奖”，并在会上约法三章：表示要改掉不认真上课、不完成作业的坏习惯；生活要有规律，不懒散；努力学习，学习成绩要上一个台阶。

吴的承诺成了师生之间的心理契约，当众约法三章也为吴的成长提供了团体动力。从此以后，吴真的开始认真起来，上课积极听讲，按时完成作业。老师也为吴的学习营造氛围，不断给予鼓励。结果吴的学习成绩从原来的 60 多分进步到 80 多分。在期末“鲲鹏奖”的评奖会上，大家一致认为她的进步最大，给予了她“学习进步——黑马奖”。吴的努力学习行为得到了肯定与认同。一个方面的改变带动了整体面貌的变化。自此以后，吴更加努力了，形成了持续学习的动力。

四、她为什么飞不起来

凡是教过小飞的老师无不摇头叹息，看上去蛮机灵的女孩为什么学习上不去呢？自从上学以来小飞的考试成绩从来没有进入过 60 分，到了四年级以后几乎每次考试都是三科不及格。平时，小飞可是一副机灵活泼的样子，她自己可以织围巾，美术作品经常获奖。虽然每个学生的思维特点有所不同，但是一个聪明伶俐的孩子，学习成绩很差总是让人感到不相称。

老师到小飞的家里了解情况，看到小飞妈妈很不以为然的样子：“小飞哪里聪明，她就不是学习的料。”再进一步了解，老师听到一个匪夷所思的事情。原来在小飞入学前，她的父母曾经找人算过一卦。算卦的人说她女儿智力有问题，读书是没什么希望的。父母听说之后非常失望，并且不经意间用这个莫须有的预测对小飞戳戳点点。结果小飞从小就接受了这个“罗森塔尔效应”，认为自己笨，是读不好书的，心思也不想花在学习上。

从小飞家里回来，老师心里有数了，要想办法让小飞尽快地飞起来。

心病还需心药医。老师了解到小飞对美术老师比较认同，于是找到了美术老师，如此这般一说，美术老师满口答应。

美术老师很认真地跟小飞谈了一次。

美术老师说："你是很信任老师的，对吗？"

"对呀！"小飞不知道为何美术老师这么欣赏地跟自己说话。

美术老师说："上次全市的美术作品比赛，你的作品《鹰》很有创意，拿了二等奖。凭我多年的经验，你是很有天赋的学生，你的聪明不仅能在美术方面表现出来，还会在学习上表现出来。"

小飞有点惊讶，也有点疑惑："真的吗？可是我的学习真的不好。"

美术老师肯定地说："只要你做出努力，一切都会改变。你的班主任很看好你，要和你一起备课。我们一起努力让你飞起来，好不好？"

小飞惊喜地答应下来。

这以后，班主任就跟小飞每天坐在办公室外小阳台上，开始了备课"游戏"。说是游戏，是因为老师感到小飞知识欠债太多，短时间想大幅提高也不容易，重要的是培养自信和动力。老师没有给小飞任何压力，只是告诉她，只要和老师在一起，老师备课，你预习，就一定能取得好成绩。

期中考试了，小飞语文成绩是63分，语文成绩从没上过40分的她真的考了63分！正向的"罗森塔尔效应"让小飞找回了学习的自信和聪明的自己。

五、帮你实现一个渴望的目标

阿朱是班里闻名的"四大霸王"之一。他打人很厉害，全班同学几乎都怕他。另外他自制能力差，学习也不好。这样的学生如何帮助他改变呢？

开学初的一天，阿朱神秘兮兮地找到老师说："老师，我想当体育委员，能让我当体育委员吗？我能管住学生的！"

老师没多想，直截了当地回答："不行。"

阿朱拉住老师的衣角，急切地问："老师，你能告诉我吗，为什么不行？"

老师看到了阿朱渴望的眼神，忽然感到这是一个改变的机会。每个学生都有积极向上的一面，当积极方面表现出来时，老师应该不失时机地因势利导。老师改口说："真的想当？周一班会课时咱班改选班委会，如果你想当，要自己努力，好好准备，竞争上岗。”可以给机会，不能给职位，班干部的上岗还要按照班规办。

周一的班会课上，各个岗位竞争得很激烈。轮到体育委员时，老师允许阿朱发表自己的“竞争宣言”。结果是，全班没有一个同学投阿朱的票。阿朱垂头丧气地坐在座位上，脸憋得通红。

课后，老师让阿朱来到办公室，故意问道：“你认为同学为什么不选你？”

阿朱有所触动地反思自己的表现：“我想是我不遵守纪律或者是大家觉得我各方面都不行。”

老师顺势提出要求：“这样吧，反正这次体育委员也没定下来。你要好好表现一下。如果你连续两周不违反纪律，语文数学作业先得 5 次优，老师可以考虑给你一个机会，让全班同学相信你，都投你一票。”

“谢谢老师，我肯定能做到！”阿朱满脸兴奋地说。

接下来的两周里，老师让他的两个要好的同学经常提醒他，并让全班同学监督。老师还不失时机地让以前的体育委员告诉他当体育委员的职责。通过两周的观察，阿朱果然有很大进步。第二次班会课上讨论时，阿朱如愿地当选了体育委员。

阿朱对于经过自己努力得到的班干部岗位十分珍惜。他开始遵守纪律、主动学习、关心同学了，对自己的各方面自觉要求。整个人都在慢慢好转了。

每一个学生都是一个“积极人”，老师要做的是善于发现和给予支持。

六、他为什么不愿意当班委？

班里的班委改选了，大平被选为学习委员。大平天赋较高，语言能力和理解能力都超出同龄人水平。他能当选是顺理成章的事。选举刚刚结束，大平忽然摆摆手说话了：“不，不，我不当班委。”“为什么？”老师很奇怪。“不为什么，就是不想当班委。”大平的语气还很坚决。

初一学生刚到一个新班级，大家表现欲望都很强的，能够做班委都是求之不得的事。感觉很优秀的大平怎么会如此“不识抬举”呢？

不做班委的大平在学习上仍然保持着自己的优秀，对老师也很尊重，但对学校和班级组织的各种活动却漠不关心。

大平出生在一个知识分子，父母都是公务员。他接受了很好的早期教育，从幼儿园开始，就表现出接受能力强的优势。从小学一年级到小学升初中考试，他一直都是名列前茅。在学习上大平并没有什么过大的压力。

好好的大平为什么不愿做班委呢?

学校要发展一批团员了，老师在班里说，所有的学生都有资格写入团申请书，不过团组织要择优选拔。当天放学前老师就收上来厚厚一叠申请书，不过里面没有大平的。

老师找到大平谈话。大平脸上露出不屑的神态：“老师你说这有意思吗? 入团怎么样，不入团又怎么样? 而且，如果我申请了又没有被选上，岂不是很没面子!”他开始流露出一些内心的想法。

是因为有害怕失败的心理吗? 老师问：“你怎么看待力求成功与避免失败这两种心态?”

大平脱口说道：“避免失败也是一种成功。”他怎么有这种不同寻常的想法?

老师试探地问：“你有过怎样失败的体验?”

大平开始抠手指，脸上浮现一种痛苦的表情。终于，他讲述了一桩对他来说是刻骨铭心的往事。

在小学升初中的时候，大平报名参加了市高级外国语学校的招生考试。父母很支持他，他自己也付出了比平时更大的努力，但结果却以一分之差落榜了。刚开学的时候，班里还有同学为这件事戳戳点点：“费了天大的劲，结果还不是跟我们一样?”大平好像吃了一闷棍，心里懊恼极了，平时的优越感受到很大冲击。为了不让自己再遭受失败而伤害自尊，大平开始拒绝参加各种比赛，选择了不介入竞争的行为。

心理学家阿特金森提出一个关于成就动机的理论，即追求成功的动机和避免失败的动机。一个人趋近目标的行为是这两种动机综合作用的结果。如果一个人追求成功的动机高于避免失败的动机，那么这个人便将努力去追求特定的目标。如果一个人避免失败的动机强于追求成功的动机，那么这个人就有可能选择减少失败机会的目标。对于失败的恐惧将改变人们对一个目标的追求，改成去选择那些比较容易达到的目标，但同时也可能失去更多可能成功的机会。曾经失败的经历导致的恐惧心理还可能形成了非理性应付的消极信条，非理性地放大了对于失败坏处的评估。其结果就是消极对待，不再努力。

老师一番分析之后，聪明的大平有些开窍了：“我不仅是想避免失败的人，而且好像还是那种消极对待失败的人了。”

老师看到大平有所醒悟，就拉回到当下的话题：“你完全符合入团的条件，加油，好吗?”

一番考虑之后，大平终于写了入团申请书，并得到了老师和团组织同学的一致通过。这使大平对追求成功有了不同以往的感受，明白了追求成功要经历有努力、有竞争的过程，追求梦想本身就是个人成长的过程。大平在自己的作文中写道：“人生的道路没有平坦的路走，要勇于进取和尝试。我要把未来把握在自己手中，不会再逃避了!”

七、生日快乐里的深深触动

洋洋是班上一个高挑的女孩，性格开朗活泼，像一个假小子。有一天老师发现她突然变得忧郁、孤僻，上课老爱走神。上课时老师轻轻地批评了她，没想到洋洋竟然号啕大哭起来。老师感到事有隐情。下课后，老师找到小洋谈话，可她却是一言不发。

之后的几天里，洋洋几乎就没笑过，不是迟到就是发呆。孩子的成长有两个环境非常重要：家庭和班级。班级环境老师看得清楚，而家庭环境却不知有何变化。如果留意到学生的表现突然变得与平时大不相同，就要特别给予关注了。老师找洋洋的家长了解情况，方才真相大白。

洋洋的父母刚刚离婚。洋洋判给了爸爸抚养。可她爸爸却扔下她，去浙江打工去了。家中只有奶奶照顾她。哦，原来洋洋刚失去了幸福家庭，并陷入了对妈妈的深深思念之中。这是一个陷入情感危机的孩子，需要及时给予情感关怀。老师与洋洋妈妈做了沟通。

一天放学后，老师和洋洋来到学校的小花园漫步。老师问道：“洋洋，你瘦了，是想妈妈了吧?”洋洋眼圈红了，低头不语。

“想和妈妈说话吗?”

洋洋睁大眼睛看着老师，眼神充满了期待。老师用手机拨通了她妈妈的电话，示意洋洋来接。洋洋双手捧着电话跟妈妈说话，一张天真的脸蛋哭成了雨打梨花。

老师把洋洋搂进怀里，用坚定的口吻说：“妈妈不想看到你现在的样子，老师也不想!”

洋洋看了看老师，没说什么，但她的眼神分明已经心领神会了。

星期六，一个平常的日子。老师说服洋洋和班长来到民俗文化村，老师掏出三张门票并和班长祝洋洋生日快乐。洋洋一下子愣住了。今天是她的生日，奶奶没有记起，妈妈没有记起，就连她自己也忘了。洋洋把门票反复搓着，睁大眼睛痴痴地望着老师，失声喊道：“妈妈!”

生日快乐深深触动了洋洋的内心，她慢慢打开了心扉，灿烂的笑容重新回到了她的脸上，快乐的班级里又出现了她的身影。

学生的心理工作要做到学生家里。当学生家庭系统发生变故时，老师可以用积极的力量给予必要的支撑。

八、奖励你一个惩罚

大刘性格活泼外向，但同学们却很少有人喜欢他。大刘个子比较大，爱好打篮球，喜欢与同学打闹，而且没有礼貌，自制力差，经常不完成作业，学习成绩不理想。他在班里没有少受老师批评，但是依然我行我素，成了班里难管的“刺头”。老师通过一起打篮球的方式亲近大刘，并努力在他身上找闪光点，采用艺术地惩罚的手段帮助他克服弱点。

大刘上课时老是东张西望，心猿意马，老师怎么批评都不见效。一次上课，大刘又向外张望，看着远远的球场。老师灵机一动，说：“你想出去玩，是吧?这样，老师准你出去玩一节课。不过有一个要求，不要影响其他班的同学上课。”这可真是破天荒的好事。“OK!”大刘很是兴奋，啪地一个敬礼，出去了。他甚至觉得是因为老师很喜欢他才给他这样的特别待遇。可是，十几分钟后，大刘就回来了，说：“老师，我要回来上课，一个人玩太没意思了。”老师怎肯罢休：“不行，你再出去玩，我们说好是玩一节课的。”大刘只好转身离开。过了几分钟，他又回来了，这次一本正经地说：“老师，这次我无论如何都要回来上课了，一个人在外面玩实在没劲，我求你还不行吗？我保证不再向外看了。”事后，大刘在一次班会上说，那是奖励我的一个惩罚，使我认识到什么时候该干什么事。从此，他上课变得认真了。

把惩罚改成奖励你做一件你喜欢做的事，但是让你在不合时宜的时候做。触动是发生在内心深处的。

九、那一片片纸条的风情

我在班主任工作尝试了一个有效的沟通方式——纸条。纸条可以不受场地时间限制，可以写下一些不方便口头表达的内容。在我任教的班里，师生之间传纸条已经成了一道独特的风景线。纸条及时消除了师生间的误会，纸条保护了后进生的自尊，纸条还让我了解到同学们内心深处的想法。下面是我与小罗同学传写纸条的故事。

一次，有老师跟我反映，小罗做眼保健操的时候又睡觉了，叫也叫不醒，上课还捣乱用圆珠笔戳人！小罗真让我头痛，自从我接手这个班，他就没少给我找茬。上星期他还打了两次架。我已经找他N次谈话了，关爱型的、慈母型的、姐弟型的，都试过了。每次他都是答应好好的，可是转头又是老样子。这次，我决定试试“传纸条型”的沟通。

“小罗，这次你让我很失望。”我这样开头，接下来写出各科老师对他的期望和信心，而他却没有改变等等。最后以“老师期待着你的回信”结尾。小罗回信写道：“老师，你不知道我有多苦恼。我爸爸做生意赔钱了，跟我妈妈分居多年。我妈妈也没心思管我，我都不知道明天会怎么样。我觉得同学好像都看不起我，谁笑我我都想揍他。整天学习上课太没劲。其实我也想学习好，可是我总是管不住自己。”这让我发现了另一个小罗，一个有些迷茫，有些自卑，也希望进步的小罗。我立即继续写纸条与他交流。我表示了对他了解不够的歉意，也表达了对他的期望。以后每当他有好的表现时，下课我就会写几句鼓励的话压在他的书下，告诉他我看到他今天的表现很开心。这样一来二去传了两周，小罗的捣乱事件有所减少了。

本学期，我因工作出差十天，回来后我惊喜地发现，表扬栏中名字出现最多的竟是小罗。副班主任还特别对我说："小罗无论课上课下都像变了一个人，你做了些什么？"我笑笑说："可能是那一片片纸条的风情吧！"

真的，纸条成了师生交流的期待。一天，我接到小罗这样一张纸条："昨天课前我又跟同学讲话了，没有好好读书。当您走到教室门口时我还背着脸大声喧哗，直到看见同学们都注视着门口鸦雀无声时，我才知道您已经在门口观察我很久了。可是您既没有当面批评我，也没有递给我纸条。我旁边的同学说老师连纸条都不想递我了，对我完全失望了。老师，真是这样吗？我喜欢上您的课。但是，我发现这节课您好像少了些幽默，您一定被我的'死不悔改'气坏了吧？老师，千万不要对我失望。如果您相信我，请传给我一张纸条行吗？"

传纸条就像进行一个窃窃私语的心理游戏，欲罢不能了。

十、"医疗小队"的神奇"医术"

我的语文课上突然从下面传出"扑扑扑，卡卡卡"的声音。我被惊住了，呆呆地望着那个发出怪声的阿华。

看到这种情况，同学们纷纷解释："老师，别理他，他从一年级起就是这样，经常嗷嗷叫。""他脾气很暴躁！经常打人，摔东西。""他最近迷上了坦克、机关枪，这是在模仿声音呢。"听了几个同学的发言，我马上意识到：这是一个需要特别关照的孩子。

我示意全班安静，进行正面引导："哦，我知道了，谢谢大家！请同学们相信：李老师来了以后，阿华就不会再叫了。以后大家谁也不许提起过去的事。我们继续上课。"后半节课，阿华由于受到了积极的心理暗示，没有再出现异常的举动。

一下课，我就悄悄找学生谈心，全面掌握了阿华的情况：他很爱看书，尤其喜欢科学类、军事类书籍，对各种武器很了解，经常模仿机关枪、坦克等的声音；另外，由于他的爸爸在西藏上班，妈妈一个人带孩子，压力较大，就把阿华当作出气筒，经常打他，使他脾气暴躁，容易生气。因此，班里一些调皮的男同学喜欢逗他，惹他，经常拿他寻开心。

掌握基本情况后，我开始对他进行心理辅导。

课间，我主动找他聊天，聊科学，在他滔滔不绝的讲述中，我发现他崇拜爱迪生。于是，我真诚地告诉他："老师觉得你就是一个像爱迪生一样的孩子，所以与众不同。现在同学们老爱笑话你，是因为他们太小了，不懂事，不理解你，但老师能理解你。"

听了这话，他满心欢喜，激动地、期待地看着我。我鼓励他说："你要悄悄地争取进步，如果进步大，老师将专门开个班会来表扬你。不过，这可是咱们之间的一个秘密，千万别让同学们发现。"

他惊喜万分。我进一步启发他："你可以回家跟妈妈商量一下，准备在哪些方面取得进步，比如：上课不大喊大叫，别人惹你你不生气，上课举手发言等等好不好？"他点点头，蹦蹦跳跳地离了开办公室。

第二天上午的语文课上，我发现阿华有了明显的改变。我特意不在班上张扬，而是在课后悄悄地把他领到办公室，好好地表扬了他一番。在为他的进步高兴的同时，我认识到，要想让阿华彻底改掉暴躁、歇斯底里的缺点，还得截断干扰源：六个爱骚扰阿华的男孩。这是一个人所共知的"六人帮"小群体。

我找到这六位同学，开了个特别的会议。当时我正好感冒了，就对他们说："人的身体会感冒，像李老师今天就感冒了。你们知不知道人的心理也会感冒？我们班阿华的心理现在就有点小感冒。老师想帮他治疗，但力量有限，需要找几个助手来帮忙，你们愿意当老师的助手吗？""愿意，当然愿意！"他们争先恐后地回答。"这是一个大秘密，不能告诉其他同学，连父母都要保密。我们这可是个'秘密医疗小队'噢！""需要我们干什么？""我们一定尽力而为！"他们的好奇心被充分调动起来了。

看着他们那急切的样子，我故作神秘地说："那好，现在我宣布'秘密医疗小队'成立，我是主治医生，你们是我的小助手，你们要按我的要求去做。现在你们的任务就是三个字：不惹他！你们比比看，看谁能做到'不惹他'。每天下午上课前，我们就在这碰头，汇报情况，看谁做得最好。你们能做到‘不惹他’吗?”

“没问题!”“能做到!”这几个原本很调皮的孩子，此时一脸的认真。

为了激励他们能持之以恒地帮助阿华，我设计了一个评比表，让这六个孩子展开竞赛。并告诉他们：“如果阿华的‘心理感冒’完全治好了，老师要为你们颁发一、二、三等奖，那时，我们也将把‘秘密医疗小队’的‘秘密’公之于众，把你们的功劳告诉全班同学。”

第二天中午，他们如期而至，和我在老地方碰头。我让这六个孩子互相评价：谁真的做到了“不惹他”。通过互评，我发现大部分孩子都有较大的进步，故意逗弄阿华的现象减少了。

连续几天，我们这个“秘密医疗小队”都评出了帮助明星。很快到了星期五，小华明显进步了。我精心设计策划了“三（3）班进步了”的主题班会，让每个有进步的同学都得到了表扬，尤其是阿华，得到了前所未有的鼓励。

阿华的进步离不开我的“六人帮”。会后，我悄悄地把六个小家伙召集在一起，给他们每个人都加一颗五角星，六个孩子兴奋不已。这个曾经惹事的“六人帮”以后就成了老师的小帮手了，真是双丰收。

十一、正常的爱给特别的你

开学了，一位母亲带着一个小男孩来到班级。这是新转学到四年级的学生。孩子看上去有些特别：脑袋不大，胳膊很细，走路有些摇摆，看东西有些游离。他牢牢牵着妈妈的手，怯生生地望着老师。

母亲认真地向老师介绍自己的孩子乐乐。乐乐出生不顺利，智力像一个幼儿，自我控制能力很差，手臂力气很小，打架容易吃亏。要特别照顾乐乐的自尊，别说他笨，别说他不行，多给他鼓励……家长希望老师多照顾有些特别的乐乐。

上课了，乐乐表现异常活跃，主动举手发言，眼神满是期待，尽管屡屡说错，惹来其他同学的嘲笑。老师很高兴，说了一堆“你很棒”之类表扬的话。

考试了，乐乐数学只得了26分。老师心里有数，表扬乐乐做对了不少题目。不过这回乐乐并没有热烈回应，却是冷冷地应道："是，我下次努力考好。"

有一次，乐乐与同学闹得动起手来，乐乐自然吃亏了。老师看到乐乐弱不禁风的样子，对另一个同学提出要特别对待乐乐，不要欺负他。

想不到的是，后来居然屡屡有同学告状，说细手细脚的乐乐故意惹事，欺负别人了。

乐乐特殊，还是特别对待吧。谁知道，一些特别的事情接连出现。

轮到乐乐值日，可是他什么也不肯做。后来干脆理都不理，直接走人。

布置作业后，老师说乐乐可以少写一些。结果他再也不交作业了。

体育课、形体课，老师说乐乐可以量力而行。结果同样，乐乐不请假就旷课了。

乐乐怎么开始自暴自弃了呢？老师与其他同学交流对乐乐的看法。同学们知道乐乐有些特别，对他网开一面。大家说我们都处处让着他，各方面照顾他，走近了都怕不小心碰着他。特别对待他，我们不计较。

不过，同学们的一番话，反而让老师思忖起来。

跨入青春期的乐乐虽然长得瘦弱，但是他特别渴望得到同伴群体的认同。他渴望被同伴群体接纳，成为融入其中的一员。现在乐乐似乎在班级同学中处于一个特殊位置。他可以不受同伴群体规则的约束，他甚至可以在老师的保护下"欺负"别人。这看起来是乐乐具有了一种特别的优越地位，但实际上是大家在谦让他，是大家对特别乐乐的同情和关照。这难免使乐乐产生一种不被同伴群体接纳的焦虑。

乐乐的自暴自弃、攻击他人是不是在表达这种苦恼呢？换一种对待方式试试看。

乐乐又与同学发生了小摩擦，老师把两人带到办公室。原来是上课时乐乐趁前面的同学站起来发言，把同学椅子拉开，害得这个同学重重地坐在地上。老师要求乐乐向同学道歉。

乐乐开始不悦了："我是特别的学生啊！为什么道歉？"

那位同学也宽容地说："闹着玩，不用了！"

老师坚持对乐乐说："你知道自己错了吗?"

乐乐有些不以为然："我当然知道我错了，可我是特殊学生，他应该让着我!"

老师郑重地对乐乐说："你很清楚自己做了什么，你根本不是特殊学生，你跟大家一样是班级的一员。你要向同学道歉。"

乐乐眨眨眼，忽然笑了，笑得有些释然。老师明白了，这是他一直期望听到的话。

乐乐真诚地拉起同学的手，向他道歉。那位同学赶紧说"没关系"。乐乐获得了一种平等交往的快乐和满足。

事后，老师又找乐乐交流。乐乐说出了心中的苦恼：同学有事都回避他，不把他当同学，不跟他交朋友，连座位都要与他拉开距离。乐乐希望跟大家一样，像其他同学那样回答问题，像其他同学那样被要求做作业，甚至对他的错误也希望像其他同学一样被老师批评，让大家觉得他没什么与众不同之处，也不需要老师特别照顾，要跟大家一样"平起平坐"。

从那以后，乐乐开始融入同学中了，开始努力地参加班级的各种活动，学习上也开始不断进步。期末考试时，乐乐的数学得了67分。乐乐很满足，因为这是他自己努力得到的。

十二、特别的沟通给特别的你

刚接手一个新班，我对班里的学生不太熟悉。上课时，提问到比较安静的小马。小马显得有些为难和犹豫，站了起来却一声不吭。我一再提示他，他还是不吭声，那样子急得要落泪。旁边的同学说："老师，您再问下去，他就要哭啦。他就是这样的。"结果，小马真的流泪了。于是我让他坐下来，很快他就恢复了原态。

后来我了解到，小马是一个因体像烦恼和学业困难自卑心理很重的孩子。于是我找他聊天，鼓励他大胆表现自己，小马一直怯生生的。谈话结束时，我无意中伸出拳头，他也随着伸出小拳头，当两个拳头碰到一起时，他开心地笑了。这个小碰撞成了小马接受我给予鼓励的标志性动作。

课堂上，每当我向小马提问，总是跟上一个小动作：碰碰拳头。每当碰了拳头之后，小马的发言便不再冷场，跟上一个开心的笑容。同时，他的表现也越来越自然、自信了。随之而来的，小马的学习也渐渐进步了。

（本章案例根据深圳市教师心理培训的若干论文素材整理）

第 11 章

关联家庭的孩子成长

我们已经发现，班级心理辅导的主题是无法回避家庭因素的。我们在班级环境里关注学生的成长，而学生的成长不仅有班级环境的影响，更有家庭环境的影响。家庭是孩子心理成长的摇篮，孩子早年的生活经历染就了他们人格成长的底色。作为班主任，不仅需要有主持班级管理工作的能力，还需要有开展家庭教育工作的能力；不仅要看到处于同一班级环境的学生，还要看到来自不同家庭环境的孩子。班主任要善于洞悉学生身后的家庭环境如何影响其成长，了解孩子在关系中成长的基本规律。本章从家庭的视角，按照孩子的不同成长阶段讨论一些重要的话题，作为班级心理辅导主题的一个必要的延伸。

学前阶段的早期成长

一、家庭中的婚姻关系

家庭是由婚姻关系、血缘关系或收养关系而结合成的亲属生活组织。在所有的人际关系当中，没有哪一种关系比家庭中的人际关系更亲密无间了。同时，也没有哪一种关系比家庭中的婚姻关系更纠缠不清了。一般意义的婚姻关系，是一种肉体上创造生命的关系；是一种生活上命运与共的关系；还是一种情感上爱恨交织的关系。

婚姻关系构成了家庭的核心关系。夫妻的一个基本家庭任务就是抚养子女。以婚姻关系为内核的家庭构成了孩子成长的基本环境。

如果认同家庭环境对孩子的影响，那么也要认同夫妻的原生家庭对其自身形成的影响。常常说，夫妻床上睡着 6 个人，即是说，夫妻各自的父母曾经影响了他们自己的成长。夫妻的结合不是两个人的结合，而是两个家庭的结合。两个人走到一起，双方各自带着原生家庭的观念、习惯和规则，他们需要在一个新家庭里重新进行整合。这么说来，门当户对的说法是有一定道理的。

在孩子最终成为社会人的意义上，在家庭中生活的未成年阶段，父母需要代表社会传授给孩子社会生存必须的基本规范和基本品质。这些是在现实的家庭生活过程中进行的。因此，父母的成熟程度、生活方式和个性品质等直接影响着孩子的成长。还有，家庭作为一个成员间密切关联的系统，婚姻关系及至亲子关系如何也直接牵动着孩子的成长。当孩子长大成人之后，所有关于在家庭中的成长经历都将深深地浸入他的身心，构成其心理的深层次内容。

家庭系统中的关系不应该是僵化的、固定的，很多家庭中的问题出在家庭成员间用僵化不变的方式处理事务。健康的家庭应有一个开放的形态，有一个良好的信息沟通方式，在处理各种事务当中灵活而有弹性。家庭成员一起处理各种家庭事务。他们通过协商、妥协、争论和互助，发展出某种相对稳定的互动模式，建立了合适的家庭规则。有主导的一方，有从属的一方；有主动的一方，有被动的一方。互动模式很多时候就是在生活琐事中体现的。谁在选择晚餐的食料，谁在安排周末的活动，谁在控制电视频道，谁在主动整理房间。进一步构成的问题情况就是：谁挑起了冲突，谁闹起了情绪，谁受到了虐待，谁成了替罪羊。

孩子的心理问题永远不是单独的、个人的现象。家庭中个人的问题总是意味着家庭系统出了问题，很可能是夫妻的婚姻关系出了问题。夫妻婚姻关系的维护和发展是家庭系统中的重要课题。

婚姻关系永远高于亲子关系。父母相爱，孩子也会懂得去爱。父母对孩子最好的爱，便是父母各自欣赏、关心和疼爱对方。父母相爱，家庭才会和睦，孩子的心理才会有一种完整感和安全感。他感到自己的家庭是美好和幸福的栖息地。如果婚姻关系不良，则家庭中的成员都要被迫做出一些适应不良状态的改变，结果会在承受能力较弱成员的身上呈现出问题状态。这样的家庭成员常常是孩子。

成熟的夫妻要让孩子懂得，妈妈最爱的人是爸爸，爸爸最爱的人是妈妈，而妈妈和爸爸一起来爱自己。在一个健康的家庭里，如果养育的是男孩，要让他努力向爸爸认同；如果养育的是女孩，要让她努力向妈妈认同。而爸爸和妈妈则要给孩子做出社会性别的榜样。这是家庭中让男孩成长为男人、让女孩成长为女人的基本机制。

二、铺垫人生底色的依恋

一个人的成长，首先是发自于一个特定的家庭，然后在成长过程中扩展到外部的社会环境。家庭的所有成员构成了一个命运共同体。因此家庭带给孩子的影响是深入骨髓的、浸入心灵的，孩子浸染着家庭底色开始自己的心理成长。

人的成长是作为社会人的成长，是在他人的陪伴中心灵的成长。活着和如何活着始终都是问题，人的一生都走在心灵成长的路上。幼儿阶段，成长的陪伴无论如何都是一个意义深远的事情。依恋是孩子成长的第一个家庭教育课题。

婴儿出生，离开子宫，用“哇”的一声啼哭叩问世界。婴儿的啼哭在问两个问题：我是谁？谁来关照我？

第一个问题需要人用一生的历程来回答，第二个问题需要即刻采取行动解决。

对于婴儿来说，这是一个从未来过的世界。当然，婴儿对于自己在这个世界上做什么、怎么做都一无所知。本能使然，他必须有所依赖，这是生存所需，同时也是成长所需。于是依恋关系建立了，一个人的心灵成长也开始了。这将是一个平凡而又神圣的历程，也是基于一个特定家庭展开的个人历程。

我们有理由相信婴儿具备了成为一个人的基本先天素质。如果得到后天环境的足够滋养，婴儿就会按照先天足具的潜在素质成长，成为一个后天足具的人。

依恋关系如何建立，对于婴儿来说，这是一个身不由己的事情。当然，这是抚养者该做的事情。一切就从这里开始了。

我们不得不认同，婴儿的身体发育和心灵成长都建立在依恋关系之上。单体生命无法独自生存，每个人从出生开始就注定要与人建立并保持关系。心灵成长是在人际关系中的成长，依恋关系于是成了一个人最初成长的心理脐带。心理脐带意味着，婴儿的心灵成长需要从抚养者那里获得必要的心理营养。而抚养者就成了婴儿心理世界的最初建构者。

婴儿需要建构起对于个人关于这个世界的行为方式，这个建构的过程首先是在婴儿与抚养者之间重复的互动中进行的，真实生活的体验对婴儿成长有至关重要的影响。抚养者与婴儿互动的方式和他们给予的经验，对于婴儿的大脑发育、情感发展和机能成长有很大的影响。

生存和成长是婴儿面对人生的两个发自本能的课题。对于生存，婴儿有本能的安全需要；对于成长，婴儿有本能的探索需要。婴儿需要在两者之间建立起灵活的平衡。

在良好依恋环境中成长的儿童，与在缺乏依恋环境中成长的同龄人相比，在更高程度上表现出自尊、情绪健康、正性情感、主动性、专注力和社交能力。在学校里，那些具有婴儿良好依恋的儿童，常会很好地适应学校的学习环境。反之，则容易出现问题。

跟妈妈在一起的孩子会认同妈妈的很多东西，温和的妈妈会带出温和的孩子，焦虑的妈妈则会带出焦虑的孩子。孩子很小的时候最无力，因此也最需要获得依恋满足，以后才能带着注满依恋的安全感走向外面的世界。不过，如果妈妈不在，孩子并不是一定就会缺乏安全感。一个像妈妈一样的人，我们叫她心理妈妈，同样可以满足孩子的成长需要。

不能不关注的一点是，早期依恋的方式对儿童后来乃至一生的发展都有重要影响。如果没有这种早期的依恋关系，我们很难成长为一个完整的人。对于行为不良、长期被忽视和无家可归的儿童而言，分离和丧失这样的现实相当于心理脐带的阻滞和中断，有着无法预测的创伤性影响。如果我们第一次与人建立的联系不可靠，遭遇分离或损害，我们可能会把早年人生经历的感受和看法内化成人格因素，成为我们不信任的人际交往方式。

孩子 0 到 5 岁的阶段，应该跟父母一起生活。父母给予孩子充分的接纳、欣赏，与孩子的躯体接触，拥抱抚慰，让孩子与父母建立充满愉悦感的依恋关系。不过，现实的家庭生活总是情形各异，如果孩子在这个阶段不能跟父母在一起生活怎么办？甚至已经出现一些心理发展问题怎么办？

其实，儿童的心理发展并不是一种线性的逻辑关系，他们自身有一种自我成长的动力机制，会利用环境中的有利因素努力修复一些心理发展上的问题。而父母也需要利用可能的环境给予孩子依恋的补偿。当然，我们希望营造更多有利于孩子成长的家庭生活环境。

无论如何，家长们要了解依恋关系对于孩子成长的重要作用，创造条件建立良好的依恋关系。如果父母无法陪伴在孩子身边，作为替代的抚养者也仍然可以满足孩子的依恋需要。对于一些依恋不足的孩子，在回到母亲身边时可以重新获得与母亲的依恋，并可以把依恋维持得更久一些。

三、让孩子拥有希望

希望作为人类的一种重要心理特质，是个体对将来的一种积极体验。希望一直是哲学、宗教等人文学科讨论和关注的焦点。

有一个潘多拉魔盒的神话故事。天神普罗米修斯从天上盗火种送给人类，人类学会了使用火，一片繁荣太平景象。主神宙斯却十分恼火，他决定要让灾难也降临人间。他命令他的儿子火神赫淮斯托斯用泥土制作一个女人，取名潘多拉。宙斯给潘多拉一个密封的盒子，里面装满了众神送给潘多拉的礼物，主要是祸害、灾难和瘟疫，将加害于众生。其中智慧女神雅典娜不甘如此，她为了挽救人类命运而悄悄把希望放在了盒子底层。潘多拉被好奇心驱使，打开了那只盒子。盒子里面所有的灾害、瘟疫等如恶魔一样跑出来，人类从此饱受折磨。潘多拉在慌乱中关上了盒子，结果把希望留在了盒底。

这个神话故事告诉我们，虽然将不断地遇到艰难困苦，但是我们最后仍然抱守着希望，因此我们才自我激励，百折不挠。

人的本质同希望有着不可分割的联系。人的一生都在怀着希望向前走，像河流一样，沿着一个朝向不息地流淌。不过，希望作为一种品质的形成，却是在生命启航的早期。

人的生命初期非常娇弱。婴儿一会儿要吃要喝，一会儿要抱要睡；环境不能过冷过热，也不能过干过湿。生命本能的需要是活下去，作为抚养者的妈妈首先要满足孩子的基本生活需求。同时，还要满足孩子被爱的基本精神需求。

孩子得到基本需求的满足，得到爱的滋养，会生成一种意象："妈妈是爱我的，因此我是好的。"著名的精神分析家温尼科特，诗意地描述母婴关系互动中母亲的重要意义："婴儿仰望他的母亲，在母亲眼中看见他自己。"

母亲在亲子关系中如同一面镜子，孩子在这面镜子中渐渐形成对自我的认识。与照镜子不同的逻辑在于，镜子是孩子的样本，作为镜子的母亲是什么，孩子就可能是什么。孩子幼年的成长会不加甄别地吸收母亲身上的一切，也吸收周围环境的一切。所以首先，母亲要成为一面关爱的镜子、欣赏的镜子，让孩子的精神胚胎在妈妈的充满爱意、完全接纳的环境中得到滋养。

妈妈的爱源源不断注入孩子自我的蓄水池，孩子良好的自我也源源不断地生长。这种自我是充满自尊和自信的，也是充满乐观和积极的。孩子感到所有需求都能够被满足，心理上就会产生可以放心依赖的安全感，感受到妈妈是可以信任的。

所谓的安全感是说，父母能够一贯性地满足孩子的需求，让孩子在情感上体验到自己是安全的。父母是能够带来安全感的，由此父母代表的世界是可以信任的。有了对于自身生存的安全感，有了对于世界的美好向往，人的第二个生命本能才会生发出来：努力活得好。于是孩子会有努力探索的希望心态，即便前面是模糊不清、甚至充满风险的情境，他也不会退缩。

希望是早年形成的一种基本品质，是伴随着安全感和信任感滋养出来的。可以看到，希望品质是让孩子形成两个信念：我是可爱的；这个世界是美好的。

其实，妈妈并不是一个全能的人，一般来说，难以百分百地满足孩子的需求。因此，孩子的人格当中，也不会是百分百的信任感。应该说，做一个常识意义的好妈妈就好。形成太多的信任感，孩子会缺失对于社会的防范心理，容易上当受骗。而形成过少的信任感，孩子则会怀疑社会，阻碍自己的发展。

有些妈妈并不了解看似简单的养育行为会怎样影响孩子。有时候妈妈会出现厌烦情绪，粗暴地对待哭闹的孩子；有时候妈妈会出现倦怠行为，疏忽孩子的饥渴冷热等生理需求。有些妈妈因自身工作等原因不能陪伴孩子，就轻易地把孩子寄养在祖辈人家里。

在生命启航的早期，母爱奠定了孩子一生的人格色彩。缺失了母爱，长大了就不会去爱；播种了冷漠，长大了就心如冷血；经历了混乱，长大了就混沌无序。

要特别提示的是，孩子在出生后的第一年很重要，母亲要懂得婴儿期亲自陪伴照料的重要性。要对孩子身体上爱抚拥抱、精神上关注悦纳，促进孩子与母亲形成温暖、安全的关系。在这样信任的依恋关系中能够形成希望品质最初的底色，孩子长大后才会活泼、开朗、自信，懂得爱，乐于并主动向外探索未知的世界。

四、孩子自主成长需要意志的力量

在孩子成长的早期，要谈到意志的问题。意志是人自觉地确定目的并采取行动，努力去实现目的的心理过程。通俗地说，意志就是让人去做好应该做的事情。不要认为意志是长大一些再去培养的品质，实际上，从孩子离开妈妈身边那一刻起就开始了。

大约从九个月开始，婴儿尝试用自己的身体探索周围环境。一周岁之后，孩子更多地离开妈妈，体验身体跟环境的关系，走、看、拿、尝，努力唤醒和发展身体的各种功能。能够自由地支配自己的身体活动，是意志发展的前提条件，也是自主成长的开始。

刚学会行走的阶段，孩子探索环境的行为是盲目的、任性的。他会走到沙发后面看看，走到其他房间看看，所有的东西都是新鲜的。如果给他一根木棍，他会用木棍到处敲打。他不仅在探索环境，也是在感受自己的身体跟环境的关系。

父母在这个阶段自然懂得要保护孩子的安全，看护好孩子，仔细检查并清理环境中的危险因素。同时，也不要因此禁止孩子的探索行为，尽管孩子会把环境搞乱、搞脏，甚至会有一些破坏性行为。

孩子在任性探索的同时，父母就要规范甚至制止孩子的不当行为。比如，孩子用棍子乱敲，拿玩具乱摔，可能会造成破坏性结果，父母要及时制止。其实，开始就不要让孩子拿到可能导致危险的物品，让孩子在探索中逐渐学会按规则做事。

其中有一个体现孩子自主的社会人行为，所有父母都经历过或都会经历：训练孩子大小便。随意大小便并不会导致危险性后果，但是作为一个社会人，要求他不能随意大小便。于是父母在孩子的生理功能初步完善之后，就要训练孩子到卫生间大小便的习惯。控制自己的排便行为，这就是让孩子做好应该做的事情。

2—3 岁期间，妈妈几乎每天都在跟孩子进行着任性与规则的冲突。这一阶段正是幼儿情绪控制发育的关键期，当然也是情绪培养和建立规则的关键期。孩子会不听话，甚至哭闹不止，他的玩具永远还缺一件，他的要求妈妈总是难以满足。

明智的妈妈这时候会懂得温柔地坚持，守住自己的教养底线，在孩子的任性和规则之间建立微妙的平衡。自己做事有规则的妈妈更懂得要这样做。如果纵容孩子的任性，孩子便会把任性当作理所当然，长大之后会视规则为一种难受的约束，甚至无视规则的存在。如果过多控制孩子，孩子则会滋生依赖心理，看着妈妈的脸色行事，长大之后会保守退缩，探索动力不足，影响个性化成长。

孩子的意志就在与任性的较量中生长着。为了达到目的，他需要调整和约束自己的行为，坚持做一些应该做的事情，建立起内心的工作秩序。如果这样做了，他就能够体验到期望的结果，他的意志品质就会生长。

多数家庭在孩子幼儿阶段都会做一件事，让孩子参加兴趣班学习。学乐器、学表演、学舞蹈、学游泳，这是一个不错的有益成长的选择。让孩子参加兴趣班学习，其实，不仅是让孩子练好发展特长的童子功，更重要的是，让孩子坚持做一件事，并且把它做好，培养好意志品质。

孩子的意志发展与家庭教养环境关系密切。很多家长常常想的是督促孩子去学习，却没有想到，如果家庭生活是有序的，父母生活状态是积极的，孩子受到的就是有序环境的浸染，就是良好成长的影响。家长要知道这个道理，孩子建立核心自我的过程之一是对父母行为形成认同。父母的榜样作用远远胜过言语说教。

五、陪伴成长的人际关系

我们已经知道，每个人从出生开始就注定要与人建立并保持关系。但是对于孩子来说，早期的依恋关系还是一种身不由已的关系。

依恋关系中不仅有孩子与母亲建立的母子关系，还有与父亲建立的父子关系。由于哺乳的原因，婴儿期的母子关系成为婴儿首先与他人建立的亲密关系，但这并非意味着父子关系可有可无。当孩子可以脱离妈妈的怀抱，他会发现跟爸爸建立亲密关系同样重要。这是建立人际关系最初的形态。

孩子慢慢成长，有了自主意识和自主行为。当孩子终于可以走出家庭，他看到了很多跟他一样的孩子。他需要跟他们打交道。如何与人交往的问题凸显出来。

喜欢跟他人在一起吗？是主动交往还是被动交往？是善意为主还是防范为主？是多些包容还是多些冲突？

儿童的心理是一个人际关系的世界，小时候经历的人际关系，将影响到以后的成长阶段。与人交往的方式与依恋关系的方式有关。依恋关系是接纳的还是排斥的？是温暖的还是冷漠的？是满足的还是缺失的？是和谐的还是冲突的？孩子在走出去与人交往之前，已经在依恋关系阶段建立了人际交往的最初模式。

有一类孩子叫作留守儿童，他们在幼儿期的关键几年并没有跟父母在一起，而是跟着祖辈人一起度过的。他们其中一些人的依恋关系形成了特殊的模式。有的表现为冷漠，有的表现为退缩，有的表现为防范，有的表现为攻击。当他们回到父母身边时，这些表现在新的环境中呈现为不同程度的人际适应问题。

与他人建立适当的人际关系，首先是人的社会化成长的需要。每个人都要按照社会行为规范、准则做事，这个学习的过程就是社会化。孩子首先是在家里学习，然后上幼儿园学习，上学校学习。这个学习的过程是个人通过参与群体活动完成的，是个人通过与他人的人际关系互动完成的。我们常见到有些孩子在学校中与人或冲突不断，或受人排斥，或消极退缩，表面上看是人际关系不良的表现，实质上是社会化成长的问题。

与他人建立良好的人际关系，还是自我成长的需要。一个独立的社会人的成长，并非是孤立进行的，而恰是在群体中进行的。孩子的成长一方面要按照社会的规范和习俗进行，另一方面，孩子更要成为可能的自己。在探索“我是谁”的过程中，孩子要通过与他人比较、互动及至竞争进行。

在很多父母心目中，孩子的人际关系如同吃饭睡觉一样自然而然，不必特别关注。殊不知早期的人际关系，特别是父母跟孩子互动的态度与方式，对于孩子的成长影响巨大。

有经验的父母会很注意这方面。营造充满爱意的家庭氛围，经常与孩子一起做游戏，培养他形成一种喜欢与人交往的宜人品质。多与孩子进行语言交流，听故事，讲故事，提高孩子的语言能力。多创造机会，让孩子接触各种人，学习跟不同的人交往。另外，还要注意让孩子在交往中学会懂礼貌、会合作、能分享、守规则。

六、家庭中的亲子关系

亲子关系的重要性仅次于婚姻关系。可以这么理解亲子关系的重要性：家庭是孩子社会性成长的子宫，亲子关系是孩子心理成长的脐带。这句的意思是说，孩子出生之后，心理开始成长，这个成长是社会意义的，而最初的社会性成长是从家庭开始的，于是家庭成了孩子心理成长的子宫。孩子的心理成长主要是受到父母的影响，即孩子成长需要的心理营养是通过亲子关系获得的，所以，亲子关系就成了孩子心理成长的脐带。这种比喻让我们更能够感受到亲子关系的重要意义。

亲子关系在婴幼儿的依恋阶段就呈现出不同的类型。

心理学的研究告诉我们，依据抚养者与婴儿建立起来的关系不同，有三种不同的依恋类型：安全型、回避型和矛盾型。

安全型婴儿能够很好地协调安全和探索的关系。若他们感到安全，便按照自己的本能乐趣去探索周围环境；若他们感到不安全，便向照料者那里寻求安慰。一般来说，安全型婴儿是足够好的母亲帮助形成的。足够好的母亲能够对婴儿发出的各种需求信息做出及时反应，并能够顺畅地与婴儿的节奏相协调，而不是过度控制或过度忽视。

回避型婴儿的主要特点是反应漠然。不管母亲离开或者回来，他们似乎都无动于衷，情感疏离，只是独自地做自己的事情。他们这种表现很容易被人误解为平静，其实心中充满痛苦。这些回避型婴儿认为自己想要得到安慰的表示没有用处，这是过去的经验告诉他们的。因此，他们放弃了要求。这些回避型婴儿的母亲，多是由于各种原因，主动拒绝婴儿想要亲近的请求。

矛盾型婴儿过于在意母亲在哪儿，似乎对母亲的行踪时刻担忧，以至于无法自由地探索。可是，他们和母亲相处时并不愉快，或表现出大发脾气，或胆怯地向母亲寻求安慰。他们似乎一直要寻找一个能提供安全感的母亲，即便母亲在场也是这样。这些矛盾型婴儿的母亲不能及时和经常满足婴儿亲近的需要，即不能提供安全感的需要。

我们已经知道，那些婴儿期获得安全依恋的儿童，常会很好地适应学校的学习环境。

我们再看亲子关系。在不同依恋关系的基础上，一般来说，形成四种亲子关系的类型：权威民主型的、溺爱满足型的、冷漠忽视型的和控制干涉型的。

权威民主型的关系表现在父母尊重和理解孩子，同时父母又保持着长者的指导权威。溺爱满足型的关系表现在家长以孩子为中心，不加限制地满足孩子的各种需要。冷漠忽视型的关系表现在家长对孩子冷漠相待，关注不足，与孩子形成心理隔阂，不理睬孩子的心理需求。控制干涉型的关系表现在家长以自己的想法为主，强制孩子按照家长的安排做事。

就像依恋关系会影响孩子后来的成长一样，在不同类型亲子关系的家庭中生活的孩子，会形成不同的性格。

在权威民主型的亲子关系中，父母既尊重孩子，又对孩子有要求；既给孩子充分的成长空间，又温柔地坚守孩子的任性底线。而且，父母又能够很好地把握操作的技巧。一般认为，权威民主型的亲子关系对孩子的成长最有利。

在溺爱满足型的亲子关系中，家长过度宠爱孩子，对孩子的要求想尽一切办法满足。孩子会认为自己的所有需求都得到满足是应该的，自己是家庭的事务中心。“我在家里这么受到宠爱，我在哪里都应该受到宠爱。”在这样的亲子关系中，孩子容易任性自私、不懂礼貌、缺乏同情心。在人际交往中，他们会缺乏责任感、不懂得关心别人和换位思考，显得幼稚不懂事，难以建立良好的人际关系。

在冷漠忽视型的亲子关系中，家长感情冷漠，与孩子很少沟通，对孩子的成长不闻不问。此外，忽视还可能表现为对孩子体罚、虐待、威胁等。在留守儿童的家庭和父母忙于工作的家庭中常见到这种情况。“你经常冷漠对待我，我习惯了冷漠对待别人。”在这样的亲子关系中，容易导致孩子性格冷漠消极、孤独自闭，人际关系疏远，解决问题缺乏弹性，及至对家庭和社会产生敌对心理，甚至成为问题儿童或青少年。

在控制干涉型的亲子关系中，家长与孩子之间的关系很紧密，但都是出于家长一方的情愿。家长主要是出于期望的态度对待孩子，希望孩子按照家长的意愿成长。这里有两种情况。一种是家长给孩子制定成长计划，要求孩子一定要按家长的安排做事。一种是孩子出现了一些问题，家长采用强制手段进行纠正，其中不乏打骂等方式。控制干涉型的家长多有对孩子的学习、健康、前途等过分担忧的心理。孩子倒乐得省心，“既然你要决定我的事情，我就懒得自己决定自己的事情了”。在这样的亲子关系中，孩子的独立性发展会受到影响，社会适应性差。由于习惯被父母控制，他们做事没有主见，心理承受能力差。如果到了青春期，他们的叛逆行为会更强烈。

我们曾就家庭教育影响因素在深圳市的学校做过一项调查，其中一个结果颇有启示：父母的学历水平并不构成对孩子心理成长的影响，产生影响的直接因素是家庭氛围。家庭氛围的含义是：孩子感受到父母的关心如何；感受到家庭温馨氛围如何；与家人愉快相处如何；跟家人交流如何。这里主要指的就是亲子关系。这个结论的重要意义就是，无论家长文化水平如何，都是可以教养出好孩子的。有些家长大可不必以自己文化水平低为由，在教养孩子方面推卸责任。不懂不会都不要紧，家庭教育是父母与孩子共同成长的过程。

小学阶段的向外成长

一、小学阶段的成长任务

孩子成长总的趋势是要一天天地与父母分离。父母在孩子年幼时给予足够的亲密，而在孩子长大过程中则要理性地退出。这种分离是亲子双方要完成的任务。妈妈曾经与孩子建立起依恋关系，使得孩子完成最初的心理成长。然后妈妈就要帮助孩子走向分离。孩子与父母分离，然后努力成为自己。

家庭中熟知的环境是安全的、舒适的，孩子本能地留恋温暖的家庭。所以，孩子长大过程的分离需要一种自我挣扎的力量。他需要借助父母给予的充盈的关系，发展出一个有力量的自我，获得向外成长的动力。

在向外伸展的过程中，他接触到了新的成长资源，那是父母不能给予的。就像植物从花盆移植到室外的土壤中，那才是真实社会生命的开始，也是现实自我成长的起点。整个小学阶段就是一个向外成长的过程。每个孩子都有自己的成长过程，他的潜能需要唤醒与发现，他的成长需要陪伴与引导。父母要做的既不是按自己的期望去培养孩子，也不是撒手不管放任孩子自由成长，而是像农夫一样按时令默默耕耘，然后欣喜地期待孩子长成他自己的样子。

走出家门、走进校园、走进班级的孩子开始了社会化成长的历程。这是孩子开始学习读、写、算的时期。他对于自己的性别、生活和自身的能力开始有所认识。同样，他对于自己的家庭、同伴以及社区之间的关系开始有更多的了解。他认识的环境范围逐渐扩大，眼界也逐渐放开。他开始对这个世界感兴趣，而且他感觉到需要不断增长学识和能力来理解这个世界。学校是一个小社会，孩子需要适应学校里的各种规章制度，与老师同学和谐相处，成为融入班集体的合格成员。这种融入本身就是社会化的基本内容。

当一个孩子终于走进学校的时候，他真正的社会性成长开始了。这之前，孩子更多的是基于家庭环境的成长。小学阶段是孩子在学校连续生活最长的一段时间，这段时间孩子的身心变化都很大。这一阶段作为社会化的个人品质成长是获得勤奋感。

为便于理解，可以对孩子社会化成长的任务做一个阶段划分。当然这些任务除了重点表述的阶段性，还有成长的连续性。

一、二年级是环境适应的关键期，要让学生喜欢学校，以形成生活规范和培养良好习惯为主；注意培养孩子良好的学习行为和重视的学习态度。

三、四年级是孩子成长的重要转折阶段。8—9 岁儿童情感发生较大变化，从情感外露、浅显向内控、深刻发展。特别是 9—11 岁阶段，大脑正处于内部结构和功能完善的关键期，是培养学习能力、情绪能力、意志能力的爬坡时期，也是学习习惯的定型期，各种自适性的学习习惯开始逐步固化下来。

五、六年级开始进入小升初阶段。孩子的独立能力增强，自控能力和学习主动性有所增强。需要鼓励他们多参与社会性活动，并提高做事的坚持性，促进自我意识发展。六年级开始进入青春早期。孩子的自主意识逐渐增强，但情绪出现较大波动，开始出现自我的困惑问题。

二、如何养成好习惯

很多家长都知道这个道理，低年级在学校的学习，重要的不是学习知识，而是养成好的习惯。小学低年级是养成学习好习惯的关键时期。

习惯就是习以为常的行为，是一种稳定的自动化的行为，是经过反复练习而养成的语言、行为、思维等方式。习以为常，这句话说起来非常简单，做起来可是非常不简单。因为，人若日日习之，是需要动力支撑的，而人的本性当中，还有更多的任性成分。

著名青少年教育专家孙云晓潜心研究好习惯多年，总结出了一套培养好习惯的六步法。我们按照这个方法做一个具体操作的解读。

好习惯培养的第一步是提高认识，引导孩子对养成某个习惯产生兴趣。其实这一步，首先是家长要认识到培养好习惯的重要性，认识到自己的生活习惯对孩子可能产生的影响，从而改变自己的不良生活习惯。哪些是影响孩子学习的不良生活习惯？比如，经常在家打麻将、经常晚上应酬不回家等。家长深切体验到好习惯培养的重要性，才会对生活中的问题细节敏感，才会倾向于对孩子的成长需要做出价值选择。

好习惯培养的第二步是明确行为规范，让孩子对养成某个良好习惯的具体操作很清楚。就不愿意写作业这个问题来说，很多家长只是督促性地提醒孩子，甚至训斥性地要求孩子。实际上不仅毫无效果，还会引起孩子的反感。真正有效的做法是跟孩子一起讨论应该怎么办，进行细节指导。家长这一步要做的不是强制安排做作业的时间，而是应该跟孩子商量一个合适的时间，明确下来作为每天做作业的时间。这种行为规范是跟孩子一起制定的，是适合孩子生活习惯的，这样孩子才会愿意遵照执行。

好习惯培养的第三步是适时进行榜样教育，让孩子对养成某个良好习惯形成动力支撑。小学低年级的学生年龄还小，有些孩子懂事晚一些，自我控制能力差一些，家长在督促孩子写作业时会很费劲。这时候家长最好能够找一些看得到的榜样、标杆。这种榜样最好是父母自己。父母给孩子看到的是努力做事的样子，有条理，有分寸，做好自己应该做的事情。每个人都应该做好自己应该做的事情，而每天学习、做作业就是孩子应该做的事情。还可以从孩子喜欢的偶像身上找到相应的长处，让孩子模仿学习。留意观察，这个不难做到。

好习惯培养的第四步是坚持不懈的行为训练，让孩子由被动到主动再到自动，养成某个良好习惯。根据心理实验研究，一种行为重复 21 天就会变为习惯动作，而 90 天的重复会形成稳定的习惯。坚持的时间越长，习惯的形成越牢固。就低年级孩子写作业这件事来说，家长要有让孩子坚持不懈的意识。家长适当地陪伴而不是缺位，适时地辅导而不是打扰。写作业的过程并不是简单行为的重复，而是需要解决学习上的问题。如果孩子在写作业时遇到难题了，会影响写作业的行为，这时候家长就要出面帮助解决。

好习惯培养的第五步是及时评估和奖惩，让孩子在成长进步的体验中养成好习惯。怎么评估和奖励，要具体情况具体分析。奖惩因人而异，奖励是奖励孩子期望得到的，惩罚是惩罚孩子不期望要的。奖惩一定要坚持约定的条件执行，尤其是惩罚时。比如要求孩子做作业时出现马虎错误要重做错误的部分，那么当真正出现这种错误时就要重做。父母坚持原则，好习惯的培养才有好效果。

好习惯培养的第六步是形成良好的环境或氛围，让家庭生活环境有利于孩子养成良好习惯。孩子学习习惯不好，家长要检查自己的家庭氛围有没有问题。比如夫妻吵架、举家搬迁、亲子疏离，都可能影响孩子的学习心理和行为，并影响孩子的学习习惯。家长要在孩子的学习生活中，努力建设好自己的家庭，跟孩子一起成长。

三、懒惰是成长的迟疑

作为一种心理学的理解，懒惰与勤快都是接近人本能的品性。它们是一个概念的两极。作为生命的存在，勤快指向成长、攻击、发展的一面，懒惰指向停滞、无力、消亡的一面。正常的趋势，生命有一种自然生长的动力，作为一个人的成长，他要去发展自己，探索环境，释放潜能，完成一个生命成长的完整过程。所以，我们看到的孩子，总是跑来跑去，看来看去，动来动去，问来问去。绝大多数孩子的身上体现出勤快的特征。

勤快的孩子自己就能解决成长的基本问题。小学阶段，最重要的成长品质就是勤奋。

可是，为什么有些孩子会懒惰呢？他们懒于做事，目标茫然，习惯拖拉。他们勤快的品性为什么不见了？

成长是一个挣扎的过程。成长是对自我过去的突破与拓展。孩子在过去的生活中，已经形成了某种自适的习惯，那是一种流连忘返的舒适区。而成长，则要突破自我的舒适区，这个过程并不舒适。比如，孩子上学要每天早起，按时到校，要用心上课，要学会解决问题，要认真完成作业。要打起精神，坚持不懈，专注努力，辛勤付出。

更重要的是，孩子要肯这样做，需要有一个积极的自我意念。这个意念是，我是可爱的，我是有能力的，我的努力会有效果的。而孩子积极自我意念的形成，与重要他人的影响息息相关。

我们看看，孩子的懒惰是怎么造成的。

首先是家长评价内容和生活方式的影响。孩子时刻都在从家长的评价中看到自己。孩子有勤快的天性，但是如果父母发出的信息是，孩子太笨，什么事情都做不好，孩子成长的尝试就会出现迟疑。人自认愚笨就把自己的能量看小了，同时也把前行的困难看大了。孩子还在从家长的生活方式中感受自己，勤奋的家长会带动着孩子勤快起来，懒散的家长会影响着孩子懒惰下去。

其次是家长教养方式的影响。孩子的成长需要父母的教养，但是如果这种成长的教养成为成长的包办就会出问题。有一种情况是，孩子年幼的时候，一方面生活比较随意，一方面是父母帮助孩子打理各种事情。随着孩子的长大，家长需要逐渐撤出，放手让孩子自己去处理自己的事情。这是一个尝试的过程，孩子会出现一些失误，比如打烂坛坛罐罐，惹出一些麻烦。有些家长不放心这样做，于是继续帮助孩子打理各种事情，包括孩子的学习。父母做得多一些，孩子就做得少一些。父母替孩子做了，孩子就依赖父母做。本该是孩子的勤快，结果变成了父母的勤快。这样下去，孩子不但失去了做事的兴趣，还会赖在舒适区里不愿付出辛勤努力。

还有孩子形成了依赖心理。有依赖心理的孩子认为，我的事情是爸爸妈妈的事情，我不做，他们比我还着急。结果行为变得越来越懒散，遇到难题能不做就不做。有依赖心理的孩子有畏难情绪，缺乏克服困难的毅力和恒心，特别是有过失败和被人否定的经历，怀疑自己的能力不够，不想接受挑战面对困难。有依赖心理的孩子上进心不足，他们对自己要求不高，得过且过，做事不求质量，常抱着应付的态度。有依赖心理的孩子本质上是自我独立性缺失。

四、不容忽视的四年级

很多家长并不知道孩子成长过程的这个重要转折期。我们看看这个阶段为什么重要。

四年级孩子的一般年龄是 9—11 岁，处在儿童期的后期阶段。从大脑发育方面看，正好处在内部结构和功能完善的关键期。从小学生的发展阶段看，正好处在从低年级向高年级的过渡期，也是儿童时期向少年时期的过渡期。小学生到了这个阶段，生理和心理特点变化很大，是培养学习能力、情绪能力、意志能力和学习习惯的重要爬坡时期。也就是说，在这个阶段，一些重要的能力和品质要发展上来，如果没有跟上，后面的发展会受到影响。

四年级，孩子学习能力要跟得上。这个阶段的思维发展水平在由具体形象思维向抽象逻辑思维过渡，对学习能力的培养将会起到事半功倍的作用。大脑的抑制能力加强，四年级的孩子注意力保持的时间更持久。持续的注意力由 15—20 分钟提高到 20—30 分钟，可以胜任较复杂的学习任务了。相应地，学校的课程难度增加了。

四年级，孩子的情绪控制能力要跟上。这个阶段的情感从浅显、不自觉向深刻、自觉发展，家长要促进提高孩子的情感调控能力，注意孩子随便发脾气的问题。随着学生情感生活的不断丰富，孩子的社会交往增加，同伴关系和友谊成为影响孩子的重要因素。

四年级，孩子的意志发展正由弱到强、由他律向自律过渡。孩子开始形成自觉克服困难的意志。孩子的学习动机出现更多自主性因素，他们会努力达到更好的学习结果。当然家长和老师的欣赏和评价也很重要。家长要注意孩子任性的问题。

从习惯养成的特点来看，四年级是强化良好习惯和改变不良习惯的关键时期，特别强调一点的是，这是学习习惯的定型期。习惯的培养越早越好，学习习惯的培养也是如此。养成良好学习习惯的可塑期是在小学中低年级，而四年级以后，养成的学习习惯趋于定型。

从学校教育方面说，四年级是小学教育的重要转折期。四年级起，语文教学强化了阅读分析和写作的训练，数学开始接触分数、面积、进率等比较复杂的问题，社会课程则更加注重介绍更为复杂和间接的社会现象。学校教育的转变要求四年级孩子的学习方法和习惯要随之发生变化，例如养成课前预习和课后复习的习惯，养成思考和分析的习惯，养成必要的数学思维习惯等。同样，家庭教育也要发生一定的变化，家长要更加注重引导孩子掌握有效的学习方法，形成良好的学习习惯，维持孩子的学习热情和探索的欲望。

四年级孩子的管理最重要的方面是学习管理。对四年级孩子的发展来说，关键的需求已经不是衣、食、住、行等物质性方面，而是探索、求知、好奇等精神性方面，这些需求不是通过生活起居管理来满足的，而是通过学习管理来满足的。孩子学业发展对孩子的情绪、信心、社会交往有着深刻的影响，家长要重视这些方面。

重视四年级孩子的成长，并不是到了四年级才重视，而是在小学整个阶段重视这样一个转折期，在小学低年级阶段就做好成长的铺垫。如果小学低年级没有重视孩子的学习能力和学习习惯的培养，到了四年级会出现明显的滑坡，而这时候再纠正会很费力。而家长仍然没有意识到家庭环境对孩子学习和成长的影响。

家长会认为孩子的能力发展是随着身体发育自然出现的事情，大人不必过于操心。实际上我们看到，如果低年级阶段不能持续付出努力，孩子的学习能力的发展会受到影响。等到四年级以后学校课程难度上来了，而孩子的学习能力没有跟上，所有的问题都出现了。学习问题也是成长的问题。人是整体性发展的，学习方面出了问题，首先是学习习惯没有跟上来，然后是学习能力难以跟上来，同时，孩子的意志品质、社会交往、情绪管理及至自我评估都受到牵连影响。这个重要阶段家长的关注不要缺失。

初中阶段的青涩成长

一、初识青春期

孩子从小学高年级开始先后进入了青春早期。到初中阶段，孩子正式步入青涩的青春期。这个时期儿童开始感受内心的冲突，开始在困惑中寻找自我，并开始发展出自主感。本阶段的主要任务是形成对自我的认识与接纳。

在这阶段孩子要发展情绪能力，探索自主空间，加深对道德的理解，适应快速的身体发育以及体形上的变化。学会处理人际关系，能够与他人合作共事，建立与异性正常的交往关系。调整适应不同学科的学习方式，形成自主学习习惯。

青春期是心理发展冲突最为明显的阶段。主要冲突就是心理上的成人感和幼稚感所造成的矛盾。要认识并适应青春期生理与心理的不平衡感。

人生的成长阶段可分成婴儿期、儿童期、青春期、成年期、中年期和老年期。青春期就是从儿童期向成年期的过渡时期。从年龄上说，一般指 10 岁至 20 岁这个阶段。女孩的青春期开始和结束年龄通常比男孩早 2 年左右。青春期具体发生和结束的时间会有个体差异。

青春期的重要生理标志是女孩来了月经，男孩发生遗精，即生殖器官发育成熟了。

青春期少男少女的身体会快速发育。体重迅速增加，身形也发生变化。男孩显得结实健壮，女孩显得丰满圆润。

正是由于身体的快速发育，青春期孩子的心理上也出现一系列急剧变化。这些急剧变化主要表现在三个方面：一是性意识萌发；二是独立欲望增强；三是情绪波动明显。

青春期阶段可以认识和体验人的两个原始驱力了：性驱力和攻击驱力。这两个原始驱力到了青春期开始在心底发力。人需要以社会允许的方式宣泄原始驱力，因而需要学习以适当的自我防御机制来调控原始驱力，不能让它们任性冲动毁掉自己。

进入青春期的初中生会比小学生的心理表现更为复杂。笔者曾经就中小学生自杀的课题进行跟踪研究8年，结果发现，发生在初中阶段的学生最多，占发生总数的53%。尽管这是小概率事件的研究，但是足可以反映出青春期阶段孩子的心理问题特点：他们情绪上多见于冲动；行为上多见于叛逆；思维上多见于偏激。

处于青春期的初中阶段，是生命中困惑最多、冲突最多、也是挑战最多的日子。他们开始懂事，但是不完全懂事；他们开始趋向成人，但是并未成年；他们开始冒险，但是却不清楚危险。所以说，人生的青春期，是色彩斑斓的时期，是暴风骤雨的时期，是跌宕起伏的时期，是判若两人的时期。青春期也是让很多家长感到头疼的时期。

青春期的孩子，他们从这时候开始思考人生的基本问题。我是谁？我从哪里来？我要到哪里去？父母要正确理解孩子青春期的困惑。到了青春期的孩子应该有困惑，所谓的困惑是成长中的困惑，是长大懂事的困惑。青春期的困惑不是坏事，孩子要通过感受困惑和解决困惑获得自我成长。

孩子到了青春期，家长真切地感到，孩子在闹情绪，在表达个人喜好，在独立做事。孩子不再依恋在妈妈身边了，是真的在与父母分离，并正在与父母建立新的互动方式。可能父母有点不习惯，孩子怎么不像过去那样粘着自己了，因此反过来用过于关注的方式粘着孩子。结果事情会变得有些糟糕，亲子之间会爆发莫名其妙的冲突。长大的孩子需要有自己的空间，这个空间父母也不能随便进入。

一直关爱孩子的父母会想不通，我的孩子居然跟我也有界线。是的，真正的成长是自我的发展，是独立人格的形成。孩子与父母有了界线，不再纠缠在父母的关系里，才能有力量去探索自我的天地。但这并不意味着父母从此可以撒手不管了，正相反，父母在这个过程中应该与孩子形成深度的交流关系。关注孩子心理上的变化，更多交流成长方面的话题。这是一种有距离的交流，一种尊重自主性的交流，一种给予支持与关注的交流。

过去的生活经历应该为今天的青春期到来做好铺垫。很多青春期问题的出现，是因为过去的生活并未为今天做好准备，比如孩子仍然依赖在父母的关系里。其实，孩子不可能完全准备好，他还不清楚走进青春期所发生的事情，他需要用自己的身心感受这一切。重要的是，他可以离开父母去尝试和探索了。孩子出现情绪波动，因此他开始学习处理自己的情绪；孩子出现任性行为，因此他开始学习自我克制。面临青春期的问题，孩子需要更多调动自身的力量。

孩子走向独立不是一件容易的事情，他需要挣脱家庭的束缚。对于青春期的孩子，如果父母仍然像对待幼儿一样爱孩子，更多包办孩子应该自己做的事情，所谓的爱就会成为一种束缚。青春期孩子的很多问题是长不大的问题。为了孩子最终走向独立，父母不仅要鼓励孩子发展自我能力，还要继续给予安全感和情感上的支持。这两者之间需要达成一种适度的平衡。让孩子不断地离得开，又回得来，父母且行且放手，孩子则且行且远离。

二、叛逆中的成长

孩子在成长的过程中有三个叛逆期，第一个是在二至三岁的宝宝叛逆期，第二个是七至九岁的儿童叛逆期，第三个是在十二至十八岁的青春叛逆期。孩子出现叛逆实质上是其独立意识和自我意识不断增强的表现。

首先，对青春期的叛逆要有一个正面的理解。既然叛逆的基本含义是寻求独立，那么先不要把叛逆理解成问题，而是理解成一个正常成长中的表现。可以说，孩子的叛逆是值得祝贺的，因为孩子正在长大。

为什么孩子的独立要表现为叛逆？多数父母希望看到听话的孩子，乖乖的孩子，觉得这样才是懂事。可是独立就意味着自己思考、自主行动。孩子的自我开始觉醒了，觉醒的自我需要听到自己的声音，按照自己的意志去行动。他渴望独自去探索这个世界。从行为上看，如果孩子仍然在按照家长的指令做事情，那他还没有表现出自我。不再听家长的话，恰恰是独立的开始。于是孩子看上去“叛逆”了。

青春期孩子渴望独立，希望别人把他们当成大人，平等相待，尊重他们的想法。这是与童年期的孩子最大的不同。家长们要为将会来到青春期的孩子做好准备。

到了青春期，真正的自我觉醒了。这时候孩子需要能量冲破家庭的束缚。于是我们看到了孩子的挣扎，父母看到了孩子的叛逆。

其实，青春期的孩子有他们自己的心理世界。

他们会认为生活中往往发生着许多稀奇古怪的东西，他们愿意去探索新奇。他们尤其对一些非主流的东西好奇。学习非主流所拥有的，装扮非主流所装扮的，非主流才让他们想去追新求异。在学校里，他们老是想着与别人攀比，不想让别人比自己强，而自己也不想比别人弱。他们幻想是梦想国度的国王，在那里，自己是主角。他们不喜欢喧嚣，却也受不了平静，莫名其妙地烦恼。他们很想谈一场恋爱，找到属于自己的浪漫。他们特别受不了别人的不信任，很多时候，他们并不是认为自己是叛逆，只是因为讨厌那些莫名的怀疑；他们并不是贪玩，只是想要自己的一点空间；他们并不是真的很想伤害别人的心，只是因为自己一时在生气。很多事情，大人不了解……正因为这样，他们会在父母不让做一些事情的时候，偏偏去做！然后自己躲在房里，一个人心痛。

作为家长首先要看到长大的孩子，要以平等的态度对待孩子，不再把不听话看作是问题。抱以平等的态度，就是把孩子看作是一个有独立想法的人。其次，既然是平等的态度，那么当孩子的意见与家长不一致时，就不能非要孩子听家长的意见。要肯定孩子意见中合理的成分，讨论双方的差异，尊重孩子的想法。第三，家长真的认为孩子的想法不妥，要视情况来做。可以表明自己的看法，然后向孩子说明：如果你坚持自己的看法，那么你要对自己的选择负责。第四，把握好亲子关系的界线。对于青春期的孩子，他们的心态是矛盾的。你管了，他会烦：不要你管我！你不管，他会恼：干吗不管我？家长不能再像小时候那样与孩子亲密无间，孩子如果没有自己的空间会很烦。但是家长仍然需要关注孩子，要与孩子有更多成长话题的交流。通过日渐深入话题的交流，让孩子学会怎么处理人际关系，怎么看待社会现象，怎么处理家庭事务。在这样的过程中让孩子更好地获得自我的成长。

三、跨过初二的坎

很多家长都知道初二两极分化的说法，到初二时段，孩子的学习很容易下滑。但是，这是什么道理呢？孩子越大越懂事，学习越学越会学，怎么到了初二就容易出问题呢？如果真是这样，家长该怎么办？

我们首先还是要谈到青春期。如果在初二之前家长感受还不深切，那么，孩子到了初二，那种走进青春期的困惑和成长中的缺失终将在脆弱者身上发难。

进入初二年级，孩子都是十三四岁。男生女生都进入了“身体发育的第二加速期”。他们关注自己身体的变化，并对与性有关的话题感兴趣。男生女生们开始注意与异性的关系，喜欢在异性面前表现自己。有的人甚至还会自作多情、想入非非。孩子们精力充沛，幻想丰富，同时也容易心猿意马，精力分散，学习难以专注。这一阶段还有一个说法，叫作“心理断乳期”。孩子们努力挣脱父母的束缚，眼界向外，对更多新奇的东西感兴趣，喜欢“从众”和“赶时髦”，也喜欢自作主张。因此容易受外界一些“有趣”的东西诱惑而迷失自己。

我们还要看到初二年级的孩子在思维方式上的一个显著的变化。

小学阶段的知识学习是以形象思维为主的，看得见，摸得着，听得懂。只要学习跟着走，一般不会出现大的问题。初一是小学阶段学习的衔接，有问题也不会太严重。初二的教学内容和以前相比有一个显著的变化，就是思维方式开始以抽象思维为主了，要通过思维的概括、推理去理解科学概念了，每节课的知识容量也比小学增加很多。在学习过程中，孩子需要持续地付出努力。这意味着，如果孩子的学习没有形成良好的学习习惯，没有完成从形象思维到抽象思维的转变，到初二年级将产生学习适应的困难。

初二的坎不是到了初二就会遇到，也不是到了初二才遇到的。如果到了初二真的遇到了坎，那它一定是过去遇到一系列学习问题的累积结果。我们谈过小学的一个话题：不容忽视的四年级。那是孩子小学阶段学习成长的一个转折期。如果那个阶段孩子的学习能力提升和学习习惯形成两大任务基本完成，后面的发展会比较顺利。

学习是一个持续的过程，过去学习的全部积累成为现在学习的基础。初二的知识难度增加了，同时要求学生积累的学习能力也要同步提高。问题正是在这里，初二的坎会在那些脆弱者身上设置障碍。所谓脆弱者主要是指那些学习能力发展没有跟上、学习习惯没有很好形成的孩子。

家长应该怎么办？人无整体虑，才有初二忧。我们要说的是在孩子整个成长过程中怎么办。家长要注意孩子的以下几点：

1. 细心关注孩子青春期的变化，保持良好的亲子关系，给予心理支持和成长引导。

在孩子走向青春期的过程中，家庭中亲子关系的影响作用最终显露出来。那些冷漠型亲子关系中的孩子可能与家长形成心理隔阂。冷漠的孩子将无视家长的存在而自行其是，家长将无法应对孩子影响学习的叛逆行为。那些溺爱型亲子关系中的孩子可能与家长形成心理纠缠。经历心理断乳的孩子要花费更大的精力挣扎着离开父母，使得孩子在应对学习路上的坡坡坎坎时底气不足。那些控制型亲子关系中的孩子可能与家长形成更强的心理反抗。孩子在寻找自我的路上因受到压抑而变得彷徨不定，内心更加困惑和充满冲突。

良好的亲子关系以良好的婚姻关系为前提。在初中阶段，家长要努力保持家庭的和谐和稳定，尽量不改变生活状态，如：不发生父母离异、父母不长期远离孩子，等等。对于那些有留守儿童的家庭要特别注意这一点。家长要尽早地让孩子回到自己的家庭，至少是在孩子青春期之前这样做。如果家庭不得不改变生活状态，一定要考虑孩子的心理适应能力，要与孩子充分沟通。从另一个角度考虑，长大的孩子也要分担家庭的重要事务。如果孩子不得不在一定时期留守老家，与父母分离，家长要处理好与孩子的心理分隔。留守的孩子早当家，这是问题的另一面。

2. 关注孩子能力的提升，而不仅仅是学习成绩。

要看成绩是如何得来的。是靠死记硬背，还是明白了道理？是独立思考，还是依样模仿？主要是形象思维的发挥，还是抽象思维的发挥？比学习成绩更需要关注的是孩子的学习习惯和思维方式。

3. 关注学习习惯的养成，而不仅仅是学习能力。

有一部分学生较聪明，在小学学得很轻松，所以不需要特别努力就可以取得好成绩。这些学生看上去学习能力很强，常常得到家长和老师的赞扬。他们因此以为，不必认真努力也可以学得好。家长如果看不到学习习惯的重要，就会放松管教，放任孩子的各种行为。

学习能力强，不一定学习习惯好，特别是在小学阶段。而一旦养成了做事马虎、不求甚解、怕吃苦等不良习惯，等到初二阶段需要靠意志力去坚持不懈地学习时，就会遇到适应上的问题。

四、青春期的情绪管理

青春期的情绪有其特殊的意义。一个少年没有处理好青春期的情绪，可能把暴躁的情绪带到成年。青春期的情绪通常会比童年时期有更高的强度。童年时期的情绪表达更多的是无厘头的哭闹，让家长心烦不安。青春期的情绪带有压抑性的孤寂和暴发性的冲动，是一种强烈波动式的表现，让家长无所适从。

青春期的情绪会比童年时期有更多的社会性内容。少年时期的社会性情感迅速发展。一般来说，青春期孩子的负面情绪都与社会性需求有关。他们因成长失意产生挫败情绪；因人际冲突产生愤怒情绪；因学习压力产生焦虑情绪；因思考生老病死产生困惑情绪；因花落花开产生伤感情绪；等等。

对待青春期孩子的暴躁情绪需要父母有更成熟的技巧。青春期孩子的暴躁情绪包含了更多的自我冲突，需要在青葱岁月中自我整合。这时候父母既不能撒手不管，又不能包办代替。父母如果以暴制暴，只能引发愈加激烈的冲突。

应对青春期孩子的暴躁情绪请注意以下几个方面：

1. 父母的情绪是孩子情绪的示范。暴躁的家长难免养育出暴躁的孩子。父母的教养方式是孩子不同情绪滋生的孵化剂。父母过于严厉，孩子会反抗叛逆；父母过度保护，孩子会烦躁不安；父母对孩子过于疏离，孩子会表现得冷漠孤独。所以说，孩子情绪暴躁，家长要先反思自己。

2. 父母要做孩子的情绪沙包。孩子认为家庭是最安全的场所，当他在外面由于各种原因累积了负面情绪，在家长面前表现出暴躁情绪，实际上更多的是一种宣泄。这时候父母首先要接纳孩子的暴躁情绪，对孩子的暴躁表现做出关注和温和的反应。反馈给孩子这样一种信息："我看到了你现在很不开心"；"你心情有些烦躁"。孩子得到的信息应该是："我的暴躁情绪爸爸妈妈感受到了"；"他们很关心我"。这给孩子的感受就是情绪的接纳和理解，孩子的暴躁情绪就可以得到合适的宣泄和疏解。

3. 帮助孩子寻找情绪暴躁背后的原因。情绪暴躁是一种无力应对某些局面和无力处理某些矛盾的表现。孩子表现出暴躁情绪，实际上是在传递一个信息：我遇到了麻烦事，我不知道怎么办，心情很烦。如果有人帮助他澄清自己的困境，孩子会很快冷静下来，寻找解决的对策。

4. 让孩子知道情绪的真相，认识自己的情绪。负面情绪不都是坏事，一定程度的负面情绪会激发能量，让孩子在压力、愤怒中奋起。当然，负面情绪也会误导人，尤其是暴躁的情绪，会让人做出不理智的行为。家长针对孩子的暴躁情绪做出反馈，让孩子感受自己当下的情绪："我发怒是这个样子"；"我怎么会是这个样子？"这样孩子就可以在觉察和认识自己的情绪。这是调节情绪的一个前提。

5. 帮助孩子跳出来看看，转移视角可以改变情绪。孩子处于暴躁情绪当中时，眼界会很狭窄。父母要尝试把孩子带出来，跳出三界外，烦恼皆浮云。有时候只需要换一换环境，有时候只需要换一换活动，有时候只需要换一换看法。

高中阶段的自我初成

一、押上成长的筹码

这个年龄阶段通常称之为青年初期，它是一个人独立走向社会生活的准备时期，也是一个人开始严肃考虑自己未来生活道路的时期。这个时期是形成自我认同的关键时期。

这个阶段的主要发展任务有：把自身因素和社会因素加以整合，形成自我认同感。发展出有关生活的价值体系，探索生活目标和意义。建立性别认同感，学会处理亲密关系。学会自我管理，能够自主完成学业任务。

高中阶段的孩子到了十六七岁，家长关注孩子的方式在悄然发生变化。负责任的父母都在努力给孩子提供更好的条件，押上成长的筹码。可是，成长的筹码是要为孩子做得更多吗?

先谈一些有关本能的话题。

人类已经远离了原生态的生存方式，幸福地生活在被现代文明浸润的生态环境之中。这的确是人类文明的进步。然而，人类文明的进步同时也在弱化生命的原始野性。

先看一看动物世界里发生的本能式教养活动。

1. 一头小牛羚在行进的牛羚群中降生了，然而，生命不允许停顿。在广袤的原野上，无数新的生命就这样平静地诞生。几分钟后这个新生儿必须站起来并跟上队伍前进的步伐。小牛羚的母亲不断地用头去帮助它，它必须让小牛羚依靠自己的力量站起来。因为它们正在前往北方的草原，那里有更新鲜的嫩草。小牛羚半跪在草地上积蓄着力量，也许在它们生命的本能意识里清楚地知道：不能够站起来跟上自己的队伍，等待它们的将是食肉动物的猎杀。

2. 这是一个很多中学生做过的作文素材。当幼鹰长到足够大的时候，鹰妈妈便把巢穴里松软的铺垫全部扔出去。这样，幼鹰们就不得不爬到巢穴的边缘。而此时，鹰妈妈就把它们从巢穴的边缘赶下去。当这些幼鹰离开时，它们就会拼命地拍打翅膀来阻止自己继续下落。最后，它们在跌下山崖的振翅挣扎中学会了飞翔。其实，鹰妈妈本能地知道，让幼鹰学会飞翔，就必须把它们赶出巢穴。

动物本能的哺育行为是自然进化选择的结果，虽然带有原始的野性，但是其行为是有效且有益的。现在看一看我们的子女成长。家长帮助孩子做得越多，自然孩子自己做得越少，其自身的独立性因素成长就会弱化。成长中的亲子关系就是维持这样一种微妙的平衡。生命的哺育需要培育幼小的生命一种坚韧独立的品质，生命的成长需要一种自立独行的力量。

当今天的父母对子女教养足够重视并且做得足够好的时候，却恰恰因此而不肯适时放手。父母们不想再让子女重走自己的弯路，重犯自己的错误，结果总是对子女怎么走路拉拉扶扶、指指点点。而有一天父母们发现，他们不可能再陪伴子女走下去。孩子的人生道路上必然有很多难以预测的沟沟坎坎，他们必须学会自己去逾越障碍、解决难题。

尽管社会仍然有唯文凭取人的倾向，尽管学习仍然是孩子成长的重要内容，但是走过来就会知道，孩子的成长有一些基本的东西，它们像基石一样奠定人一生的根本，它们可以作为不变的要素应对人生的万变。

这些基本的东西是什么呢？它们应该是：

1. 向善的本性。对社会和他人有一种仁爱的胸怀，它会滋养人达观而友善地处世。

2. 积极的信念。对人生和事业有一种乐观的视野，它会鼓舞人积极而阳光地生活。

3. 不懈的努力。对前行的坎坷有一种韧性的奋斗，它会坚定人不屈且不弃地做事。

4. 追求的梦想。对自己的将来有一个基本的规划，它会指引人为之有方向地前行。

这些基本的东西就是作为一个独立的人应该具备的要素。父母在孩子的成长中应该在这些基本方面押上筹码，剩下的事情放手让孩子自己去做。这样的孩子长大了，父母才可以放心地让其远行。

二、经历挫折是一种心理免疫

高中阶段有一个重要的话题是如何面对挫折。

进入高中也意味着个人生活环境和生活节奏的改变，有的学生离开家庭，开始寄宿到学校集体宿舍生活。从这个阶段开始，孩子要学会照顾和管理自己，学会与他人相处。在学习上，高中的课业压力远大于初中，而且周围的同学也都是从各学校选拔过来，孩子会感到竞争的压力很大。孩子长大了，开始有了自己追求的目标，也懂得成长的事情需要自己去面对。所有这些，都要自己努力去获得，但很多时候并非顺遂心愿，因而容易产生不如意的挫折感。

有些父母对孩子爱若宝贝，小时候就照顾得无微不至，很好的依恋，很好的安全感，孩子成长得顺风顺水。这样的父母有一个完美的想法，他们自己吃过的苦，不能再让孩子吃；他们自己没能实现的愿望，要让孩子替代自己来完成。于是他们替代着孩子成长，帮助孩子排忧解难。问题的关键是，在孩子分离个体化的青春期，父母仍然在这样做，那么孩子心理就会仍然处在一个不能分离的状态。这样的孩子觉得顺风顺水是理所当然的，有困难父母会帮助自己解决。可是，这只是一个父母保护下的脆弱梦境，会在成长的现实中破碎。

人的身体有一个免疫系统，能够有效地抵御病菌、病毒等对机体的入侵，从而使身体保持健康状态。人的心理也需要有一个免疫系统，使心理能够在现实生活中保持相适应的健康状态。而不断地经历挫折，就是在不断地获得心理免疫力，同时也在获得对现实世界的认知。当然，挫折要适度，有利于孩子建设性地自行修复和成长。

我们一直在强调孩子的早期成长，强调早期的依恋和安全感，孩子成长的早期家长要做足够好的父母。这给家长一种误导是父母一直要为孩子做得足够好。现实是，随着孩子的长大，没有人能够为孩子持续提供一个足够好的环境。父母已经无法满足孩子的更多需求，而且，也不应该由父母来满足孩子的更多需求。孩子在长大过程中需要建立规则意识，建立规则的过程是在体验各种挫折感中完成的。家长把握的分寸是给孩子做够好的父母，而不需要做足够好的父母。够好的父母是给孩子提供适当的成长条件，然后要让孩子自己去面对生活中的更多挑战与挫折：我能帮助你的就这么多，你的更多需求需要你自己去争取。当然我会一直关注你，支持你。

体验挫折感对于自我成长有非常重要的作用。如果没有挫折，如果所有需求都能满足，孩子自我会一直膨胀，他会觉得天下都是他的。挫折感让孩子体验到自我的边界，即使是妈妈也不能随便满足你，妈妈并不是自己的一部分，她是自己之外的另外一个人。这个世界是一个充满关卡的世界，你不能随便就去到哪里和得到什么。你有梦想、有目标，要克服障碍去自己争取。孩子所经历的每一个适度的挫折，都可以帮助孩子更清楚地认识现实、接受现实，并能够发现自己的不足、激发出克服困难的努力，认清自我的边界，成长出更多的能动性、创造性，以及意志力。

孩子在生活中经历了挫折，父母除了要给予关注之外，还要给予正向的反馈，让孩子从挫折中获得成长。换一个角度考虑，人生的经验就是这么积累的，经历了挫折恰恰是增强了自己的心理免疫力，教会了自己如何与人交往。自我就在这个过程中得到成长。

三、关系中的意义追求

寻找自我的意义，或者说，寻找发展方向，这个话题在高中阶段显得愈加迫切，因为孩子必须要为自己三年后的发展做出选择。这种选择不是自己想怎么样就怎么样，而是受到自我意愿、自身能力和外界现实的诸多限制。

研究发现，仅初中生就有多于40%开始考虑自我问题，思考诸如“什么东西对我最有价值”“人活着是为了什么”等。进入高中阶段以后，随着自我意识的发展，认知能力的提高，以及很快面临职业选择或专业选择等问题，更多的高中生开始考虑自我的价值观和人生观的问题，并感知到了诸多现实的限制因素。

很多人生活在自己的精神困惑中，他们明白追求梦想对于生命的意义，但不知道自我的生命目标在哪，同时还对追求过程的重重迷障怀有恐惧。

尼采说：“人唯有找到生存的理由，才能承受任何境遇。”尼采所说的“生存的理由”就是人们常说的人生的理想或自我的意义。如果一个人不给自己的生活找出一个意义，看不到可以追求的梦想和希望，特别是当他感受到自己生活在压力和困境中且无能为力时，他就会产生消极的念头：我这样生活干什么？

高中生面临着日益加重的学习压力，有些孩子在背负压力的喘息中会冒出这样的想法：我为什么要学这些？我学这些有什么用？孩子需要给自己如此努力的活动一个有价值的解释。这个有价值的解释必然与自己的未来密切关联。

不过，寻找自我意义这个话题，对于有些高中生来说还是有些缥缈。有些孩子感受的具体问题是：我在家里就像一个多余的人，活着真没意思；我的家就像一个冰窖，生活很无聊；女朋友居然不理我了，活着真没劲；老师根本就看不上我的成绩，这让我怀疑未来。

仔细分析发现，人们在谈到寻找自我意义的话题时，却总是与他人关联。

我们深切地感悟到，人与人之间的关联性是人生意义的基本因素。

生命是否有意义，某种程度要看人与人建立关系的深度，人在通过与他人的深度联系进行着对自我意义的探索。这个有现实意义的话题有两层含义。

一层含义是，我们通过为他人做有益的事情而形成与他人深度的关联，这让我们感受到自己是有价值的，这本身就体现了生命的意义。我们寻找的生命意义并不遥远，多数情况就是要找到这样一种事情做，这种事情对社会、对他人有益。我们在各种行业所从事的各种工作就是这种性质。

另一层含义是，我们通过与他人进行各种交流来获得对于自我的概念，形成对自我价值的判断，而人的生命意义感在很多时候来源于我们的自我价值判断。我们一方面寻求自己愿意投身什么事情，一方面更要觉察自己能不能做好那件事情。或者说，生命的意义感在于自我价值的实现。

自我是在与他人关系中存在的，没有与他人意义的自我，自我的意义便受到质疑。在别人这面镜子里我们会看见自己。在和你相遇相知时，我遇到了我自己，也认识了我自己。这一点有助于我们获取丰富的生命意义的感受。

当人在与他人的交往中遇到挫折时，他会怀疑自我的价值，即会怀疑自我存在的意义。如果感觉到自己在家里像一个多余的人，自我的感受就是活着真没意思；如果感觉到自己家像一个冰窖，自我的感受就是生活很无聊；如果感觉到女朋友居然不理我了，自我的感受就是活着真没劲；如果感觉到老师看不上我的成绩，自我的感受就是怀疑自己的未来。

所以，评估自我的价值，寻找自我的意义，都是在与他人的关系交往中进行的。探寻自我的意义，是在关系中的追求。

这个道理是说，作为家长，更好的做法是欣赏和鼓励孩子，发现和欣赏自己孩子的独特性所在，让孩子积极地认同自己的价值。如果可以做到，家长最好能够以自己的人生经历跟孩子进行一些深度的交流，让孩子有更大的胸怀和格局，至少放眼十年预测自己的发展。在这个问题上，父母自身的格局又显得重要了。其实，父母不能干预太多，接下来寻找自我的意义是孩子自己的事情。

高中阶段的孩子到了自己对自己负责的时候了。没有人能够代替我们生活，只有我们自己才能赋予生命存在的意义。首先有了自我，然后才有生命意义的感受。而自我认识依赖于和别人的交往，以此实现深刻的自我觉察。

无论我们采用什么样的心态看待世界，我们的最终目的只有一个，那就是让自我的生命活出精彩，不断提升自己的生命层次，成就自己的生命愉悦。

把我们的内心世界以外部形态的方式表达出来，这是我们体验生命意义感的极为重要的过程。即是说，我们要做的不是停留在想法上，而是付诸实践。我们按照自己的想法做好了某件事情，就是得到了自我的外部形态的表达。对于一位建筑师来说，那些他设计的大厦就是自我的表达；对于一位教师来说，那些他培养的学生就是自我的表达；对于一位作家来说，那些他完成的作品就是自我的表达。

所以，让孩子要做的不是停下来追问困惑，而是放开脚步去探索，去实践。

这里还有一个具体的问题。高中的孩子还没有关于未来的想法，不知道自己将来干什么，即不清楚自己生命的意义。

父母帮助孩子要做的是，让孩子在探索中跟自己的困惑在一起，意识到自己并不清楚自己生命的意义是什么，和“这个事实”在一起，不离开它。你只要让自己待在那里，生活中关于生命意义的各种信息会在困惑中进行整合，答案会在某一天清晰起来。

这个探索的时间可能会较长，甚至有些人读完大学之后才知道自己所学专业不合适，重新选择另外的专业学习。这不仅仅是改学另一门专业，而更是探索自我的过程。不要认为这是人生的浪费，人生没有白走的路，每一步都算数。

因为，人的一生都在进行自我意义的探索。

四、让孩子成为他自己

怎样让孩子成为他自己？怎么做才是最好的自己？

先看看两段受到热捧的名言。一句来自台湾作家张德芬：“亲爱的，外面没有别人，只有你自己。”另一句来自百岁老人杨绛：“我们曾如此期盼外界的认可，到最后才知道：世界是自己的，与他人毫无关系。”这两段名言很让人脑洞顿开。在我们自己被世界上的他人纠缠得无法摆脱时，终于可以这样让自己释然。

问题是，你真的认为这个世界只是你的主观投射？你真的可以做到这样让心生活在一个与他人无关的世界里？当你如此释放自己的时候，有没有感觉自己像一只把头插入沙丘的鸵鸟？

其实人们都能把握好这两段话的分寸，没有人会因此自顾自地赤身裸体走上大街，也没有人会因此自顾自地放肆睡觉上班迟到。

杨绛先生说这句话还有一层意思：到最后才知道，即是说到岁暮时才可以这样认为，是说你已经通过与世界建立的关系，完成了完整自我的成长之后才可以这么说。

这个世界并不需要谁，缺了谁都没关系，但是每个人都需要这个世界。每个人自己的世界都在我们共同的世界中。

比“你的世界与他人毫无关系”更容易接受的是“你的世界与他人有关”。

鲁迅在《这也是生活》中有一段话：“街灯的光穿窗而入，屋子里显出微明，我大略一看，熟识的墙壁，壁端的棱线，熟识的书堆，堆边的未订的画集，外面的进行着的夜，无穷的远方，无数的人们，都和我有关。”

英国玄学派诗人约翰·多恩在《没有人是一座孤岛》中有一段话：“没有人是一座孤岛，可以自全。每个人都是大陆的一片，是整体的一部分。如果海水冲掉一块，欧洲就减小，如同一个海岬失掉一角，如同你的朋友或者你自己的领地失掉一块；任何人的死亡都是我的损失，因为我是人类的一员。”

上面这两段话更接近常识。

我们是这个世界的一部分，我们探索的自我，是与这个世界有着密切联系的自我。我们每一个人的生命细胞中都携带着数十亿年生命进化的信息。

我们探索自我的过程，是自我与这个世界的修通，而不是与世界割裂的自我。

我们不是在向内探索，而是在向外探索的同时感悟内心的声音。探索自我的最高境界是自我与世界的融合。

当我们真正发现了自我，找到了自我，那么我们也找到了世界。这是一个真正个体化的过程，让自己的成长趋于完整，让自己的个性特质得以张扬，同时，融入这个世界。

所以，亲爱的，我们都在外面的世界里。这个世界里有无数个别人，也有你自己。做最好的自己，是做社会人意义的自己，是做与世界融合的自己，是在学习成为他人之后，再努力成为自己。我们每一个人的自己，已经包含了无数他人的成分。

我们讨论了很多原生家庭生活影响孩子成长的话题，以至于当我们真的认同了这种影响，反而感到无能为力了。因为这种影响已经形成了，不能倒回去了，现在孩子的问题如何解决？孩子能否摆脱家庭的负面影响？孩子如何成为更好的自己？

我们继续完成对于孩子成长规律的理解：孩子最终会变成什么样子，不仅取决于家庭环境，还取决于孩子自身的成长因素和家庭之外的社会环境。

我们知道，原生家庭对孩子的影响早在孩子出生之后就开始了。有时孩子无法理解自己性格中的某些部分，就是与孩子早年记忆的缺失有关。长大的孩子并不能记起自己在襁褓中的环境情景，但那些关于爱与安全的感受会浸入孩子的心底，影响孩子之后的人际关系。在孩子有比较清晰的记忆之后，在孩子人格没有完善之前，原生家庭依旧会影响孩子。父母感情有问题、控制欲过强、习惯暴力管教等，会成为一种慢性因素的影响。

在追溯了解了这些问题的根源之后，恰恰能够从根源上化解我们内心的创伤。

就像大海中的暗礁，当我们确知了它们的位置，它们便不再成为航行的障碍。

对于家长和孩子来说，我们帮助他们清晰了问题所在，就已经完成了有效的辅导。从此孩子可以有意识地改变自己，用自己的眼睛看世界，学会更好地融入社会，在融入社会过程中继续发展和完善自己。对于家长来说，他们自己清晰了问题所在，从此，他们会愿意努力构建和睦家庭，注重关系影响，陪伴孩子一起成长。